사회적
기술

김현섭·박준영·백수연·백선아·오정화 지음

한국협동학습센터
Korea Cooperative Learning Center

서문

Social Skill

"선생님, 영식이가 자꾸 옆에서 저에게 욕해요."

"옆 모둠에서 떠들어서 선생님 말소리가 잘 들리지 않아요."

"선생님, 다른 모둠에서 저희 모둠 활동을 하는 것을 훔쳐봐요."

"선생님, 우리 모둠은 마음에 들지 않아요. 친한 친구들이 없어서 마음이 불편해요."

교실에서 협동학습을 하면서 현실적으로 가장 부딪히는 문제가 사회적 기술입니다. 교사가 학생들끼리 협력하여 공동으로 학습과제를 해결하라고 제시한다고 해서 학생들이 알아서 원만하게 학습 과제 수행을 하는 것은 아닙니다. 서로에 대한 호감이 있더라도 그 호감을 표현하지 않으면 관계를 진전시킬 수 없습니다. 서로에 대한 반감이 있다 하더라도 성숙하게 표현할 수 있다면 이를 해결할 수 있는 계기가 되거나 최소한 더 악화되는 것을 방지할 수 있습니다. 그러므로 사회적 기술은 협동학습 과정에 있어서 꼭 필요한 핵심적인 것입니다. 학생들 사이의 사회적 기술 문제가 풀리지 않으면 협동학습이 성공적으로 운영되기 힘들기 때문입니다.

그런데 사회적 기술은 협동학습을 운영하는데 필요한 기술 정도를 넘어서 인간 대인 관계에 있어서 필수적인 요소입니다. 아리스토텔레스가 인간은 사회적 존재라고 말했듯이 인간은 홀로 존재하지 않고 사회적 관계 속에서 자라고 성장합니다. 다른 사람과의 관계를 어떻게 맺고 유지하느냐는 사회생활에 있어서 매우 중요한 부분입니다. 예를 들어 어떤 사람이 나에게 호감이 없다고 해서 나를 만나도 인사를 하지 않는다면 나는 그 사람을 매우 언짢게 생각하고 불편하게 느껴질 것입니다. 그 사람에 대한 좋지 않은 감정이 쌓이게 되어 관계를 회복할 수 있는 기회조차 가지기 힘들게 될 것입니다. 반대로 어떤 사람이 비록 나를 싫어한다 하더라도 나를 볼 때마다 반갑게 인사를 한다면 그 사람에 대한 감정과 생각도 자연스럽게 변화할 수 있을 것입니다.

사회적 기술은 하루아침에 생겨나는 것이 아닙니다. 어렸을 때부터 삶 속에서 자연스럽게 배우고 실천하면서 몸에 배는 것입니다. 사회적 기술은 가정에서 학교에서 친구와의 관계에서 자연스럽게 배워나가는 것입니다. 요즘 아이들이 버릇없고 예의 없다는 이야기를 많이 합니다. 사회적 기술 관점에서 볼 때 사회적 기술이 부족하다고 볼 수 있습니다. 자기만 아는 아이들이 늘어가고 있다는 것입니다. 이러한 이기주의적인 태도를 극복할 수 있도록 도와주는 것이 바로 사회적 기술입니다.

Social
Skill

서문

최근에는 학교 폭력 문제가 심각한 사회적 문제로 대두되고 있습니다. 많은 사람들이 학교 폭력의 문제점과 심각성에 대하여 많은 이야기를 하지만 이에 대한 대안은 충분하지 않은 것이 현실입니다. 학교 폭력 사건이 발생하고 나서 사후에 원만하게 해결하는 다양 한 대안들을 모색해야겠지만 학교 폭력 사건이 일어나기 전에 미리 예방하는 것이 더 필요합니다. 학교 폭력 사건들은 대체로 사회적 기술이 미흡하기 때문에 발생하는 경우가 많습니다. 그러므로 사회적 기술에 대한 교육은 학교 폭력 예방에 큰 도움이 됩니다.

사회적 기술은 인성 교육 측면에서도 매우 의미가 있습니다. 기존 인성교육에 대한 접근들은 철학적, 윤리적, 거시적 관점에서 주로 접근이 이루어졌는데, 사회적 기술은 구체 적이고 실천적이며 미시적인 관점에서 접근합니다. 그래서 인성교육에 있어서 사회적 기술은 실천 영역을 더욱 풍부하게 만들어줍니다.

미래 사회에서 가장 필요한 역량 중의 하나가 '이질적인 사회 집단에서의 상호작용' 입니다. OECD가 제시하고 있는 핵심 역량이란 삶의 장면에서 필요한 인지적이고 정의적인 능력을 의미합니다. 이러한 능력을 통해 삶이 요구하는 복잡한 과제를 성공적으로 수행할 수 있게 됩니다. '이질적인 사회 집단에서 상호작용하기'는 구체적으로 다른 사람과 좋은 관계를 맺는 능력, 협동 능력, 갈등을 관리하고 해결하는 능력을 말합니다. 이질적인 사회 집단에서 상호작용하기를 구체적으로 길러주는 것이 바로 사회적 기술 교육입니다. 사회적 기술은 현대 사회 뿐 아니라 미래 사회에서도 더욱 더 강조되는 핵심적인 역량입니다. 사회적 기술은 스마트 러닝 등 첨단 매체를 활용한 교육으로 다루기 힘듭니다. 직접 만나서(face to face) 다루고 실천하면서 자연스럽게 습관화를 통해 배워나가는 것입니다.

한국협동학습연구회 안에서 사회적 기술 단행본에 대한 논의는 수 년 전부터 있어 왔습니다. 처음 연구회에서 사회적 기술에 대한 관심을 가지게 된 이유는 협동학습을 원활하게 진행하기 위해서 꼭 필요한 것이 사회적 기술이었기 때문입니다. 사회적 기술은 협동학습을 실천하기 위해 다루어야 할 협동학습의 6가지 열쇠 중의 하나이기도 합니다. 그런데 최근 들어 사회적 기술은 협동학습 차원을 넘어서 인성교육, 핵심역량 교육, 학교 폭력 예방교육 등 다양한 분야에서 주목받는 주제가 되었습니다. 지난 1년 동안 연구회 집필진들이 모여 연구하고 실천하면서 그 결과물을 정리하여 이제야 단행본 형태로 발간하게 되었습니다.

이 책은 일반적인 중고등학생(청소년)들을 대상으로 실천한 사회적 기술 사례를 중심으로 소개하고 있습니다. 기존 사회적 기술 관련 책들은 주로 특수 학생을 대상으로 집필했거나 외국 실천 사례를 번역한 책들이 많았는데, 이 책은 한국의 일반적인 중고등학교에서 협동학습을 직접 실천하고 있는 현직 교사들이 중심이 되어 사회적 실천을 연구하고 실천한 사례들을 중심으로 정리한 책입니다. 이 책의 내용들이 학교 현장에서 체계적으로 실천되어 학생 상호 간의 관계성을 증진하는데 실질적인 도움이 되길 기대합니다.

여기에서 제시하고 있는 사회적 기술들은 일반 교과 수업 시간이나 재량 과목에서 별도의 과목을 설치하여 운영할 수 있습니다. 또한 담임교사가 학생 생활 지도나 학급 운영 차원에서도 접근할 수 있습니다. 다방면에서 활용할 수 있도록 사회적 기술을 비교적 쉽고 간단하게 적용할 수 있는 것을 중심으로 정리하였습니다. 이 책에서 제시하고 있는 사회적 기술들을 인지적으로만 이해하는 것은 별 의미가 없습니다. 사회적 기술을 구체적으로 교실에서 실천하는 과정을 통해 학생들이 변화되는 것을 직접 경험해야만 비로소 이 책의 진가를 확인할 수 있으리라 생각합니다.

사회적 기술을 제시하는데 있어서 1년 과정에 맞추어 계절별로 제시하였습니다. 하지만 해당 사회적 기술을 꼭 그 시기에 할 필요는 없습니다. 교사가 이 책을 활용하면서 적당히 일부분을 발췌하여 활용해도 좋습니다. 또한 각각의 사회적 기술을 아름다운 가치 사전(채인선, 2005) 방식으로 정의하였고 이와 관련된 덕목을 제시하였습니다.

이 책이 나오기까지 수고한 여러 선생님들에게 감사를 드립니다. 그중에서도 한국협동학습연구회 대표인 최두진 선생님, 검토 작업에 참여한 한국협동학습연구회 서울 모임 및 경기 남부 모임 선생님, 기획 단계부터 검토까지 애정을 가지고 참여하신 (사) 좋은교사운동의 공동 대표인 김진우 선생님에게 진심으로 감사를 전합니다. 무엇보다 하나님께 감사를 드리며...

2013년 12월

집필자를 대표하여 김현섭

Social Skill

차례

제 1 부 사회적 기술이란?

제 2 부 사회적 기술의 실제

Social
Skill

사회적 기술이란?

- 사회적 기술
- 사회적 기술에 대한 성찰
- 사회적 기술 훈련의 지도 단계
- 사회적 기술 센터 운영
- 사회적 기술지도 시 유의사항

1. 사회적 기술

사회적 기술(협동 기술, Social Skill)이란 '공동의 학습 목표를 이루기 위해 학생들끼리 서로 배려하면서 대인 관계를 맺어나가는 기술'을 말합니다. 사회적 기술은 다른 사람들을 배려하는 사회적 행동을 말합니다.[01] 사회적 기술이란 '사회적 과제를 유능하게 수행할 수 있는 특정 행동'을 말하며, 그러한 행동들로는 학교, 가정, 지역사회 생활에 적응하는데 요구되는 개인적 능력 및 상호작용 능력들을 포함합니다.[02]

01 김현섭 외(2012), "협동학습 3", 한국협동학습센터 p.140

02 정대영, 한경임(2006), "발달 장애 아동의 사회적 기술 훈련", 양서원, p.14

사회적 기술의 구체적인 사례 목록들을 제시하면 다음과 같습니다.

사회적 기술 목록들	
• 먼저 인사하기 • 칭찬하기 • 허락 구하기 • 규칙에 따르기 • 교사의 신호에 따라 행동하기 • 행동하기 전에 생각하기 • 다른 사람 존중하기 • 실패에 대한 반응하기 • 목표 세우기 • 경청하기 • 결과를 받아들이기 • 문제 해결하기 • 자기 통제 • 과제 완수 • 분노 다루기 • 비속어 사용하지 않기	• 감정 표현하기 • 다른 사람의 감정을 알아차리기 • 과제 주목하기 • 차이점 받아들이기 • 또래 압력 다루기 • 설득하기 • 자기 보상하기 • 다른 사람 돕기 • 평화적으로 갈등 해결하기 • 비난 다루기 • 마음의 평정을 찾기 • 약한 학생을 보호하기 • 힘든 친구 격려하기 • 감사를 표현하기 • 용서하기 등

요즘 학생들이 예전에 비해 사회적 기술 측면에서 부족한 모습을 많이 보이고 있습니다. 학생들에게 사회적 기술이 부족한 이유들이 있습니다.

첫째, 사회적 기술 자체에 대한 인식이 잘 이루어지고 있지 않습니다. 특히 우리나라에서는 사회적 기술이란 단어 자체가 익숙하지 않은 단어입니다. 대신 사회적 기술과 비슷한 개념으로 사용되고 있는 단어는 예의범절입니다. 유교 문화권인 우리나라에서는 전통적으로 예절이 강조되는 문화였지만 산업화, 정보화 사회로 넘어가면서 그 의미가 많이 퇴색되어 가고 있는 부분이 있습니다. 예절은 수직적인 인간관계에서 필요한 기술이라면 사회적 기술은 수평적인 인간관계에서 필요한 기술이라고 할 수 있습니다. 사회적 기술이라는 개념에 대한 새로운 인식이 필요한 시기입니다.

둘째, 가정에서 사회적 기술에 대한 체계적인 지도가 잘 이루어지고 있지 않습니다. 예전에는 대가족 형태이기 때문에 자연스럽게 사회적 기술을 배울 수 있는 상황이었습니다. 하지만 핵가족 시대로 접어든 현재에는 가정에서 사회적 기술을 훈련받을 기회가 부족합니다. 특히 한 자녀 가족(외동아들/딸)의 경우, 오히려 부모의 과잉보호나 관심으로 인하여 사회적 기술이 부족한 모습이 많이 나타나고 있습니다.

셋째, 학교에서도 사회적 기술이 즉흥적이고 간헐적으로 이루어질 뿐 체계적인 지도가 충분히 이루어지지 않고 있습니다. 기존 교과목 중 도덕과 수업에서 사회적 기술을 다루기는 하지만 체계적으로 교육하고 있지는 않습니다. 사회적 기술은 도덕 시간에만 다룬다고 해서 저절로 생기는 것은 아닙니다. 일상생활 속에서 자연스럽게 접할 수 있어야 배우고 실천할 수 있는 것입니다.

넷째, 대중문화 환경이 개인주의적 성격을 띠고 있다는 것입니다. 청소년들의 의식과 생활 문화에 많은 영향을 주고 있는 것이 대중문화입니다. 현재 학생들이 스마트폰이나 PC게임 등으로부터 영향을 많이 받고 있는데, 이러한 대중문화는 개인주의적 문화 특징을 가지고 있습니다. 쉬는 시간에도 여학생들끼리 수다를 떨기 보다는 스마트폰을 이용하여 SNS(카톡)을 하는 경우가 많습니다. 남학생들은 방과 후 운동장에서 축구하는 것보다 친구들끼리 PC방에서 게임을 하는 경우가 많습니다. 그러다보니 친구들끼리도 직접 대면하여 관계 맺는 것에 익숙하지 못합니다. 친구들과 갈등이 생기면 대화와 타협을 통해 성숙하게 해결하기 보다는 문제 자체를 아예 회피하거나 욕을 하거나 주먹질 등 공격적인 태도를 취하는 경우가 많습니다.

2. 사회적 기술에 대한 성찰

사회적 기술을 지도하는 데 있어서 학생들이 사회적 기술과 관련한 사고, 감정, 행동 등을 성찰하도록 하는 것이 매우 중요합니다. 게슈탈트 심리학은 사회적 기술을 이해하고 지도하는데 있어서 매우 중요한 부분을 제공합니다.

▶▷ 게슈탈트

게슈탈트 심리학에서 사람은 일반적으로 어떠한 사물을 볼 때 하나하나의 부분으로 이해하지 않고 의미 있는 전체로 인식하는 경향이 있다고 봅니다.[03] 사람은 자신의 욕구나 감정을 하나의 의미 있는 동기로 이해하여야 이해합니다. 게슈탈트(전체, 형태, 모습)란 사람에 의해 지각된 자신의 행동 동기를 말합니다. 욕구와 감정 자체가 게슈탈트가 아니라 상황과 환경을 고려하여 실현 가능한 행동 동기로 지각한 것입니다. 즉, 몸이 피곤하여 휴게실에서 낮잠을 자고 싶다든지, 오랜만에 친구를 만나 수다를 떨고 싶다든지, 열심히 공부하여 교사가 되고 싶다든지 등이 일종의 게슈탈트입니다. 사람이 게슈탈트 형성에 실패하면 심리적, 신체적인 장애를 겪습니다.

03 김정규(1995), "게슈탈트 심리치료", 학지사

▶▷ 전경과 배경

우리는 대상을 인식할 때 우리에게 관심 있는 부분은 의미 있게 바라보지만 나머지는 배경으로 봅니다. 예를 들어 배가 고프면 먹을 것을 찾지만 일단 배가 부르면 먹을 것보다는 다른 것을 찾게 됩니다. 배가 고플 때 먹을 것은 관심사가 되고 나머지는 관심사에서 멀어집니다. 그런데 배가 불러 심심하다고 텔레비전을 보면 텔레비전 시청이 관심사가 됩니다. 관심의 초점이 되는 부분을 전경이라고 하고 관심 밖에 놓여있는 부분을 배경이라고 합니다.

▶▷ 미해결 과제

사람이 전경으로 여겼던 게슈탈트가 해소되면 이것이 배경으로 자연스럽게 사라집니다. 그런데 전경으로 여겼던 게슈탈트가 충분히 채워지지 않으면 미해결과제가 됩니다. 예를 들어 아침에 엄마와 크게 싸우고 나서 학교에

왔다면 수업에 들어가도 수업 내용이 머릿속에 잘 들어오지 않습니다. 엄마와의 갈등이 마음의 앙금으로 남아 수업을 할 때에도 수업에 집중하지 못한 요인으로 작용하게 됩니다. 미해결과제를 성숙하게 해결해야 사람이 성숙하게 성장할 수 있습니다.

미해결과제를 해결하려면 '지금 여기'를 알아차리는 것이 필요합니다. 과거의 상처가 있다 하더라도 현재 시점에서 이러한 상처를 어떻게 인식하느냐에 따라 이를 극복할 수 있습니다. 예를 들어 어린 시절 자기 이름을 가지고 친구들이 놀려서 자기 이름에 대한 일종의 콤플렉스를 가졌다 하더라도 현재 내가 자신의 이름에 대하여 오히려 자랑스럽게 생각한다면 이름 자체는 큰 문제가 되지 않는다는 것입니다. 과거의 상처에 매이지 않고 현재 내가 나의 모습을 어떻게 바라보느냐가 더 중요하다는 것입니다.

▶▷ 알아차림

알아차림이란 사람이 자신의 삶에서 현재 일어나고 있는 중요한 현상을 방어하거나 피하지 않고 있는 그대로 지각하고 체험하는 것입니다. 즉, 알아차림은 현재 순간에 중요한 자신의 욕구나 감각, 감정, 생각, 행동, 환경, 상황 등을 있는 그대로 인식하는 것입니다. 물론 사람이 내적, 외적 상황이나 요인을 다 아는 것은 불가능합니다. 하지만 자신에게 중요한 내적, 외적 상황이나 요인을 아는 것은 중요합니다. 알아차림은 미해결과제를 해소하는데 매우 중요한 출발점이 됩니다.

신체적으로 피곤한지 경직되어 있는 신체적인 감각을 알아차리는 것이 필요합니다. 어떤 학생이 학교가기 싫다고 말한다면 학교가기 싫은 이유가 자신의 어떠한 욕구 때문인지 그 욕구를 알아차릴 수 있어야 합니다. 어떤 학생이 울고 있다면 슬퍼서 우는 것인지 분해서 우는 것인지 억울해서 우는 것인지 그 감정을 알아차려야 합니다. 길을 가다가 웅덩이를 발견했다면 이를 피해서 올 수 있는 환경에 대한 알아차림이 필요합니다. 친구들이 웃는 이유가 나를 비웃는 것인지 어떤 친구가 농담을 해서 웃는 것인지 상황을 잘 알아차릴 수 있어야 합니다. 혼자서도 처음 가는 길을 갈 수 있다는 내적인 힘을 알아차리는 것이 필요합니다.

사고방식, 행동 방식 등 행위에 대한 알아차림도 필요합니다. 특히 사회적 기술과 관련하여 행위에 대한 알아차림은 매우 중요한 부분입니다. 예를 들어 친구들과 대화를 할 때 욕을 자주 사용하는 청소년을 쉽게 찾아볼 수 있습니다. 이때, 교사가 욕을 자주 사용하는 청소년에게 친구들끼리 대화할 때 욕을 많이 사용한다고 말하면 정작 본인은 욕을 사용한 것 자체를 잘 인식하지 못하는 경우가 있습니다. 욕 사용이 생활화하여 자신이 욕을 자주 사용한다는 것 자체를 인식하지 못하는 것입니다.

어떤 학생이 특정 학생을 주도적으로 왕따 시키는 경우, 왕따를 주도하는 학생은 자기가 특정 학생을 주도적으로 왕따 시키는 것 자체를 인식하지 못하는 경우가 많습니다. 그래서 교사가 해당 학생에게 특정 학생을 대상으로 왕따 시키는 이유에 대하여 물어보면 자신이 왕따 시키지 않았다고 말하거나 왕따를 인정해도 그것은 특정 학생의 행동 자체가 문제가 있어서 그러한 행동을 했다고 말합니다.

▶▷ 사회적 기술을 알아차리기

그러므로 사회적 기술을 지도하는 데 있어서 학생들이 사회적 기술을 잘 알아차리도록 하는 것은 매우 중요합니다. 예를 들어 '비속어(욕)를 사용하지 않기' 라는 규칙을 교사가 잘 설명해도 학생들이 그 중요성을 제대로 인식하는 것은 아닙니다. 이럴 때는 직간접적인 체험 활동이 필요합니다. 즉 학생들이 자주 사용하는 비속어를 찾아 그 뜻을 국어서전을 찾아 알아보게 하고 그 뜻을 풀어서 대화 속에서 사용해 보도록 하는 것입니다. 그리고 비속어 사용이 상대방에게 어떠한 느낌을 주는지 이야기하도록 한다면 앞으로 학생들이 비속어를 가급적 사용하지 말아야겠다는 것을 피부에 느끼게 할 수 있을 것입니다. 사회적 기술을 지도하는데 있어서 학생들이 자신의 사회적 기술과 관련한 사고, 감정, 행동 등을 잘 알아차릴 수 있도록 다양한 직간접적인 체험 활동을 하는 것이 필요합니다.

▶▷ 사회적 기술과 관련한 근본 원인에 대하여 직면하기

대부분 사람들은 누군가 자기의 장점에 대하여 말하면 쉽게 인정하고 기뻐하지만 누군가 자기의 단점이나 문제점에 대하여 말하면 그 자체를 인정하지 않거나 불편하게 생각합니다. 그래서 다른 사람의 장단점 분석은 잘하지만 자신의 장단점을 잘 분석하지 못합니다. 특히 자기의 중요한 문제점이나 단점에 대하여 잘 알아차리지 못합니다. 왜냐하면 자신의 단점이나 문제점을 있는 그대로 받아들이기 힘들어하는 부분이 있기 때문입니다. 특히 자아정체성이 왜곡되거나 내적인 자아가 건강하지 못할 때 더욱 그러합니다.

자신의 장점 뿐 아니라 단점도 있는 그대로 인식할 수 있도록 하는 것이 직면하기입니다. 특히 자신의 단점을 직면하는 것은 마음을 매우 아프게 합니다. 하지만 직면하기가 잘 이루어져야만 행동의 변화로 이어집니다. 사회적 기술도 그러합니다. 자신이 무심코 한 행동이 다른 사람에게 상처를 주거나 불편하게 한다면 그것에 대하여 되돌아볼 수 있어야 합니다. 문제점의 근본 원인에 대하여 회피하지 않고 있는 그대로 인식하는 것이 직면하기의 핵심입니다.

▶▷ 자신의 사회적 기술 행동을 성찰하기

사회적 기술 자체를 중요한 삶의 기술이라는 것을 인식하고 구체적인 자신의 삶 속에서 사회적 기술 행동을 실천하고 그 행동이 잘 이루어졌는지 반성하고 성찰하는 것이 중요합니다. 성숙한 사람과 미숙한 사람의 가장 큰 차이점은 자기 성찰 능력에 달려 있습니다. 다중지능(MI)이론에서도 성공한 사람들의 공통적인 부분이 자기 이해(성찰) 지능이라고 말합니다.

사회적 기술이 잘 실천되기 위해서는 사회적 기술과 관련한 자신의 행동이 잘 이루어지고 있는지 끊임없이 성찰하는 노력이 필요합니다. 사회적 기술을 지도하는 데 있어서도 학생들이 자신의 사고와 행동에 대하여 끊임없이 성찰할 수 있는 기회를 제공해야 합니다.

3. 사회적 기술 훈련의 지도 단계

학생들이 협동하려는 마음을 가지고 있다고 해서 사회적 기술을 자연스럽게 실천할 수 있는 것은 아닙니다. 다른 사람에 대한 배려심이 있다고 해서 그것이 다 사회적 기술 행동으로 이어지는 것이 아닙니다. 반대로 상대방에 대한 애정이나 협동하려는 마음이 없어도 다른 사람을 배려하는 사회적 기술 행동이 습관적으로 배어 있어야 자연스럽게 나올 수 있습니다. 사회적 기술을 잘 이해하려면 협동하려는 마음과 사회적 기술 행동을 구분해야 한다. 비록 상대방을 존중하고 배려하는 마음이 없다 하더라도 사회적 기술과 관련된 행동이 무의식적으로라도 나올 수 있다면 사회적 기술이 잘 훈련되어 있다고 말할 수 있습니다.

사회적 기술을 학생들에게 훈련시키는 데 있어서 필요한 단계를 정리하면 다음과 같습니다.[04]

04 김현섭 외(2012), "협동학습 3", 한국협동학습센터

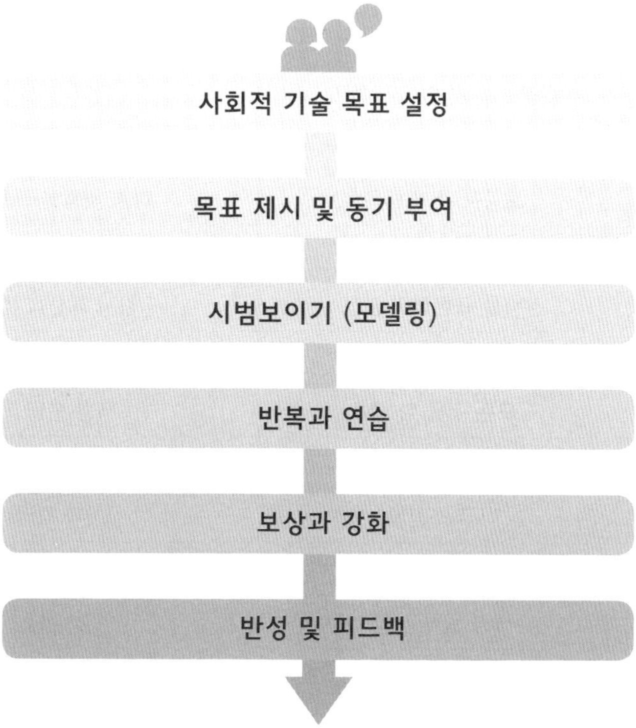

(1) 사회적 기술 목표 설정 단계

교사가 학생들에게 필요한 사회적 기술 목록을 찾아서 그 중에서 대상 학생들에게 적절한 사회적 기술을 선택합니다. 학기 초 사회적 기술 훈련에 대한 연간 계획을 준비할 수 있으면 더욱 좋습니다. 사회적 기술 훈련을 체계적으로 실시하려면 사회적 기술 목표를 보다 분명하게 정리하여 한 주별로 학생들에게 제시하는 것이 필요합니다. 사회적 기술상의 문제점과 지도 목표를 정리하면 다음과 같습니다. [05]

05 케이건(1998), "협동학습", 디모데, P.300

문제점		지도 목표
모둠 활동	너무 시끄럽다	소곤소곤
	과제 미완성	과제 완성
	명확한 목적 없음	목표 설정
	갈등	갈등 해결 기술
	의기소침	격려. 브레인스토밍
학생들	기가 죽어 있음	칭찬하고 격려하기
	질문은 듣지 않고 말하기	기다리기
	모두 동시에 말하기	순서에 따라 이야기하기
	도움을 주지 않음	다른 사람을 도움
	타인의 말을 듣지 않음	경청하기
	감사를 표현하지 않음	감사 표현하기
	의견 무시	의견 존중
한 학생	모든 것을 다 함	역할 분담
	거의 활동하지 않음	활동 참여를 격려함
	너무 소심함	칭찬과 격려
	활동을 거부함	활동 참여, 칭찬과 격려
	대장 노릇을 함	역할 분담
	적대적임	갈등 해결, 다른 사람과의 조화
학급 전체	모둠 간의 경쟁이 치열함	모둠 간의 협동 강조
	다른 모둠 활동에 관심이 없음	다른 모둠 활동에 집중하기

(2) 목표 제시 및 동기 부여 단계

이 주의 사회적 기술이 정해졌으면 해당하는 사회적 기술에 대한 목표를 설정하고 동기 유발을 할 수 있어야 합니다. 무엇보다 해당 사회적 기술이 왜 중요한지 다양한 방법으로 학생들에게 동기 부여를 할 수 있어야 합니다. 해당 사회적 기술의 필요성에 대하여 교사가 자신의 경험에 비추어 학생들에게 설명하면 좋습니다. 스토리텔링 기법은 해당 사회적 기술에 대한 가치를 부여하는 데 도움이 됩니다.

또한 해당 사회적 기술과 관련한 간단한 체험활동을 통하여 자연스럽게 동기 부여를 할 수 있습니다. 예를 들어 '경청하기'라면 학생들을 두 명씩 짝을 만들고 상대방 등을 마주대고 어떤 주제에 대하여 이야기를 해보거나 한 사람이 상대방의 눈을 의도적으로 피하거나 딴청을 피우도록 한 상태에서 자신의 이야기를 하도록 하는 것입니다. 활동이 마친 후 역할을 반대로 바꾸어 활동을 하게 합니다. 그리고서 자신의 느낌과 경험을 이야기하도록 하여 경청하기가 왜 중요한지를 깨닫게 합니다.

(3) 시범보이기(Modeling) 단계

해당 사회적 기술에 대하여 교사가 학생들에게 직접 시범을 보여주어야 합니다. 시범을 보여주지 않으면 학생들이 구체적으로 어떻게 행동해야 할지 잘 모를 수 있습니다. 그러므로 교사가 학생들에게 사회적 기술과 관련한 구체적인 행동을 보여주어야 합니다. 교사의 잔소리가 결코 학생들의 행동을 변화시키지 않습니다. 그러므로 교사는 말보다는 행동으로 사회적 기술을 보여주어야 합니다. 예를 들어 먼저 인사하기라면 교사가 먼저 학생들에게 인사를 하거나 교사가 학생들에게 먼저 일명 배꼽 인사 등을 통해 공손하게 인사하는 것을 보여주어야 합니다. 그래야 구체적으로 학생들이 어떻게 행동해야 할지를 쉽게 이해하고 따라할 수 있습니다.

(4) 반복과 연습 단계

사회적 기술 훈련의 최종 목표는 개인적인 내면화와 습관화입니다. 학생들이 자연스럽게 사회적 기술 행동을 하기 위해서는 동일한 사회적 기술 행동을 반복하고 연습하여 익히도록 해야 합니다. 반복과 연습 과정을 통하여 사회적 기술이 자기의 생활 습관이 될 수 있도록 해야 합니다. 반복과 연습을 할 때에는 짝 활동이나 모둠별로 나누어 실시하고 학생 상호 간의 사회적 상호 작용을 통하여 점검할 수 있도록 하면 좋습니다. 예를 들어 인사하기라면 짝끼리 번갈아 인사하고 인사법에 대하여 칭찬해 주거나 잘못된 인사법을 상호 교정해 주는 것입니다.

교사가 조 종례 시간에 전달 사항만 이야기하지 않고 꾸준히 사회적 기술에 대하여 이야기하고 실습할 수 있도록 하면 좋습니다. 이 주의 사회적 기술이 '칭찬 하기' 라면 감사의 이끔말인 "역시 넌 대단해", "너의 이런 모습이 너무 좋아" 등을 조 종례 시간에 친구들끼리 번갈아 이야기할 수 있는 기회를 주는 것입니다. 중요한 것은 해당 사회적 기술을 1~2주 동안 매일 마다 반복적으로 연습할 수 있도록 하는 것입니다.

(5) 보상과 강화 단계

보상이란 어떤 행동을 했을 때 이에 상응하는 대가를 말하는 것입니다. 강화란 어떤 행동이 발생했을 때 후속 자극을 주는 것으로 긍정적인 행동을 증가하고 부정적인 행동을 감소시키는 것입니다. 협동학습의 기본적인 강화 전략은 긍정적인 강화 방식입니다. 학생들이 긍정적인 행동을 할 때마다 칭찬이나 격려, 선물이나 토큰 부여, 시상 등을 하는 것이다. 토큰 제도는 단기간에 교육적 효과를 얻을 수 있어서 많이 활용하는 방법이지만 자칫 토큰 제도에만 의지하여 수업을 진행하면 각종 부작용이 발생할 수 있으므로 지혜롭게 활용할 수 있어야 합니다. 토큰 등의 방법보다는 칭찬과 박수 등의 자연스러운 강화 방법을 활용하면 좋습니다. 예를 들어 해당 사회적 기술이 '경청하기' 라면 짝끼리 어제 있었던 일에 대하여 이야기를 하고 나서 가장 경청하기를 잘한 학생을 관찰하여 지목한 다음 그 이유를 공개적으로 이야기하고 교사가 그 학생을 칭찬하는 것입니다.

(6) 반성 및 피드백(feedback) 단계

사회적 기술을 훈련하는데 있어서 목표 행동을 측정 가능한 행동으로 표현하고 이를 측정할 수 있어야 합니다. 그래야 사회적 기술 행동의 변화에 대한 평가와 반성, 피드백이 이루어질 수 있기 때문입니다. 사회적 기술을 훈련하는데 있어서 선택과 집중의 원리에 따라 한꺼번에 많은 사회적 기술을 지도하는 것이 아니라 가장 중요하다고 생각하는 한 가지 사회적 기술 행동에 집중하여 훈련해야 합니다. 학생들에게 가장 필요하다고 생각하는 사회적 기술들을 목록으로 기록하고 그것들의 우선 순위를 정하여 1~2주에 1가지씩 집중적으로 지도하는 것이 좋습니다. 그런데 만약 '인사하기' 라는 사회적 기술이 1~2주 동안 지도했음에도 불구하고 큰 변화가 없다면 그 기간을 연장해서 지도할 수 있습니다. 그리고 여러 가지 사회적 기술 목표를 동시에 이루기 위해 노력하면 한 가지 사회적 기술 훈련에도 실패하기 쉽다는 것을 기억해야 합니다.

이 주의 사회적 기술 활동이 어느 정도 이루어졌으면 이에 대하여 학생 스스로 반성할 수 있는 시간을 부여하는 것이 좋습니다. 사회적 기술에 대한 체크리스트를 활용하여 스스로 자기 반성할 수 있는 시간을 가지거나 투표 방식을 활용하여 학생 상호 간의 동료 평가 방식을 도입할 수 있습니다. 칭찬 주인공 코너를 만들어 해당 사회적 기술을 잘 실천한 학생을 공개적으로 칭찬하는 것도 좋은 방법입니다.

4. 사회적 기술 센터의 운영 방안

(1) 케이건의 사회적 기술 센터

케이건은 구조화된 사회적 기술지도 방법으로서 사회적 기술 센터를 제안합니다.[06] 사회적 기술 센터는 사회적 기술 증진을 위한 별도의 코너를 설치하여 운영하는 방법입니다. 사회적 기술 센터는 학생들에게 필요한 사회적 기술 목록을 정하여 1~2주 단위로 사회적 기술을 정하여 학생들에게 알리고 실천할 수 있도록 돕는 방식입니다. 사회적 기술 센터를 협동적 학급 운영 방안으로서 꾸준하게 운영하면 좋은 결과를 얻을 수 있습니다.

06 케이건(1998), "협동학습", 디모데

< 케이건의 사회적 기술 센터 >

이 주일의 사회적 기술	예) 칭찬하기
이끔말	예) "오늘 ( )한 행동을 했다니 대단하다" "네가 우리 반에 있다는 것 자체가 큰 기쁨이야" 등

사회적 기술 센터의 일반적인 운영 단계를 정리하면 다음과 같습니다.

사회적 기술 제시 ⇒ 해당 기술의 중요성 설명 ⇒ 시범 보이기 ⇒ 연습과 반복 ⇒ 강화와 보상 ⇒ 반성 및 평가하기

먼저 교사가 사회적 기술 목록을 만들어 우선순위에 따라 학생들에게 필요한 사회적 기술을 제시합니다. 해당 사회적 기술의 중요성을 교사가 설명하거나 간단한 체험 학습 활동을 통하여 충분히 동기를 부여할 수 있도록 합니다.

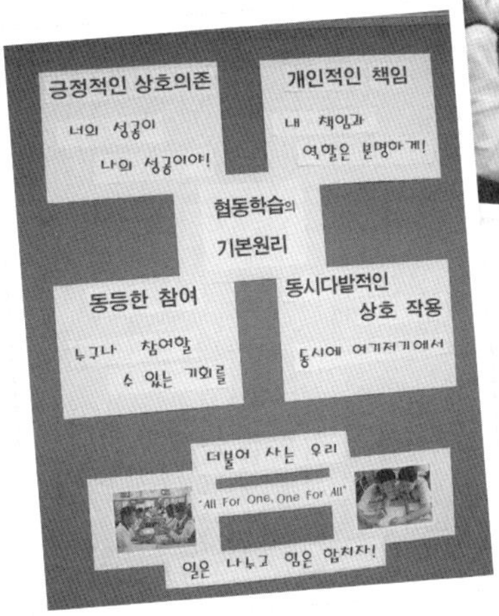

예를 들어 이 주일의 사회적 기술이 '칭찬하기'라면 상대방에게 칭찬하기와 험담하기를 번갈아 하고 그 느낌에 대하여 서로가 나눌 수 있도록 하는 것입니다. 교사가 학생들에게 사회적 기술에 대한 시범을 직접 보여주도록 합니다. 이때, 이끔말 카드를 활용하여 이 주일의 사회적 기술에 해당하는 다양한 이끔말을 찾아내어 교사가 직접 시범을 보여주는 것입니다. 예를 들어, '칭찬하기'라면 교사가 특정 학생에게 단순한 칭찬과 구체적인 사실에 근거한 칭찬, 존재 자체에 대한 칭찬 표현을 모든 학생들 앞에서 직접 칭찬하는 것입니다. 교사가 시범을 보인 다음 학생들이 짝꿍이나 모둠 안에서 직접 협동학습 활동을 활용하여 연습, 반복해 봅니다. 예를 들어, 칭찬 연습이라면 짝 점검을 통하여 서로 번갈아 칭찬하고 점검하도록 하는 것입니다. 반복은 사회적 기술을 내면화시키는 가장 좋은 방법입니다. 1~2회 정도의 실습 정도로는 생활 태도를 바꿀 수 없습니다. 그러므로 조 종례 시간을 활용하여 1~2주 동안 꾸준하게 반복하여 사회적 기술 활동을 하는 것입니다. 정해진 시간이 마치면 해당 사회적 기술 훈련 기간 동안 연습 시간에 가장 열심히 참여한 경우 뿐 아니라 평상시 생활에서도 가장 많이 활용한 학생을 투표를 통하여 선정하여 학급 전체에서 교사가 보상합니다. 이때, '칭찬 주인공 코너'나 '명예의 전당 코너' 등을 활용하여 보상하는 것도 좋은 방법입니다.

해당 사회적 기술을 구체적인 다양한 표현으로 나타낸 것이 이끔말입니다. 예를 들어 해당 사회적 기술이 '칭찬하기'라면 너무 막연하게 학생들에게 다가갈 수 있습니다. 이때, "너는 ~해서 대단해", "너야말로 최고야", "난 네가 내 친구라는 것이 자랑스러워" 등의 다양한 표현을 이끔말로 정리하여 활용하면 손쉽게 칭찬하기를 지도할 수 있을 것입니다. 이끔말을 카드에 기록하여 활용하면 좋은데 이를 이끔말 카드라고 합니다. 이끔말 카드에 들어갈 수 있는 다양한 사례를 제시하면 다음과 같습니다.

■ 긍정적인 표현을 하기

"할 수 있습니다"
"제가 하겠습니다"
"무엇이든지 도와드리겠습니다"
"기꺼이 해 드리겠습니다"
"잘못된 것은 고치겠습니다"
"참 좋은 생각입니다"
"이렇게 하면 어떨까요?"

■ 상대방을 배려하기

"네 생각이 옳아"
"너는 이 문제에 대하여 어떻게 생각하니?"
"너도 찬성하지?"
"네가 원하지 않는다면 나도 하지 않겠어"

■ 다른 사람의 자존감을 세우기

"당신이 정말 대단한 사람입니다"
"당신이야 말로 사랑받기 위해 태어난 사람입니다"
"나는 네가 그 일을 할 줄 알았어"
"너는 역시 대단한 녀석이야"

■ 감사 표현하기

"대단히 고맙습니다"
"고마워"
"내가 도와주어서 내가 간단히 일을 마칠 수 있었어"

■ 도움을 주기

"도울 일 없습니까?"
"잠깐만, 내가 도와줄게"
"내가 너를 도와줄 수 있어서 나도 참 기뻤어"

(2) 존슨의 T-Chart를 활용한 사회적 기술 센터

존슨은 T-Chart를 활용한 사회적 기술 센터를 다음과 같이 제시합니다. 존슨은 사회적 기술과 관련한 언어와 행동을 구분하여 사회적 기술 센터를 만들어 활용할 것을 제시합니다.[07]

07 김대권 외(2013), "바로 지금 협동학습!", 즐거운학교

< 존슨의 사회적 기술 센터(T-Chart) >

<table>
<tr><td colspan="2">사회적 기술 :</td><td rowspan="4">명예의전당</td></tr>
<tr><td>이렇게 행동해요</td><td>이렇게 말해요</td></tr>
<tr><td></td><td></td></tr>
<tr><td>지켜지지않을때</td><td></td></tr>
</table>

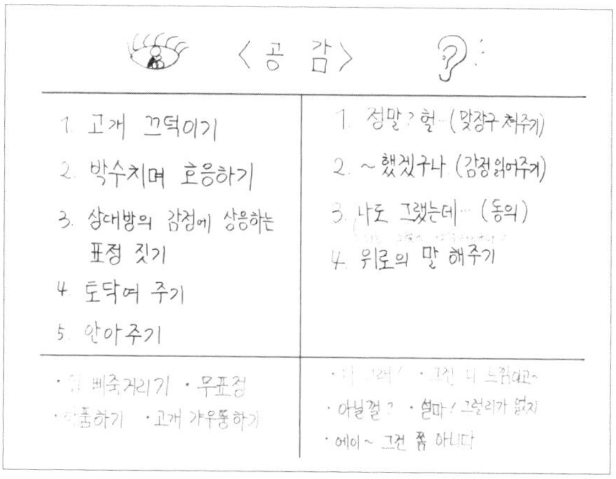

〈공 감〉
1. 고개 끄덕이기
2. 박수치며 호응하기
3. 상대방의 감정에 상응하는 표정 짓기
4. 토닥여 주기
5. 안아주기
1. 정말? 헐… (맞장구 쳐주기)
2. ~했겠구나 (감정읽어주기)
3. 나도 그랬는데… (동의)
4. 위로의 말 해주기
· 무표정
· 고개 갸우뚱하기
· 아닐껄? · 설마! 그럴리가 없지
· 에이~ 그건 좀 아니다

존슨의 사회적 기술 센터(T-Chart) 사례

사회적 기술을 지도하는 단계는 크게 기초단계, 기능단계, 정착단계, 완숙단계의 4단계로 나눌 수 있습니다. 기초 단계는 모둠을 형성하는 단계이며, 기능 단계는 모둠 과제를 완성하기 위해 관계 기술을 효과적으로 사용하는 단계입니다. 정착 단계는 과제를 깊이 이해하고 추론적 사고력을 자극하며 학업의 성과를 극대화하는 데에 사회적 기술을 사용하는 단계입니다.

마지막으로 완숙 단계는 이미 학습한 내용에 대한 새로운 정보를 찾기 위해 노력하고 새로운 개념을 만들어 내며, 결과에 대해 함께 토의 토론하고, 더 나은 것을 추론하는 데에 사회적 기술을 사용하는 단계입니다. 이러한 단계에 해당되는 내용들을 좀 더 구체적으로 아래의 표와 같이 정리할 수 있습니다.

사회적 기술을 지도하는 단계	
사회적 기술의 지도 단계	**교사 활동**
1단계 **사회적 기술지도 준비 단계**	• 사회적 기술 훈련이 필요한 학생을 선택한다. • 선택된 학생이 사회적 기술 훈련을 받을 수 있도록 설득한다. • 학생이 자신에게 부족한 사회적 기술을 역할극(role play)으로 경험하게 한다.
2단계 **사회적 기술 정의 단계**	• T-차트로 정의 내린다. • 예증, 모델링, 설명의 방법을 사용한다.
3단계 **사회적 기술 지도 단계**	• 학생에게 필요한 사회적 기술을 수행할 수 있는 역할을 준다. • 역할을 수행한 빈도와 수행할 때의 특징적인 점들을 기록한다. • 학생이 사회적 기술을 사용할 수 있도록 주기적으로 동기 부여 한다. • 학생이 좀 더 사회적 기술을 확실히 사용할 수 있도록 개입하여 지도한다.
4단계 **결과에 대해 피드백하고 학생의 의견을 듣는 단계**	• 데이터를 학급, 모둠, 개인에게 보고한다. • 자료를 차트나 그래프로 제시한다. • 학생이 해당 자료를 분석하게 한다. • 모든 학생들이 긍정적인 피드백을 받도록 한다. • 학생이 한 단계 높은 목표를 설정하도록 한다. • 모둠원들이나 학급 학생들이 이 학생의 노력에 대해 칭찬해 줄 수 있도록 한다.
5단계 **3, 4단계를 반복하는 단계**	• 반복적인 연습을 통해 학생이 사회적 기술을 내면화할 수 있도록 돕는다.

존슨은 사회적 기술 센터 운영과 관련하여 다음과 같은 유의 사항을 제시합니다.

- 사용중에 학생들이 구체적으로 무엇을 해야 할지 알게 하기 위해서 언어나 비언어적 행동과 같은 기술을 정하라. 수업 중에 학생들에게 어떤 기술을 보기를 원하는지 말하는 것으로는 충분치 않음을 교사가 알고 있어야 한다. 한 학생을 격려하는 것은 다른 학생을 낙담시키는 것이 될지도 모른다. 교사는 학생들에게 정확히 무엇을 해야 할지를 설명해 주어야 한다. 사회적 기술을설명하는 한 가지 방법은 T-차트(T-Chart)이다. 교사들은 배워야 할 사회적 기술 주제를 목록화해야 한다. 예를 들면 경청, 존경, 격려하기 등을 학생들에게 물어볼 수 있다. “이 사회적 기술은 무엇 같니(비언어적 행동) ? ”, “이 사회적 기술은 어떤 말처럼 들리니 ? ”, 그리고서 학생들이 ‘이렇게 말해요’와 ‘이렇게 행동해요’의 주제에 맞는 항목들을 채워 볼 수 있다. 학생들이 그 사회적 기술 주제가 무엇인지 언급할 수 있도록 T-차트를 분명하게 보여준다.

- 학급 전체 학생들을 대상으로 사회적 기술을 보여주어야 한다. 그리고 학생들이 그 기술이 어떻게 들리고 보이는지에 대한 정확한 생각을 가질 수 있을 때까지 차례대로 설명해준다.

- 학생들에게 학습 단원이 시작되기 전에 학생들의 모둠 속에서 그 사회적 기술을 연습 시킨다.

(3) 사회적 기술 센터에 들어갈 수 있는 내용들

사회적 기술 센터에서 활용할 수 있는 사회적 기술 목록들을 정리하면 다음과 같습니다.

- 교실을 깔끔하게 사용하기
- 급훈과 구호를 큰 소리로 외치기
- 지각하지 않기
- 다른 학생들을 칭찬하기
- 힘든 친구를 찾아 격려하기
- 고운 말 바른말 사용하기
- 다른 사람들의 이야기를 경청하기
- 제한 시간 안에 학습 과제를 마무리하기
- 다른 친구의 일을 도와주기
- 소곤소곤 이야기하기
- 자신의 의견을 분명하게 말하기
- 자신의 생각을 논리 정연하게 기록하기
- 선생님의 일을 돕기
- 순서를 지키기
- 자신의 역할을 수행하기
- 필기를 잘하기
- 선생님의 지시에 잘 따르기
- 주인의식을 가지고 행동하기
- 선생님의 질문에 적극적으로 답변하기
- 선생님에게 적극적으로 질문하기
- 열심히 청소에 참여하기 등

사회적 기술 센터를 운영하는 데 있어서 선택과 집중의 원리에 따라 운영해야 합니다. 이를 위해서 사회적 기술에 대한 우선순위를 매기고 이에 따라 사회적 기술 목록을 정리해야 합니다. 우선순위를 정할 때, 운영 시기, 학사 일정, 학생들의 연령과 수준, 학생들의 관심사 등 다양한 요인을 고려하여 이 주일의 사회적 기술을 정하는 것이 좋습니다. 사회적 기술 훈련을 시도할 때에는 한 가지씩 집중적으로 지도하고 어느 정도 해당 사회적 기술이 내면화되었다고 판단될 때, 다음 사회적 기술로 넘어가는 것이 좋습니다. 많은 교사들이 사회적 기술 센터를 설치하고 운영하지만 꾸준히 운영하면서 성공적으로 진행하는 경우는 드뭅니다. 왜냐하면 처음에 사회적 기술 센터를 설치하고 운영하는 것은 그리 어려운 일이 아니지만 일관성 있게 꾸준히 운영하려면 교사의 인내심과 관심이 필요하기 때문입니다.

(4) 사회적 기술 센터의 보상제도 및 반성하기

사회적 기술 센터를 운영하는데 있어서 강화와 보상 전략을 잘 활용하면 학습 효과를 극대화시킬 수 있습니다. 사회적 기술 센터에 게시된 해당 사회적 기술을 잘 지킨 학생들에게 토큰 제도를 활용하여 보상할 수도 있지만 여러 가지 부작용이 발생할 수 있습니다. 그래서 사회적 기술 센터 운영의 대안적인 보상 방식으로서 칭찬 주인공 코너와 명예의 전당을 운영해 보는 것도 좋습니다.

칭찬 주인공 코너

칭찬 주인공 코너는 이 주일의 사회적 기술을 가장 잘 지킨 학생을 선정하여 게시물로 만들어 보상하는 방식입니다. 예를 들어, '칭찬하기' 라면 해당 기간 동안 가장 많은 친구들을 칭찬하고 모범적인 행동을 한 학생을 동료 투표 방식으로 선정하는 것입니다. 선정된 학생을 디지털 카메라로 찍어서 구체적인 사실 및 이유를 함께 게시물로 만들어 교실에서 가장 눈에 잘 띄는 공간에 게시하는 것입니다. "(본인 사진과 함께)○○○은 일주일 동안 친구들을 잘 칭찬하고 격려 하였기에 이번 주의 칭찬 주인공으로 선정합니다." 다음 사회적 기술 칭찬 주인공이 선정될 때까지 칭찬 주인공 코너에 게시해 둡니다.

명예의 전당

칭찬 주인공 코너 게시 기간이 마치고 새로운 칭찬 주인공이 선정되면 그 이전 칭찬 주인공 게시물을 교실 뒤편에 별도로 설치한 명예의 전당 코너에 옮겨 붙여 놓습니다. 일 년 동안 꾸준히 사회적 기술 센터가 운영되면 명예의 전당 코너에 다양한 학생들이 게시될 수 있을 것입니다. 학생들에게 긍정적인 자존감을 세워줄 뿐 아니라 교실 환경 미화에도 좋은 방법입니다. 나중에 학교 단위의 모범 어린이(학생)상 시상을 할 때 칭찬 주인공 코너나 명예의 전당 코너를 참고하거나 연계하면 학교 단위의 시상도 그 권위를 세워줄 수 있습니다.

명예의 전당 사례

반성의 시간

사회적 기술이 자신의 생활 태도나 습관 속에서 내면화되었는지 점검하고 반성할 수 있는 시간을 가지는 것도 좋은 방법입니다. 이를 위해 학생들이 해당 사회적 기술을 실천한 느낌과 생각을 에세이 형식으로 자유롭게 글을 쓸 수 있도록 할 수 있습니다. 또한 교사가 사회적 기술과 관련한 체크리스트를 만들어 학생들이 체크리스트를 통하여 자기 스스로를 점검하고 반성할 수 있는 시간을 가질 수 있을 것입니다.

5. 사회적 기술 지도 시 유의사항

학생들에게 사회적 기술을 가르치기 위해서 다음과 같은 것이 반드시 필요합니다.

첫째, 사회적 기술은 배워하는 것임을 알아야 하고, 사회적 기술을 가르치는 깊은 의미를 이해해야 합니다. 사회적 기술이 부족한 학생들에게 모둠 안에서 협동하라고 해서 협동을 할 수 있지는 않습니다. 친구들과 효과적으로 상호작용하는 기술을 가르쳐줘야만 합니다. 그리고 모둠 안에서 올바르게 상호작용하도록 동기부여 해야 합니다.

둘째, 어떤 사회적 기술을 가르쳐야 하는지 구체적으로 알아야 합니다. 존슨은 우리라는 의식을 높이기 위해서는 서로 격려하기, 친구 존중하기, 주어진 과제 집중하기, 조용히 말하기, 적극적으로 참여하기, 모둠활동에 집중하기를 가장 기본적인 사회적 기술이라 말하고 있습니다. 이처럼 각 발달단계와 학년 그리고 상황에 따라 어떤 사회적 기술을 가르쳐야 하는지를 반드시 알고 있어야 합니다.

셋째, 교사가 사회적 기술을 가르치는 방법을 알아야 합니다. 사회적 기술에 숙련되고 향상되기 위해서 어떻게 해야 하는지 알아야 합니다. 또한 학생들의 사회적 기술을 관찰하고 그것을 평가할 수 있어야 하며 그 평가를 통해 자신의 사회적 기술 방법들을 더 효과적으로 사용할 수 있어야 합니다.

넷째, 교사는 사회적 기술을 가르치는 규칙을 따라야 합니다. 즉, 가르쳐야할 사회적 기술을 구체적으로 제시하고, 조금씩 시작해야 하며 사회적 기술이 숙달된 후에도 계속 강조를 해야 교실 안에서 제대로 정착할 수 있음을 알아야 합니다.

다섯째, 사회적 기술에 대한 지도는 수업 시간 뿐 아니라 생활 지도 등 다방면에서 종합적으로 이루어져야 합니다. 교과 특성이나 영역 특성에 따라 다르게 적용될 수 있습니다. 일반 교과 수업 시간에 사회적 기술을 다룬다면 4-5가지 정도이겠지만 교과 재량 시간이나 담임 조 종례 시간을 통해서 사회적 기술을 본격적으로 다룬다면 1년 동안 체계적으로 지도할 수 있을 것입니다.

상황에 따라 다르게 적용할 수 있겠지만 통합적으로 사회적 기술에 대한 지도가 이루어져야 그 효과를 제대로 볼 수 있을 것입니다.

여섯째, 사회적 기술 문제가 심각한 학생의 경우, 개별적이고 전문적인 지도가 필요합니다. 보편적인 지도 방법으로 해결하기 힘든 경우가 있습니다. 이러한 경우에는 개별적인 상담과 지도가 필요하기도 합니다. 또한 지능이 낮아서 다른 사람의 감정과 이야기를 잘 알아차리지 못할 수도 있고, 게임 중독으로 인하여 절대 수면 시간이 부족하여 학생이 수업에 전혀 집중하지 못할 수도 있습니다. 이러한 특별한 경우에는 일반적인 사회적 기술지도 방법만으로 해결하기 힘듭니다. 교사 수준에서 해결할 수 없는 사회적 기술 문제의 경우에는 외부 전문가의 도움이 필요합니다.

일곱째, 교사가 먼저 사회적 기술을 실천할 수 있어야 합니다. 교사가 다른 사람을 배려하지 않고 사회적 기술과 관련한 행동을 보이지 않으면서 학생들에게 사회적 기술을 실천하라고 강조하기 힘듭니다. 학생들은 교사의 언어가 아니라 행동을 통해 사회적 기술을 배웁니다. 많은 교사들이 사회적 기술이 부족한 경우가 많습니다. 그러므로 학생들에게 사회적 기술을 제대로 가르치기 위해서라도 교사가 사회적 기술을 일상생활 속에서 실천할 수 있어야 합니다.

Social
Skill

사회적 기술의 실제

봄.

1. 교실 및 수업 규칙 세우기
2. 인사하기
3. 칭찬하기
4. 자기 목표 세우기
5. 순서 지키기
6. 바른 말 고운 말하기
7. 나를 알아가기

교실 및 수업규칙 세우기

"규칙 세우기란

교실에서 질서와 자유가 공존하기 위한 낮은 울타리입니다."

"규칙 세우기란

____ 입니다."

관련 덕목 : 질서, 관계, 배려, 인정

1. 교실 및 수업 규칙 세우기

[1] 규칙 세우기의 필요성

영식이는 수업 시간 중에 옆 친구와 떠들었다. 그래서 선생님은 영식이에게 일단 말로 주의를 주었다. 그런데 5분 후 영식이가 옆 친구와 다시 떠들었다. 그래서 교실 뒤쪽에 나가 10분 동안 서 있도록 했다. 수업 마무리 단계에서 미숙이도 옆 친구와 떠들기에 영식이처럼 교실 뒤쪽으로 나가라고 했다. 그런데 얼마 있지 않아 수업 마침 종이 울려서 선생님이 두 명 모두 자기 자리로 돌아가게 하였다. 선생님은 교무실로 갔고, 남은 쉬는 시간 동안 영식이는 선생님이 미숙이만 좋아하고 자기는 싫어하는 것 같다며 친구에게 불만을 털어놓았다.

교실은 혼자 사는 공간이 아니라 학습을 하기 위해 여러 친구들이 함께 생활하고 공부하는 공간입니다. 둘 이상이 교실이라는 한 공간에서 생활을 할 때에는 서로에게 배려하는 노력이 필요합니다. 예를 들어 자율학습 시간에 일부 학생들이 떠들게 되면 조용히 공부하고 싶어 하는 나머지 학생들은 학습에 집중하기 힘들 것입니다. 즉, 어떤 학생이 놀고 싶은 자유는 이루어졌지만 조용히 공부하고 싶은 학생들의 자유는 침해당한 것이라고 볼 수 있습니다.

공동체를 유지하기 위해서는 어느 공동체든 간에 서로가 지켜야 할 울타리가 필요합니다. 그런데 대개 교사가 학생들에게 일방적으로 규칙을 정하여 이야기하는 경우가 많습니다. 이 경우, 그 규칙이 왜 중요한지 충분히 이해를 하지 못하거나 학생들 입장에서는 받아들이기 힘든 규칙을 이야기한다면 오히려 문제가 생길 수 있습니다. 또한 누구나 받아들일 수 있는 규칙이라 하더라도 교사가 미리 이야기하지 않고 마음속으로도 생각만 하고 상황에 따라 교사의 감정에 따라 규칙을 이야기한다면 학생들 입장에서는 혼란감에 빠지거나 교사의 눈치만을 볼 수밖에 없습니다. 아무리 교사가 교실의 질서를 유지하기 위해서 객관적인 노력을 기울인다고 해도 교사도 감정이 있기 때문에 일관성 있고 객관적으로 규칙을 지켜나가기 쉽지 않습니다. 오히려 감정적인 문제를 규칙 문제인 것처럼 돌려 말하는 것이 학생들에게 상처를 줄 수 있습니다.

학교생활에서 규칙 세우기는 매우 중요한 일입니다. 특히 3월초에 규칙 세우기를 해야 합니다. 그래야 1년 동안 일관성 있게 공동체 생활을 할 수 있습니다. 학교생활에서 필요한 것이 학교 규칙이듯이, 교실에서는 교실 규칙이 필요하고, 수업 시간에는 수업 규칙이 필요합니다.

규칙 세우기 활동 과정을 통해 공동체에 대한 애정과 배려에 대하여 배울 수 있는 기회가 될 수 있습니다. 규칙 세우기 활동을 통해 규칙의 중요성을 깨닫고 자발적으로 지키려는 노력을 기울일 수 있습니다. 교실 규칙 세우기 활동을 통해 교실의 질서를 지켜나가고 다른 친구들을 배려하는 구체적인 방법을 알 수 있습니다.

[2] 규칙 세우기의 활용 방안 및 유의사항

- 규칙 세우기 활동에 학생들이 참여할 수 있도록 하는 것이 좋습니다. 교사가 교실 규칙을 만들어 학생들에게 이야기할 수도 있겠지만 학생들에게도 교실 규칙을 만드는 과정에 참여할 수 있도록 하는 것이 필요합니다.

- 규칙은 가급적 적을수록 좋습니다. 꼭 필요한 규칙만을 중심으로 정리해야 합니다. 교실 십계명처럼 규칙이 많아지면 그 규칙을 지키는데 많은 에너지를 써야 하기 때문입니다.

- 규칙은 질서를 세우지만 규칙의 수와 강도가 높으면 상대적으로 자유와 관계가 사라지기 쉽습니다. 그러므로 질서와 자유가 공존하는 교실을 만들기 위해서 적절한 수준을 고민해야 합니다.

- 규칙 세우기 이후 이를 운영하는 과정이 매우 중요한데, 교사만이 규칙을 지켜나가도록 하는 것은 한계가 있습니다. 학생들이 스스로 규칙을 지켜나갈 수 있도록 역할을 부여하거나 전체 학생들이 성찰과 반성을 할 수 있는 기회를 정기적으로 갖는 것이 좋습니다.

[3] 사회적 기술 센터

- 이렇게 말해요
  "우리 규칙을 다함께 만들어보자", "우리가 만든 규칙은 소중해"

- 이렇게 행동해요
  수업 규칙·교실 규칙 책상 위에 붙여 놓기, 내가 가장 잘 지키는 규칙 표시해 보기

Tip 〈교실 규칙〉 사례

- 정해진 시간을 지키기 (지각하지 않기)
- 학급 내 자기 역할을 다하기 (청소시간에 도망가지 않도록 학급 내 자기 역할 정하기(칠판지우개 관리, 학급 문집 관리하기 등)
- 자기 주도 학습(자율) 시간에 조용히 공부하기
- 친하지 않은 친구들과 짝궁을 하도록 자리 배치하기
- 벌금 제도 운영 시 학급 기금으로 적립하여 연말에 불우 돕기나 학급 행사시 활용하기 등

Tip 〈수업 규칙〉의 사례

- 과제물을 정해진 시간 안에 완성하기
  (그 수업 시간에 다하지 못한 학습 활동은 그 날마저 완성하기)
- 다른 친구들의 학습 성공을 기뻐하고 칭찬하기 (칭찬 박수 등)
- 모둠 프로젝트 활동 등 모둠 활동 시 자기에게 주어진 역할을 다하기
  (무임승차자나 일벌레 학생이 나타나지 않도록 하기, 개인 역할 기여도에 따라 점수를 차등으로 부여하기 등)
- 과제물 수행 시 정직하기 (모둠 과제 시 자기 수행 결과를 정직하게 표현하기, 보고서 작성 시 출처를 꼭 밝히기) 등

2. 규칙 세우기 활동

[1] 생활 규칙을 이해하기

"생활 속에서 존재하고 있는 규칙들을 이해하고 규칙의 중요성을 이해하는 것입니다."

1. 진행단계

① 교사가 활동 목적에 대하여 제시한다.

② 생활 속에서 지켜야 할 규칙을 학습지에 기록하게 한다.

③ 모둠별로 영역을 정하여 규칙들을 찾아서 정리하여 발표한다.

④ 규칙이 없다면 어떤 일이 생길지에 대하여 이야기한다.

2. 준비물

활동지, 펜, 도화지, 색 사인펜, 스카치테이프

3. 유의사항 및 기타

- 영역별로 필요한 규칙과 그 이유가 무엇인지를 인식하는데 초점을 둔다.
- 교사가 자신의 입장을 일방적으로 말하는 것보다 학생들의 생각을 들어보고 피드백 하는 방식으로 진행할 수 있도록 한다.

4. 참고 자료

정대영(2006), 발달 장애 아동의 사회적 기술 훈련, 양서원

생활 규칙 이해하기

1. 다음의 규칙들은 어디에서 필요한 규칙입니까? 해당되는 영역에 O표시를 하시오.

- 쓰레기를 함부로 버리지 않기 (가정/학교/공공장소/기타)
- 이야기를 하고 싶을 때 손을 들고 이야기하기 (가정/학교/공공장소/기타)
- 약속을 지키기 (가정/학교/공공장소/기타)
- 다른 사람이 이야기할 때 방해하지 않기 (가정/학교/공공장소/기타)
- 실내에 들어왔을 때 외투를 벗어 옷걸이에 걸기 (가정/학교/공공장소/기타)
- 친구를 집으로 초대할 때 부모님께 허락받기 (가정/학교/공공장소/기타)
- 선생님 물건에 함부로 손대지 않기 (가정/학교/공공장소/기타)
- 아침에 일어나자마자 자기 이부자리를 개기 (가정/학교/공공장소/기타)
- 친구가 나에게 털어놓은 비밀 이야기를 다른 친구에게 쉽게 말하지 않기 (가정/학교/공공장소/기타)
- 지하철 안에서 큰소리로 전화 통화하지 않기 (가정/학교/공공장소/기타)

2. 현재 우리 집에서 지켜야 규칙은 무엇입니까?

- 집에 늦게 들어가는 경우, 부모님에게 미리 전화하기
- (   )
- (   )

3. 학교에서 지켜야 규칙들은 무엇입니까?

- 주어진 시간 안에 과제를 수행하기
- (   )
- (   )

4. 공공장소에서 지켜야 규칙들은 무엇입니까?

- 가래침을 함부로 뱉지 않기
- (   )

5. 만약 규칙들이 제대로 지켜지지 않았을 때, 어떠한 결과가 나타나겠습니까?

[2] 학급 규칙 세우기

"학급 규칙 세우기를 통해 학급 구성원들은 학급에 대한 책임감과 배려를 배우는 활동입니다."

1. 진행단계

① 교사가 학급 규칙 세우기의 중요성에 대하여 설명한다.

② 교사가 학생들에게 색지를 나누어 주고 각자 학급 생활에서 필요한 규칙에 대하여 3가지 정도 기록하도록 한다. 이때 교사도 교실 규칙을 기록한다.

③ 모둠별로 규칙들에 대하여 이야기하고 그 중에서 꼭 필요하다고 생각하는 규칙을 5개 정도로 정리하여 모둠 칠판에 기록한다.

④ 모둠별로 정리한 학급 규칙들을 교실 칠판에 붙여놓거나 교실 칠판에 판서한다.

⑤ 교사가 학급 규칙들을 정리하여 학급 규칙을 정리한다.

2. 준비물

색지, 펜이나 모둠 칠판, 보드 마카

3. 유의사항 및 기타

- 교사가 진지하게 활동에 참여할 수 있도록 이야기한다.

4. 참고 자료

우리교육 편집부(2004), 빛깔이 있는 학급운영, 우리교육

활동지

교실 규칙 세우기

1. 우리 교실에서 필요하다 생각하는 교실 규칙에는 무엇이 있을지 생각해 보고, 아래 표에 자신이 생각한 규칙과 그 이유를 써 보세요.

	규 칙	이 유
1		
2		
3		

2. 각자가 생각한 것을 모둠원들과 나눠 보고, 공유된 규칙들 중에 5가지만 정해주세요. 우리 모둠에서 정한 교실 규칙은 무엇입니까?

	규 칙	이 유
1		
2		
3		
4		
5		

3. 모둠의 생각을 모아 우리 학급의 교실 규칙을 정해봅시다.

규칙	규칙 내용	규칙이 잘 지켜지지 않을 때
1		
2		
3		
4		
5		

[3] 수업 규칙 세우기

"수업 규칙 세우기는 수업 시간에 해야 할 것과 하지 말아야 할 것을 구체적으로 알려주는 것입니다."

1. 진행단계

① 교사가 수업 시간에 지켜야 할 규칙과 그 이유에 대하여 이야기한다.

② 학생들에게 수업 규칙에 대한 피드백을 받아 수정 보완한다.

2. 준비물

활동지

3. 유의사항 및 기타

- 수업 규칙을 구체적으로 정하여 학습지(수업 운영 계획서/실리버스)에 제시할 수 있도록 한다.
- 수업 규칙을 제시하는 수준에서 벗어나 수업 규칙을 지키지 않을 때 구체적으로 어떻게 할 것인지에 대하여 이야기한다.

4. 참고 자료

우리교육 편집부(2004), 빛깔이 있는 학급운영, 우리교육

“

수업 규칙 안내 자료

1. 수업 시간 활동 과제는 그 수업 시간 안에 완성하기

- 충분히 완성할 수 있는데도 불구하고 그렇게 행동하지 못하면 쉬는 시간이나 점심시간 등을 활용하여 다 완성하고 하교하기 전까지 선생님에게 검사 받도록 하기

2. 다른 친구들의 학습 성공을 기뻐하고 칭찬하기

- 다른 친구가 긍정적인 행동을 했을 때 칭찬하거나 박수를 치기(칭찬 박수 등)
- 다른 친구가 실수했다고 부정적인 표현을 사용하지 않기

3. 다른 친구들에게 욕하지 않기

- 방과 후 30분 동안 바른 말 고운 말 쓰기 피케팅 활동하기

4. 수업 시간에 다른 과목 숙제를 하거나 공부하지 않기

- 적발 시 과제물을 압수하거나 반성문 쓰기

5. 졸거나 딴 짓을 하지 않기

- 졸거나 딴 짓하다 걸리는 경우, 교실 뒤편에 서서 수업하기 (타임아웃)
- 딴 짓하거나 떠든 경우는 5분 정도 타임 아웃되고 나서 알아서 자기 자리로 돌아가기
- 졸다가 타임 아웃된 경우, 잠이 깰 때까지 타임 아웃되어 서서 수업하기

6. 모둠 프로젝트 활동 등 모둠 활동 시 자기에게 주어진 역할을 다하기

- 무임승차자나 일벌레 학생이 나타나지 않도록 하기
- 개인 역할 기여도에 따라 점수를 차등으로 부여하기

7. 과제물 수행 시 정직하기

- 모둠과제 시 자기 수행 결과를 정직하게 표현하기
- 보고서 작성 시 출처를 꼭 밝히기 등
- 부정직한 행동 적발 시 0점 처리함

[4] 왜 선생님은 화를 내셨을까?

"권위에 대하여 이해하고 선생님을 존중할 수 있도록 노력하는 것입니다."

1. 진행단계

① 교사가 권위에 대한 순종과 존중의 필요성을 이야기한다.

② 교사가 권위와 권위주의의 차이점에 대하여 설명한다.

③ 교사가 학습지를 배부하고 학생들은 학습지 상황 문제들을 풀어본다.

④ 교사가 기록한 학습지 내용을 발표 하도록 하고 상황에 대한 학생들의 반응에 대하여 피드백 한다.

2. 준비물

학습지, 펜

3. 유의사항 및 기타

- 권위와 권위주의의 차이점을 분명하게 설명한다. 권위주의에 대한 비판이 권위 자체에 대한 반발로 이어지지 않도록 한다.
- 권위에 대한 존중을 강조하여 진행한다. 존중은 누군가를 소중하게 대하는 것이라는 것을 강조하여 이야기한다.

4. 참고 자료

정대영, 한경임(2006), 발달 장애 아동의 사회적 기술 훈련, 양서원

활동지

왜 선생님은 화를 내셨을까?

❖ 다음 상황에서 학생들의 행동에 대하여 선생님이 화를 내신낸 이유에 대하여 생각해 봅시다.

상황1 : 쉬는 시간 선생님이 교실에 없는 동안 친구들끼리 선생님에 대한 험담을 하면서 ○○○ 선생님이라고 호칭을 사용하지 않고 그냥 이름만을 부르거나 별명으로 불렀다. 이때 우연히 교실에 일찍 들어온 선생님이 학생들끼리 이야기한 것을 듣게 되었다.

선생님이 화를 내신 이유?	내가 만약 선생님이라면?

상황2 : 소미는 수업 시간에 몰래 스마트폰을 하다가 선생님에게 걸렸다. 선생님이 방과 후에 교무실로 오라고 했다. 방과 후 교무실에 가보았자 선생님에게 혼날 것이 분명했고 수업 시간에 스마트폰을 한 것이 그리 큰 문제라고 생각되지 않아 교무실로 가지 않고 바로 집으로 갔다.

선생님이 화를 내신 이유?	내가 만약 선생님이라면?

인사하기

"인사하기란

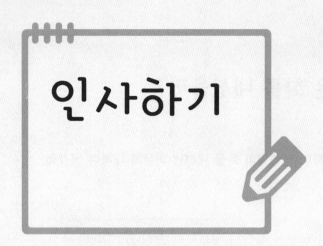

부모님이나 선생님, 친구 등에게 먼저 다가가 현재의 만남이

얼마나 기쁜 지 표현하는 것입니다."

"인사하기란

______________________________ 입니다."

관련 덕목 : 예의, 배려, 인정

1. 인사하기

[1] 인사하기의 필요성

> 아침 조회 시간에 담임선생님이 교실에 들어오면서 '안녕, 오늘도 좋은 하루야'라고 인사했다. 그런데 학생들은 아무런 반응 없이 친구들과 이야기하거나 책만 보고 있었다. 그래서 선생님이 다시 한 번 큰 소리로 '안녕~'이라고 인사했는데, 학생들은 별 반응을 보이지 않았다. 선생님은 인사를 먼저 했는데도 불구하고 학생들이 별 반응이 없자 당황하였다. 그런데 아침부터 인사하지 않는다고 야단을 치면 오히려 교실 분위기만 망가질 것 같아 선생님의 마음이 망설여졌다.

인사하기란 단순히 다른 사람을 아는 체 하는 것 이상의 행동입니다. 인사하기는 인간관계의 기본입니다. 즉, 인사하기는 상대방의 인격을 존중 한다는 표시이고 대인 관계를 맺는 첫 번째 기술입니다. 상대방에게 기쁜 얼굴로 인사를 하는 것은 상대방에게 행복을 주는 행동일 뿐 아니라 상대방에 대한 호감을 주는 행동입니다. 하지만 상대방에게 내가 인사를 먼저 했는데도 불구하고 상대방이 답례를 하지 않거나 성의가 없어 보이는 경우, 상대방에게 무시당했다고 생각하거나 불쾌감을 받을 수 있습니다.

인사하기는 다른 사람을 감동시키는 힘이 있습니다. 인사하기를 잘하면 상대방의 마음을 움직이기도 합니다. 일반적으로 성심성의껏 상대방에게 인사를 하면 상대방을 감동시키고 상대방에게 자신에 대한 긍정적인 이미지를 줄 수 있습니다. 특히 사람을 처음 만날 때 상대방의 인사하기를 통해 상대방에 대한 첫 인상을 받습니다. 상대방에게 첫 인상을 어떻게 각인시키느냐에 따라 그 뒤의 정보들이 긍정적으로 해석되느냐, 아니면 부정적으로 해석되느냐가 결정됩니다.

학교 안에서 인사하기 문화가 정착되면 다른 외부인들에게도 좋은 학교 이미지를 각인시킵니다. 서울 K고, 경기 안산 D고, 수지 S중고의 경우, 학교 차원에서 인사하기 문화가 잘 자리 잡은 학교들입니다. 학생 입학 시

오리엔테이션 프로그램을 통해 인사하기 사회적 기술 훈련을 강조합니다. 학교에 방문하는 사람은 직접 가르치는 선생님이 아니더라도 학교와 관련 있는 사람들(학부모, 학교 행정 관련 업무 직원, 외부 방문자 등)이기 때문에 잘 알지 못하는 사람이라도 인사를 할 수 있도록 합니다. 학생들에게 인사하기가 문화화 되면 외부에서 바라보는 학교에 대한 이미지가 달라집니다.

인사하기는 긍정의 에너지를 만드는 힘이 있습니다. 아무리 무뚝뚝한 사람이라도 진심을 다해 인사를 하면 상대방의 마음을 열수 있습니다. 웃는 얼굴에 침을 뱉지 못한다는 우리 속담처럼 웃는 얼굴로 인사하는 사람에게 부정적으로 행동하기 힘듭니다. 학생들 사이에서도 인사하기 문화가 잘 정착되면 학생 상호 간 협력하는 문화가 자연스럽게 정착될 수 있습니다. 협동이 살아있는 교실을 만들기 위한 첫 걸음은 인사하기부터 시작하는 것이 좋습니다. 인사하기는 나이에 상관없이 먼저 상대방을 알아본 사람이 인사를 하는 것이 좋습니다. 교사와 학생 사이에서도 교사가 먼저 학생들에게 인사를 하면 좋습니다.

인사하기는 마음속으로 상대방을 존중하지 않는다 하더라도 정중하고 반갑게 인사를 하는 것이 필요합니다. 물론 상대방을 존중하는 마음이 있으면 제일 좋겠지만 상대방을 별로 존중하는 마음이 들지 않는다 하더라도 제대로 해야 합니다. 관계가 좋지 않은 사람이라도 인사하기는 상대방의 마음을 열 수 있는 계기가 될 수 있고. 최소한 관계가 더욱 악화되는 것을 방지할 수 있기 때문입니다.

남과 다르게 인사하기는 상대방에게 좋은 인상을 남길 수 있는 방법입니다. 학급 세우기나 학교 세우기 활동처럼 우리 학급이나 학교만의 독특한 인사법을 개발하여 운영하면 좋습니다. 예를 들어 '오늘도 행복한 날입니다.' 라고 인사하는 것입니다. 기흥중학교의 경우에는 '사랑합니다' 캠페인을 벌이고 있는데 일반적인 '안녕하세요' 대신에 '사랑합니다' 라고 인사를 하고 있습니다.

[2] 인사하기의 활용 방안 및 유의사항

- 인사하기는 너무나 당연하다고 생각하는 부분이 있기 때문에 그리 새롭게 느끼지 않을 수 있습니다. 가장 기본적인 예절이긴 하지만 가장 잘 지켜지지 않는 것 또한 인사법이라고 생각합니다. 그러므로 인사의 중요성을 교사가 학생들에게 잘 설명하고 시범을 보일 수 있어야 합니다.

- 아침마다 반복하여 인사하기를 연습할 수 있도록 하면 좋습니다. 학기 초뿐 아니라 1년 동안 꾸준히 인사하기 연습을 하는 것도 매우 좋습니다.

- 인사하기를 할 때 칭찬도 곁들여하면 좋습니다. 의례적인 인사말로 그치는 것보다 상대방에 대한 칭찬 한마디를 덧붙여 이야기하면 좋습니다. 예를 들어 '오늘도 행복한 날입니다. 늘 미소를 가지고 생활하는 모습이 참 보기 좋습니다.' 등으로 표현하는 것입니다.

- 정중한 인사는 상대방을 감동시키지만 형식적인 인사나 인사를 하지 않는 것은 상대방에게 불쾌감을 줄 수 있습니다.

[3] 사회적 기술 센터

- 이렇게 말해요

  "안녕하세요.", "좋은 하루입니다.", "오늘도 행복한 날을 시작해봅시다."

- 이렇게 행동해요

  고개 숙여 인사하기, 손을 가볍게 흔들기, 하이파이브 하기, 악수하기

2. 인사하기 활동

[1] 인사 짝 점검

“인사 연습 활동 시, 짝끼리 인사를 하고 나서 서로의 인사 모습을 피드백 하는 것입니다.”

1. 진행단계

① 교사가 학생들에게 인사법을 시범 보인다.

② 짝끼리 두 명씩 마주 보고 서로 인사를 한다.

③ 짝의 인사 모습을 보고 피드백 한다.

2. 준비물

존중하는 마음

3. 유의사항 및 기타

- 교사가 인사법의 시범을 먼저 잘 보여야 한다.
- 짝의 인사 모습을 보고 잘못된 부분이 있으면 교정할 수 있도록 한다.
- 학기 초 인사 연습을 1~2주 집중적으로 지도하면 좋다.
  학생들이 바른 인사법을 습득할 때까지 반복할 수 있도록 지도한다.

[2] 아침 맞이

"등교 시간에 교사가 학생들에게 반갑게 먼저 인사를 하는 것입니다."

1. 진행단계

① 교사가 일찍 교실로 와서 교실 입구에서 인사한다.

② 학생들이 친구들에게 인사한다.

2. 유의사항 및 기타

- 교사가 먼저 학생들에게 좋은 시범을 보이는 것이 중요하다.
- 하이파이브 등 가벼운 스킨십을 하는 것도 좋다.

3. 참고 자료

EBS "선생님이 달라졌어요", 경기 장곡중, 소명중고등학교 실천 사례

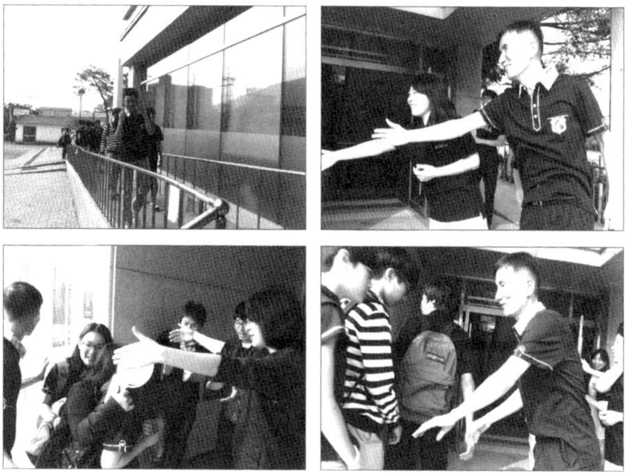

소명중고등학교 아침 맞이 활동

[3] 마무리 1:1 인사

"하교 시간에 교사가 학생들에게 1대1로 인사를 하는 것입니다."

1. 진행단계

① 교사가 종례 이후 학생들이 친구들에게 서로 인사한다.

② 교사가 개별학생과 1:1로 인사를 하고 귀가 지도한다.

2. 준비물 배려하는 마음

3. 유의사항 및 기타

- 교사가 간단한 인사말과 함께 개별적으로 하고 싶은 이야기가 있으면 이야기하거나 칭찬한다. 학생들이 저학년의 경우, 교사가 학생 눈높이에 맞추어 인사하면 더욱 좋을 것이다.
- 하이파이브 등 가벼운 스킨쉽을 하는 것도 좋다.
- 귀가 인사 이전에 학급 구호나 노래 등을 만들어 실천해보면 좋다.

Tip **학급 구호 사례**

교사 : "공부는?"
학생 : "열심히!"
교사 : "노는 것은?"
학생 : "화끈하게!"
교사 : "구호 시작~"
학생 : "짝짝 짜짜짝~(박수), 더불어 사는 우리, 야~"
교사 : "가자~"
학생 : "집으로~"

4. 참고 자료

수원중앙기독초등학교 실천 사례

칭찬하기

"칭찬하기란

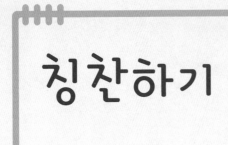

친구가 100점을 받았을 때 진심으로 함께 기뻐해주는 것입니다."

"칭찬하기란

____ 입니다."

관련 덕목 : 배려, 겸손, 기뻐함, 인정, 신뢰, 사랑, 정의

1. 칭찬하기

[1] 칭찬하기의 필요성

5교시 국어시간, 뜨거운 햇볕으로 교실은 찜통. 에너지난으로 에어컨도 약하게 가동되고 있어 너무 졸리는 시간이다. 선생님께서 분위기전환을 위해 노래를 한곡 부르자고 제안을 하신다. 물론 수행평가 태도점수 중 참여점수를 준다고 하셨다. 하지만 모두들 졸린 눈을 비비느라 노래 부르는 것 따위는 관심이 없었다. 아니 정확하게 말해 이렇게 졸린데 앞에 나가서 쪽 팔리게 노래 부르고 싶지 않았다. 아무도 나서는 사람이 없자 선생님께서 반장을 지목했다. 반장은 하기 싫은 표정이었지만 선생님께서 어서 나오라고 재촉하자 쭈뼛쭈뼛 일어나 칠판 한가운데에 섰다. 난 노래도 듣기 싫어서 그 시간에 잠이나 자야지 하며 책상에 엎드렸다. 그런데 갑자기 교탁이 팡팡 두드리는 소리와 함께 "자짠짜잔, 짠짜자잔" 하더니 반장이 춤을 추며 노래를 부르기 시작했다. "푸른 언덕에, 배낭을 메고, 황금빛 태양, 축제를 여는." 나처럼 책상에 엎드린 아이들이 "오"하는 소리와 함께 고개를 들었다. 이쪽저쪽 왔다 갔다 하며 노래를 부르고 기타 치는 포즈를 취하는 반장이 너무 재미가 있었다.

노래가 끝나고 "반장 멋있다"는 선생님의 말과 우리의 환호를 받으며 반장이 들어왔다. 그런데 내 짝 영석이가 "그깟 노래 누가 못해, 쳇"이라고 말을 했다. 큰 소리는 아니었지만 반장도 들었을 것이다. 영석이랑 반장은 평소에 나쁜 사이도 아닌데 영석이는 늘 이런 말투이다. 나도 듣기에 별로 좋지 않지만 같이 맞장구를 쳤다. "별거 아닌 것 가지고 의기양양하기는."

스마트폰과 태블릿 피시의 홍수 속에 살고 있는 요즘 청소년들에게 칭찬이란 무엇일까요? 온갖 미디어 매체의 홍수 속에 허우적거리는 청소년들의 일상 언어는 공격적일뿐만 아니라 냉소적이며 상대방을 향한 조소와 냉대로 가득합니다. 비속어는 생활언어가 된지 오래됐고 말버릇처럼 나오는 비속어를 자신도 모른 채 사용하고 있는 청소년들이 대부분입니다. 또한 상대방의 약점을 과대 포장하여 비난하는 표현을 즐겁게 여기며 그렇게 웃음거리로 만드는 것을 유쾌한 놀이인양 여기는 것이 현실입니다. 그런 상황에서도 아이러니하게 학생들은 학교생활에서 언제 자신에게 쏟아질지 모르는 비난과 조소를 두려워하며 친근한 또래집단에서도 자신이 소외될지 모른다는 불안감으로 서로 간에 깊은 신뢰를 형성하지 못하는 경우가 흔합니다. 이런 상황이 지속될수록 조소와 비난의 되는 학생은 물론 공격적인 언행을 일삼는 학생들까지도 낮은 자존감으로 살아가게 됩니다.

이런 현실을 청소년기의 위기로 생각할 수 있는데 이 위기상황을 잘 극복해 나가는 방법 중 하나로 '칭찬'의 기술을 이야기 할 수 있습니다. 칭찬이란 사랑이라는 추상적인 감정을 언어적 자극인 구체적인 말과 비언어적 자극인 행동, 표정 등으로 표현하는 모든 언어라고 할 수 있습니다. 칭찬은 내가 누구인지 알게 하고 자신을 긍정하게 하는 기초이자 디딤돌이 됩니다. 이런 칭찬은 누구나 손쉽게 할 수 있으며 어디에서나 누구에게나 할 수 있는 장점이 있습니다.

사실 지금의 학생들에게 칭찬은 낯설고 어려운 이야기일수도 있으나 인간 누구나 가지고 있는 욕구, 즉 남에게 인정받고 싶고 사랑받고 싶은 그 욕구를 칭찬을 통해 채울 수 있으며 인간관계 개선에도 많은 도움이 될 것입니다.

또한 내가 어떤 관점에서 바라보느냐에 따라 칭찬거리가 되기도 하고 안 되기도 하기 때문에 학생들이 칭찬을 하기 위해서는 스스로의 변화가 필요합니다. 무엇보다 자신을 긍정적으로 바라볼 수 있어야 합니다.

칭찬은 누구나 쉽게 할 수 있지만 연습이 필요하다는 것, 그리고 방법, 기술이 필요합니다. 여기에서는 그 방법에 대해 몇 가지를 소개하고자 합니다.

[2] 칭찬하기의 활용 방안 및 유의사항

- 학기 초 학급세우기와 모둠세우기의 방법으로 사용할 수 있습니다.
- 학기말 자투리 시간을 이용하여 한 학기 동안의 생활을 돌아보며 칭찬 활동을 할 수 있습니다.

- 칭찬 활동을 할 경우 어색해할 수 있으므로 교사가 먼저 학생들 한명 한명을 칭찬하며 시작하는 것이 좋으며, 교사 자신 역시 학생들로부터 칭찬을 받는 시간을 가질 수 있습니다.

- 학생들이 장난스럽게 하지 않도록 말의 중요성을 미리 강조하고 칭찬하면 좋은 점을 반복하여 이야기해 줍니다.

[3] 사회적 기술 센터

- 이렇게 말해요

"그래, 그거야!", "정말 기쁘다!", "네가 잘 해낼 줄 알았어.", "○○은(는) 네가 가진 장점이야.", "넌 ○○재능이 있구나.", "다음에 더 잘할 수 있을 거야."

- 이렇게 행동해요

엄지 세워 올리기, 손으로 물결치며 "와우"라고 외치기,
박수치기, 하이파이브, 안아주기, 상대방과 손바닥 마주치기

2. 칭찬하기 활동

[1] 나야, 나

"하루 중 자신이 칭찬하고 싶은 자신의 행동이나 말을 생각해보고 스스로 머리를 쓰다듬고 자신을 안아주며 칭찬하는 것입니다."

1. 진행단계

① 학생들 각자 오늘 하루 있었던 일을 떠올리며 칭찬하고 싶은 자신의 행동이나 말을 1-2분 정도 생각한다.

② 2-3개 정도 칭찬의 내용을 활동지에 적는다.

③ 그 내용을 마음속으로 읽으며 그런 행동과 말을 한 자신을 칭찬한다.

④ 스스로 머리를 쓰다듬으며 칭찬 내용 중 한 개를 자신만 들을 수 있는 소리로 표현한다.

⑤ 스스로 어깨를 토닥거리고 안으며 칭찬내용 중 한 개를 소리 내어 표현한다.

2. 유의사항 및 기타

- ③ 단계에서 방법을 알려준다.
  - ○○야. (자신의 이름을 부른다.)
  - 수학시간에 창민이가 자가 필요하다고 해서 빌려줬잖아. (칭찬 내용을 말한다.)
  - 참 잘했어. 넌 좋은 친구야. (칭찬 말로 마무리한다.)

- 교사가 자신의 예를 들어주면 좋다.
  - 해민아. 요즘 많이 더웠는데 어제 마트 가서 각얼음 사왔잖아. 그걸로 다른 선생님들께도 시원한 냉커피를 만들어 주다니 참 잘했어. 넌 정말 친절해. 최고야

- 조례시간 활용할 경우 어제 있었던 일 중 칭찬거리를 찾게 하고 종례시간에 활용할 경우 오늘 있었던 일 중 칭찬거리를 찾게 한다. 일주일에 한번 할 경우 지난주에 했던 나의 행동과 말 중 칭찬거리를 찾게 한다.

- 자신의 행동을 돌아볼 수 있으며 스스로를 칭찬하기 위해 자신의 잘못된 행동을 절제하는 등 좋은 방향으로 발전되는 모습을 기대할 수 있다.

3. 개발자

오정화(2006)

나야, 나!

❖ 오늘 하루 있었던 일 중에서 칭찬하고 싶은 나의 행동이나 말을 생각해보고 적어보세요.

예시	해민아. 수학시간에 창민이가 자가 필요하다고 해서 빌려줬잖아. 참 잘했어. 넌 좋은 친구야.
1	
2	
3	

❖ 오늘 하루 있었던 일 중에서 칭찬하고 싶은 나의 행동이나 말을 생각해보고 적어보세요.

예시	해민아. 수학시간에 창민이가 자가 필요하다고 해서 빌려줬잖아. 참 잘했어. 넌 좋은 친구야.
1	
2	
3	

[2] 보이는 대로 칭찬하기

"칭찬의 짝을 정한 후 지금 현재 보이는 모습 중 칭찬거리 5개를 찾아내어 칭찬하는 것입니다."

1. 진행단계

① 학급원 전체가 두 개의 원을 만들어 안의 원과 밖의 원이 서로 마주보고 설 수 있도록 한다.

② 흥겨운 음악 소리에 맞춰 안의 원과 밖의 원이 서로 반대 방향으로 돌다 교사의 멈춤 신호에 따라 제자리에 선다.

③ 마주 본 친구가 짝이 되고 지금 눈에 보이는 짝의 모습 중 칭찬거리 5개를 찾아낸다.

④ 가위 바위 보로 순서를 정해 번갈아가며 자신이 찾은 칭찬거리를 짝에게 말해준다.

⑤ ②-④를 반복한다.

⑥ 자신의 자리로 돌아와 자신이 가장 많이 들은 칭찬 2-3개를 적는다.

2. 준비물 활동음악

3. 유의사항 및 기타

- 칭찬거리 개수를 더 많게 할 수도 있고 칭찬거리를 카드에 적어 전달 짝에게 전달하게 하는 방법도 있다.
- 칭찬거리를 많이 찾은 학생을 공개적으로 보상할 수 있다.
- 음악소리에 맞춰 움직일 때 간단한 동작을 만들어 흥미롭게 할 수도 있다.
- 이 활동은 동심원구조를 활용하여 칭찬하기 활동을 풀어가는 활동이다.

> **Tip** 동심원 구조는 전체 학생들이 두 개의 동심원 형태로 마주서서 학습활동을 하는 것이다.

4. 개발자 오정화(2010)

[3] 칭찬 옷 입기

"친구들이 한 학생에게 칭찬한 메모지를 자유롭게 붙여주며 칭찬을 다 함께 해주는 것입니다."

1. 진행단계

① 교사가 한 학생의 이름을 칠판에 적으면 학생들은 그 친구의 칭찬거리들을 메모지에 쓴다.

② 교사가 칭찬 주인공 학생을 세우면 학생들은 순서대로 그 친구의 몸에 자신이 적은 칭찬 메모지를 붙인다.

③ 칭찬 메모지로 붙여진 옷을 입은 칭찬 주인공이 그 중 5-7개 떼어 반 친구들에게 나눠준다.

④ 칭찬 옷 조각을 받은 학생은 그 메모지의 내용을 큰 소리로 읽는다. 나머지 학생들은 다같이 "○○야, 그래서 너를 칭찬해" 라고 외친다.

⑤ 칭찬 주인공은 가장 마음에 들었던 칭찬을 뽑는다.

2. 준비물
접착식 메모지

3. 유의사항 및 기타

- 장난스럽게 칭찬하지 않도록 미리 주의를 준다.
- 칭찬 옷 조각을 붙이고 칭찬 옷 조각을 받을 때 소란스럽지 않도록 순서를 미리 정해둔다.
- 비닐조끼나 의사가운, 우비 등 덧입을 수 있는 옷을 미리 준비하여 주인공이 그 옷을 입고 그 옷에 칭찬 메모지를 붙이는 방식으로 진행할 수 있다.

4. 개발자
오정화(2013)

[4] 사물 칭찬하기

"주변에 흔히 볼 수 있는 사물을 한 가지 정한 후 그 사물을 보이는 모습 그대로 칭찬하는 것입니다."

1. 진행단계

① 종이컵을 모둠별로 하나씩 나눠준다.

② 종이컵을 받은 맨 처음 모둠원은 그 종이컵의 모양을 칭찬하며 모둠원에게 종이컵을 소개한다.

③ 종이컵을 다른 모둠원에게 전달하고 전달받은 모둠원은 이전 칭찬과 다른 칭찬을 한다.

④ 모둠에서 두 번씩 돌아가도록 ③을 반복한다.

2. 준비물

종이컵, 활동지

3. 유의사항 및 기타

- 교사가 사물을 제시하지 않고 교실에서 흔히 볼 수 있는 사물 중 하나를 모둠에서 임의로 정한 후 활동을 시작할 수 있다.
- 여러 사물을 동시에 제시할 수도 있다.
- 사물을 사진이나 그림으로 대체할 수 있다.

4. 참고 자료

김현섭 외(2012), 협동학습3, 한국협동학습센터

사물 칭찬하기

❖ 모둠에서 돌아가며 종이컵으로 할 수 있는 일을 생각해 봅시다.

❖ 종이컵으로 할 수 있는 것을 생각하며 종이컵을 돌아가며 칭찬해봅시다.

❖ 나와 옆의 친구를 칭찬해볼게요. 나눠주는 접착식 메모지 한 장에 하나의 칭찬을 진심을 담아 써 보세요.

> 보잘 것 없어 보이는 종이컵도 이렇게 칭찬할 것이 많은데 하물며 사람은요? 칭찬할 것을 찾아보면 보입니다. 오늘도 내 옆의 친구를, 선생님을, 그리고 사랑하는 나의 가족을 한 번이라도 칭찬하고 사랑합시다.

❖ 마지막으로 돌아가며 서로를 칭찬하도록 할게요. 활동이 끝나면 모둠원들이 칭찬한 접착식 메모지 쪽지를 아래에 붙이세요.

[5] 낙서 예술

"모둠원이 돌아가며 독창적인 낙서 예술작품을 만들고 그 것을 다른 모둠원들이 칭찬하는 활동입니다."

1. 진행단계

① 교사가 학생들에게 빈 종이를 나누어 준다.

② 각자 자기 이름을 기록하고 빈 종이에 선을 그리되 낙서하듯 자유롭게 한다. 일정 시간이 지난 후 교사의 신호에 따라 자기가 그린 종이를 옆 사람에게 돌린다.

③ 받은 종이의 그림에 대한 칭찬 메시지를 기록한 후 그 그림을 이어서 덧그림을 그린다.

④ 교사의 지시에 따라 정해진 시간 동안 ③④ 단계를 반복한다.

⑤ 모둠 안에서 한 바퀴를 다 돌면 자기 그림이 하나의 완성된 낙서 예술 작품으로 자신에게 돌아온 것을 확인할 수 있다.

2. 준비물

빈종이(백지)

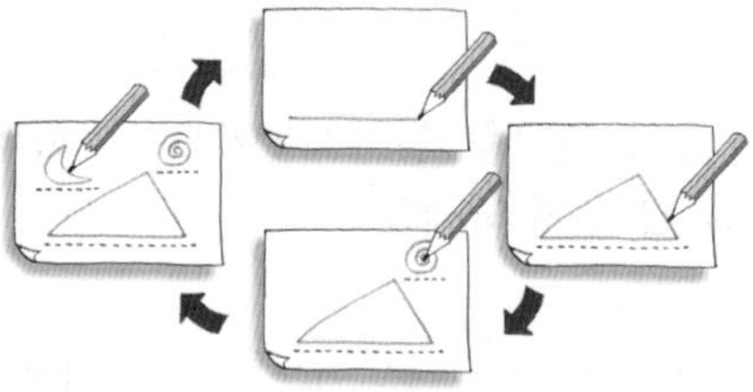

3. 유의사항 및 기타

- 개인별로 서로 다른 색깔의 펜을 사용하면 누가 어떤 그림을 덧그리고 칭찬했는지 알 수 있다
- 우수한 작품을 교실 게시판에 붙여 놓을 수도 있다.
- 모둠별로 1장을 돌릴 수도 있고, 개인별로 1장의 종이를 두고 동시 다발적으로 돌릴 수도 있다.

4. 개발자 Winnicott(1979)

[6] 칭찬 책갈피

"정해진 대상을 향한 칭찬 한마디를 책갈피에 적어 예쁜 그림을 그리고 색칠을 하여 정성스럽게 만든 후 칭찬 주인공에게 선물하는 것입니다."

1. 진행단계

① 칭찬대상을 제비뽑기를 통해 임의로 정한다.

② 칭찬대상의 평소 모습을 생각하며 칭찬하고 싶은 내용을 한 문장으로 적어본다.

③ 교사는 책갈피 크기의 색지를 모둠별로 나눠준다.

④ 받은 종이에 칭찬의 말을 쓰고 그림 등을 넣어 정성스럽게 책갈피를 완성한다.

⑤ 책갈피를 종이상자에 담은 후 임의로 호명된 학생 한명씩 나와 종이 상자 속에 있는 책갈피 하나를 꺼낸 후 "○○야, ________. 그런 너를 칭찬해" 라고 책갈피에 있는 칭찬 내용을 읽으며 해당하는 학생에게 전달한다.

2. 준비물 책갈피 크기로 컷팅 된 색지, 색칠도구

3. 유의사항 및 기타

- 크기는 3*10으로 하되 조절할 수 있다. 책갈피 모양을 원하는 대로 자유롭게 할 수도 있다.
- ②단계에서 칭찬 문장을 여러 개를 작성하게 하고 짝과 의논하거나 교사와 의논하여 가장 좋은 칭찬말을 선택하게 한다.
- 책갈피의 의미를 학생들에게 먼저 이야기하면 좋은 동기가 될 수 있다.
- ④단계에서 완성된 책갈피를 거둔 후 코팅하고 모양에 맞게 커팅한 후 ⑤단계를 진행하는 것이 좋다.
- 작은 사이즈의 책갈피를 할 경우 한 쪽을 펀칭 해 핸드폰 고리로 활용하게 할 수 있다.

4. 개발자 오정화(2007)

칭찬 책갈피

Yes, You! You are the BEST!
Yes, You! You are the BEST!
Yes, You! You are the BEST!
Yes, You! You are the BEST!
너는 최고야!
You are the BEST!
너는 최고야!
You are the BEST!

[7] 돌아가며 칭찬하기

"모둠 안에서 다른 모둠원들이 돌아가며 한 학생을 집중적으로 칭찬하는 활동입니다."

1. 진행단계

① 한 학생(1번 학생)이 칭찬 주인공이 된다.

② 나머지 모둠원들(2번, 3번, 4번 학생)들이 순서대로 칭찬을 한다.

③ 나머지 모둠원들의 칭찬이 마치면 칭찬 주인공 학생이 '고맙다'고 이야기한다.

④ 옆에 있는 학생(2번 학생)이 칭찬 주인공이 된다.

⑤ 나머지 모둠원들이 ②, ③단계 방식으로 칭찬한다.

⑥ 모둠원들이 돌아가며 칭찬 주인공이 되어 칭찬을 주고받는다.

2. 유의사항 및 기타

- 칭찬을 할 때에는 구체적인 이유를 들어 칭찬하도록 한다. 예를 들어 "며칠 전 청소 시간에 다른 학생들은 도망갔는데 그럼에도 불구하고 끝까지 혼자서 청소를 성실하게 하는 모습을 보았는데, 참 대단하다고 생각해. 나 같으면 청소하지 않고 그냥 집으로 갔을 것 같은데..." 등으로 칭찬하는 것이다.
- 한 학생이 나머지 모둠원들에게 집중적으로 칭찬을 받으면 당사자가 쑥스러워 하거나 칭찬 내용에 대하여 부인할 수 있다. 그러므로 교사가 다른 사람들의 칭찬에 대하여 건강하게 받아들일 수 있도록 유도한다. 하지만 반대로 칭찬이 장난으로 흐르거나 칭찬을 빙자하여 친구를 놀리는 일이 없도록 주의를 준다.
- 손쉽게 서로를 칭찬할 수 있고 칭찬 훈련을 할 수 있는 활동이다.
- <u>돌아가며 말하기</u> 활동과 <u>칭찬하기</u> 활동을 결합한 칭찬 활동이다.

3. 개발자 김현섭(2012)

[8] 칭찬 샤워

"한 학생을 칭찬 주인공으로 세워서 학급 전체 구성원들에게 집중적으로 칭찬을 받게 하는 것입니다."

1. 진행단계

① 학급에서 칭찬 주인공을 한 명 선택한다.

② 나머지 전체 학생들이 칭찬 주인공 학생에 대하여 무작위로 칭찬한다.

③ 전체 칭찬 활동이 마치면 교사가 해당 학생에게 가장 의미 있는 칭찬 내용이 무엇인지 물어본다.

④ 칭찬 주인공 학생이 여러 가지 칭찬 내용 중 자신에게 가장 의미 있었던 칭찬 내용과 그 이유에 대하여 이야기한다.

⑤ 교사가 간단한 선물(사탕 등)을 준비해서 가장 의미 있는 칭찬을 한 학생에게 선물을 준다.

2. 유의사항 및 기타

- 칭찬 샤워 활동에서 칭찬하는 것 자체도 중요하지만 칭찬 주인공에게 가장 의미있는 칭찬 내용과 그 이유를 이야기 하게 하는 것이 매우 중요하다. 이를 통해 마음을 감동시키는 칭찬이 무엇인지를 배울 수 있다.
- 학급 행사 차원에서 학생 생일 자를 위한 활동으로 활용할 수 있다. 생일 담당자 학생을 정하여 아침 조회 시간에 오늘의 생일 자를 소개하고 종례 시간에 생일 자 학생을 칭찬 샤워 활동을 통해 학급 차원에서 칭찬하는 것이다.
- 교사가 칭찬 활동이 장난이나 단점을 놀리는 방식으로 활용되지 않도록 미리 주의를 준다.

3. 참고 자료

김창오(2005), 칭찬과 의사소통을 활용한 학급운영, 즐거운학교

자기 목표 세우기

"자기 목표 세우기란

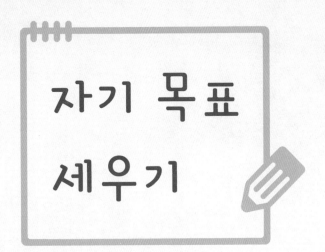

내가 가장 소중하게 생각하는 것에 대하여 우선순위를 매기는 것입니다."

"자기 목표 세우기란

____ 입니다."

관련 덕목 : 결의, 근면, 끈기, 소신, 자율

1. 자기 목표 세우기

[1] 자기 목표 세우기의 필요성

> 기말고사 일주일 전이 되었다. 부랴부랴 또 시험과목들을 정리하느라 정신이 없다. 중간고사가 끝난 다음, 계획을 세워서 차근차근 공부하려고 했었는데 또 시험 일주일 전이 돼버렸다. 항상 반복되지만 벼락치기 공부습관이 잘 고쳐지지 않는다. 그런데 더 큰 문제는 왜 이렇게 공부를 해야 하는지도 잘 모르겠다. 무엇을 위해서 하는 건지, 매번 반복되는 스트레스지만 뭔가 뚜렷한 목표가 없으니 공부가 더 재미없어지는 것이 사실이다. 시간은 없고 시험에 대한 부담감만 커지고 정말 시험 때마다 미칠 것만 같다.

우리는 각자 살아온 환경과 신념에 따라 저마다의 인생의 목표가 있습니다. 어떤 삶을 살겠다든지, 어떻게 살아가겠다는 인생의 목표는 누구나 하나씩은 가지고 있을 것입니다. 그렇게 가지고 있는 인생의 목표들이 동기가 되고 삶의 원동력이 되어 현재를 살아가고 있는 것입니다. 반면에 인생의 목표가 뚜렷하지 않는 사람은 현재를 무의미하게 보내거나 순간의 욕구와 쾌락 등의 감각적이고 충동적인 것에 빠져 하루하루를 보냅니다. 인생의 목표를 세워야 되는 이유 중에 하나는 바로 어떤 삶을 살아가겠다는 자신의 신념을 세우는 과정이기도 합니다. 목표가 있고, 없음에 따라 그 사람이 삶을 살아가는 방식은 하늘과 땅 차이라고 할 수 있습니다.

[2] 자기 목표 세우기의 활용 방안 및 유의사항

- 일관성 있는 동기부여는 자신의 인격까지 성장시킵니다. '1만 시간의 법칙'이란 말처럼 자신의 가치 있는 목표에 흔들리지 않는 노력을 한다면 그 분야에서 누구나 전문가가 될 수 있습니다.

- 단기계획에서 장기계획으로 나아가야 하는데, 막연하게 추상적으로 미래의 목표를 세우기보다 하루, 일주일, 한 달 단계적으로 구체적인

목표를 세워서 실천할 수 있도록 해야 합니다. 그 속에서 긍정적인 피드백을 통해 성취감을 맛보며 자신감을 얻어 최종 목표로 나아갈 수 있습니다.

- 우선순위를 정하여 지금 이 순간 가장 시급한 일과 가치 있는 일에 몰입해서 완성시켜 나가야 합니다.

- 달성하고자 하는 목표는 반드시 볼 수 있도록 글로 남겨서 눈에 띄는 곳에 잘 볼 수 있도록 붙여두고 하루에도 여러 번 반복해서 외치는 것이 좋습니다. 목표를 마음속으로만 가진 사람과 기록한 사람과의 목표 달성률은 기록한 사람이 10배가 높다는 결과가 나왔습니다.

- 목표를 기록할 때 이미 이루어진 사실처럼 현재 시제로 표현하며, 막연한 미래표현이나 부정적인 표현보다는 긍정적이고 실행 가능한 것으로 표현하는 것이 좋습니다. 예를 들어 '나는 앞으로 살찌는 음식을 절대로 먹지 않겠다' 보다는 '건강에 좋고 기름기가 적은 음식으로만 먹는다'와 같은 표현이 더 좋습니다.

- 자신의 목표에 이르기 위한 하루하루의 행동을 반성하고 피드백 할 수 있는 시간을 가져야 합니다. 그리고 자신의 노력한 모습을 인정하고 스스로 칭찬해주며 그렇지 못한 부분은 더욱 분발할 수 있도록 성찰할 수 있어야 합니다.

[3] 사회적 기술 센터

- 이렇게 말해요

  "너에게 가장 소중한 것이 ○○○이란 걸 알았어.", "네가 이걸 해내다니 정말 대단해.", "넌 반드시 해낼 수 있다고 생각해."

- 이렇게 행동해요

  엄지 세워 올리기, 어깨를 토닥여주기

2. 자기 목표 세우기 활동

[1] 나에게 가장 소중한 것은?

“자신이 가장 소중하게 생각하는 가치들의 서열을 정해보는 것입니다.”

1. 진행단계

① 색종이를 6등분하여 자른다.

② 낱장 한 장 한 장에 내가 가장 소중하게 여기는 것을 쓴다.

③ 6장 중 없어도 되는 것 한 장을 버린다. 계속 활동을 반복한다.

④ 마지막까지 버리지 못한 종이의 이유를 친구들에게 돌아가며 말하기를 한다.

2. 준비물

색종이, 사인펜 등

3. 유의사항 및 기타

- 장난스럽게 활동하지 않도록 미리 주의를 준다.
- 색종이를 사용하지 않고 [활동지]에 ×로 하나씩 표시하고, 마지막에 ○를 표시해도 된다.

4. 개발자

백선아(2013)

나에게 소중한...

나에게 소중한...

나에게 소중한...

나에게 소중한...

나에게 소중한...

나에게 소중한...

이 중에서도 나에게
가장 소중한 것은...

나에게 소중한...

나에게 소중한...

나에게 소중한...

나에게 소중한...

나에게 소중한...

나에게 소중한...

이 중에서도 나에게
가장 소중한 것은...

[2] 가치 경매 게임

"자신이 가장 소중히 여기는 가치를 경매 게임을 통해 경험해 보는 것입니다."

1. 진행단계

① 가치경매 학습지를 보고 자신이 꼭 사고 싶은 가치를 3-4개 고른다.
② 종이돈을 자르고, 사고 싶은 가치의 예상가격을 적당하게 정한다.
③ 교사는 경매물 카드를 한 장씩 들고, 1000원부터 경매를 시작한다.
④ 가장 많은 가치나 처음에 계획했던 가치를 많이 산 사람이 승리한다.

2. 준비물

경매물 카드, 경매 돈(거스름돈), 활동지

3. 유의사항 및 기타

- 한 번에 모든 돈을 다 쓰지 않도록 한다.
- 똑같이 시작한 돈을 가지고 합리적인 가격으로 가장 많은 가치를 산 모둠이 이긴다.

Tip

경매물 카드

존경·사랑	소질·특기	체력
열린 마음	우정	지식· 지혜
판단력	승리	우수한 성적
자신감	추진력	말솜씨
해결능력	용기	기억력
정리·관리	매력적 외모	신뢰감
경제력	끈기	재치

4. 개발자 김현섭(2000), 백선아(2013)

경매물 카드 (예시)

존경·사랑

열린 마음

판단력

*** How To USE ??**

만원권 x 5장 =50,000

오천원권 x 6장 = 30,000

천원권 x 20장 = 20,000

총 10만원을 만들어 사용하세요.

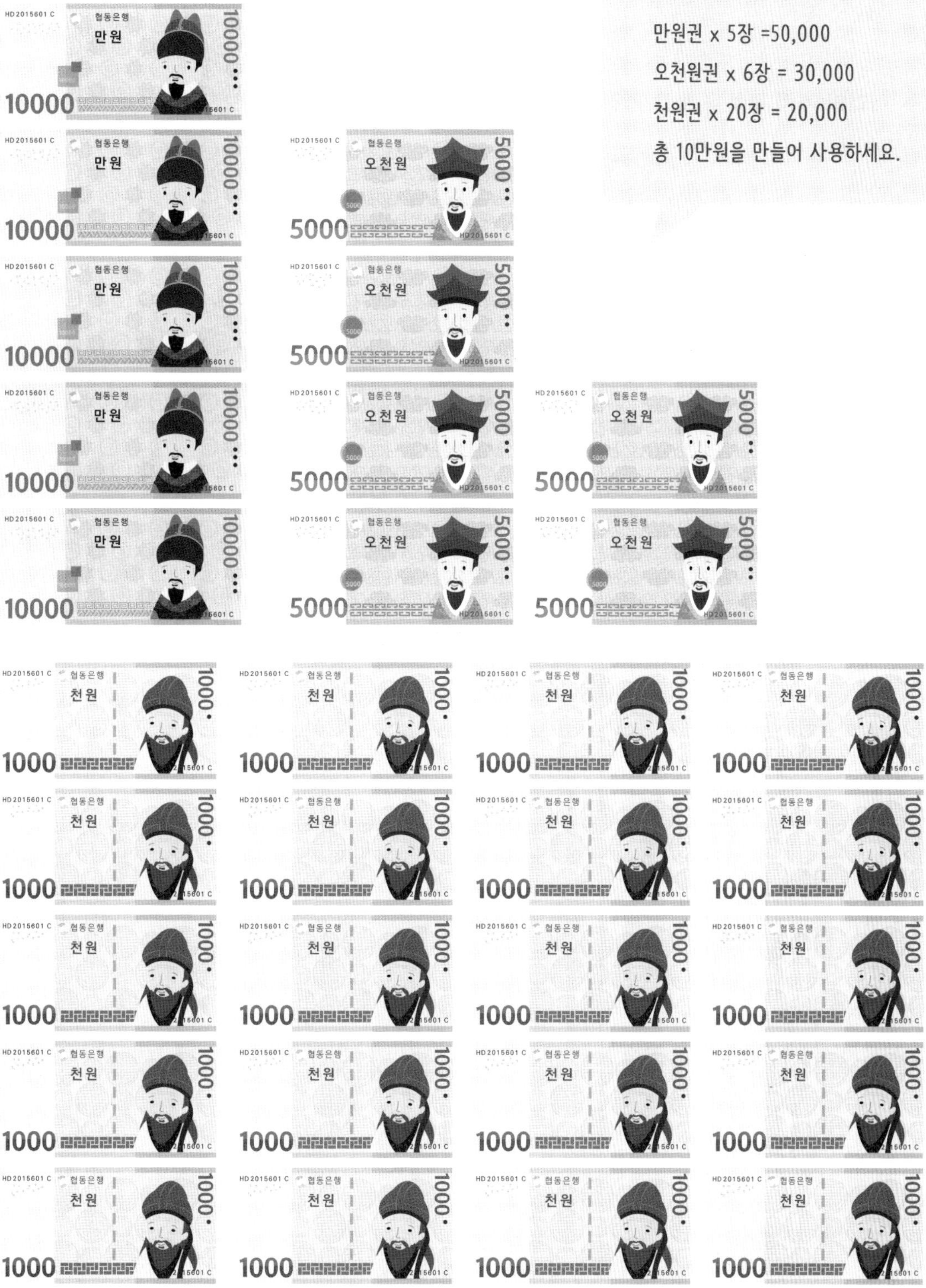

가 치 경 매

❖ 아래의 가치 항목을 보고 가장 사고 싶은 가치를 <u>다섯 가지 이상</u> 써보자.

①	②	③
④	⑤	⑥

＊적절한 돈의 배분으로, **가장 많은 가치를 산 사람**이 승리합니다.

가치 항목	나의 최초 할당액	나의 최종 입찰액	최고 낙찰 모둠	
			누가	낙찰 액
친구들의 존경과 사랑				
뛰어난 소질이나 특기				
지치지 않는 체력				
친구의 말을 경청할 수 있는 열린 마음				
고민을 함께할 수 있는 진정한 우정				
다방면의 폭넓은 지식과 지혜				
중요한 일을 결정할 수 있는 판단력				
모든 경쟁에서 승리				
우수한 학업 성적				
남 앞에서 당당할 수 있는 자신감				
자유로운 사고와 추진력				
남을 설득할 수 있는 뛰어난 말솜씨				
학급의 갈등을 원만히 해결하는 능력				
대담한 용기				
놀라운 기억력				
주변 정리 및 관리 능력				
누구나 부러워하는 매력적인 외모				
인간에 대한 신뢰감				
부족하지 않는 경제력				
엉덩이에 땀띠가 나도록 앉아 있을 수 있는 끈기				
남을 즐겁게 하는 재치				

♥ 가치 경매를 하고 나서 ♥

1. 경매에 들어가기 전에 가장 사고 싶었던 가치는 무엇이었습니까?

2. 경매에서 내가 산 가치는 무엇입니까?

3. 처음에 쓴 다섯 가치와 내가 산 가치는 어느 정도 일치하나요?

4. 경매를 하면서 사고 싶었는데 사지 못한 가치는 무엇인가요? 이유는?

5. 경매를 마치고 난 뒤의 느낀 점을 자유롭게 써 봅시다.
(또는 여기에 제시된 가치를 제외하고 원하는 가치가 있다면?)

[3] 내 인생의 목표 월드컵

"막연하고 추상적이기만 한 내 인생의 목표를 결단을 통해 정해보는 활동입니다."

1. 진행단계

① 사람들이 세상에서 가장 많이 추구하는 목표들을 무작위로 추출한다.

② 각각의 그림카드를 오려 무작위로 짝을 만들고 개인적으로 뽑아서 시작한다.

③ 토너먼트로 진행되기 때문에 충분한 시간을 가지고 가치를 선택해 나간다.

④ 그림카드의 짝(예)

사랑 / 우정	**직업 / 자유**	**존경 / 권력**	**취미 / 신앙**
명예/ 봉사	**건강 / 돈**	**외모 / 가족**	**정직 / 성공**

2. 준비물

목표 월드컵 가치 카드, 색지

3. 유의사항 및 기타

- 몇 번을 반복해서 해보면 목표를 분명히 알 수 있다.
- 개인별로 할 수도 있지만 모둠별로 해도 의미가 있다.
- 자칫 흥미 위주로 흘러 놀이로 끝나지 않게 진지한 분위기를 조성한다.
- 친구의 것을 보면서 다른 친구의 가치를 평가하지 않도록 한다.

활동지

그림카드

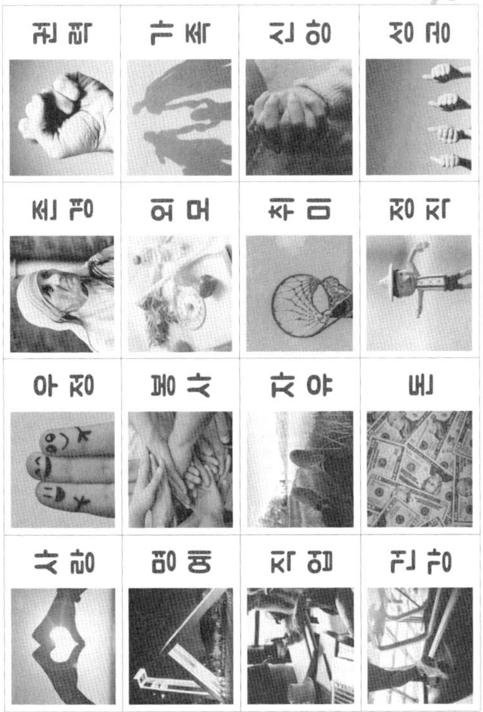
권리
가족
신앙
성공
존경
외모
취미
정직
우정
봉사
자연
돈
사랑
명예
직업
건강

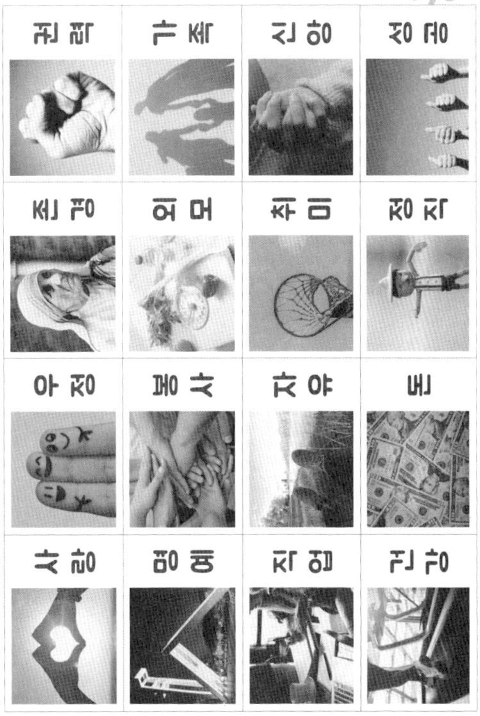
권리
가족
신앙
성공
존경
외모
취미
정직
우정
봉사
자연
돈
사랑
명예
직업
건강

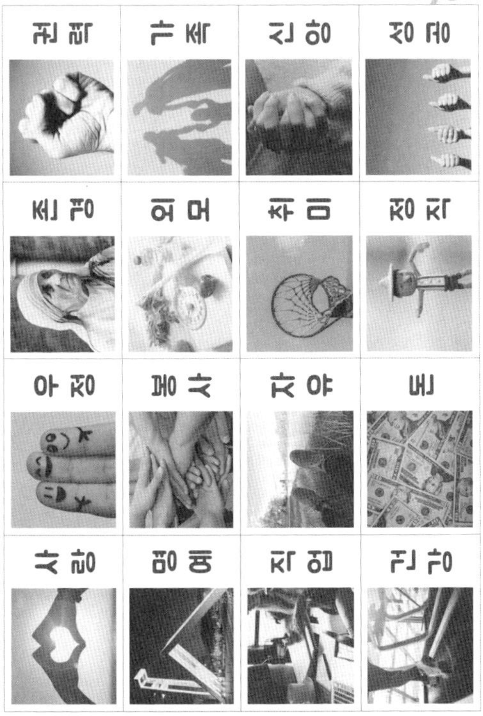
권리
가족
신앙
성공
존경
외모
취미
정직
우정
봉사
자연
돈
사랑
명예
직업
건강

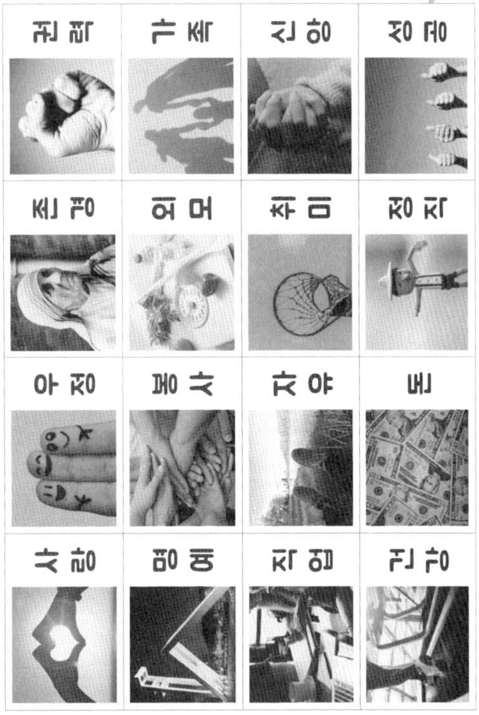
권리
가족
신앙
성공
존경
외모
취미
정직
우정
봉사
자연
돈
사랑
명예
직업
건강

내 인생의 목표 월드컵

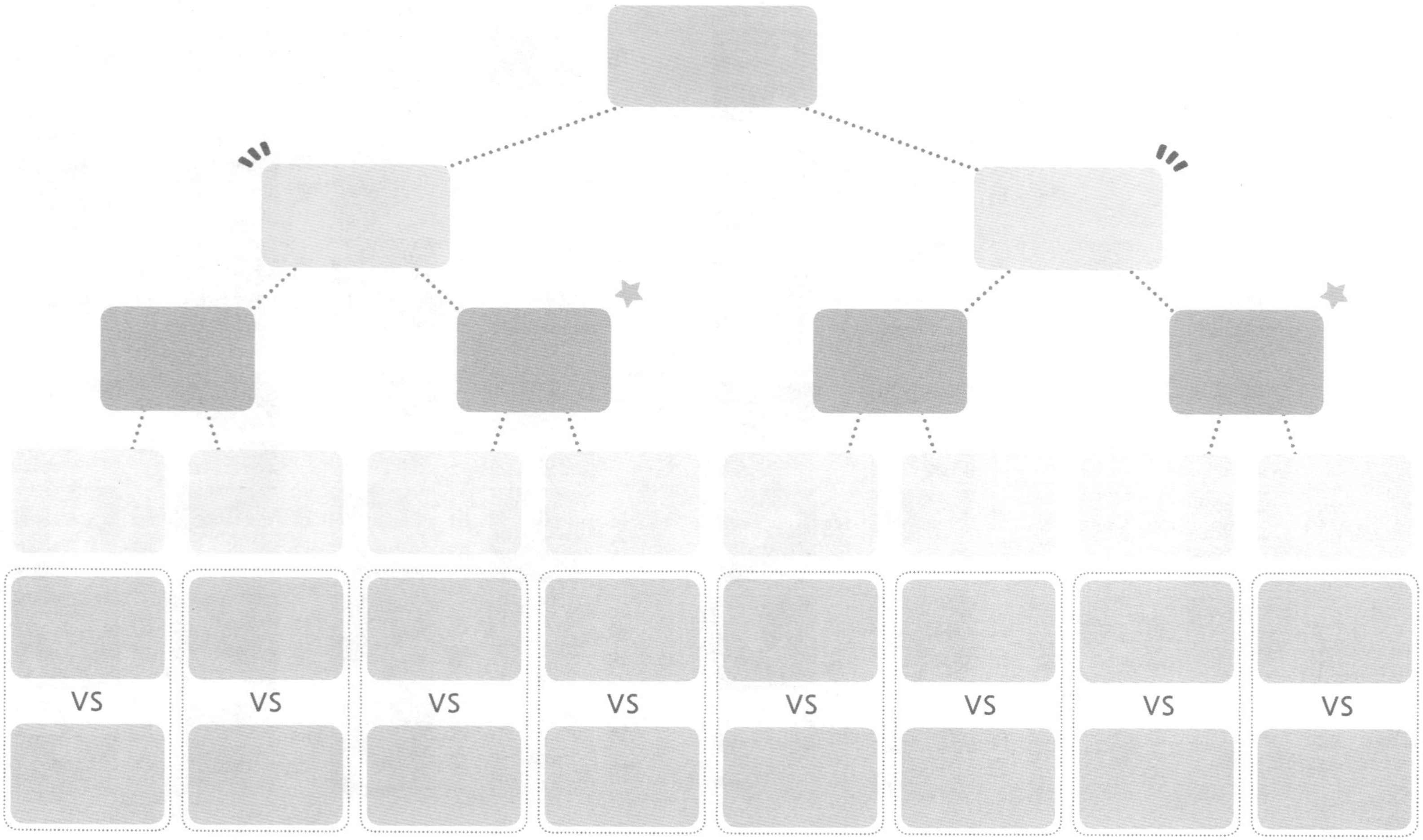

[4] 시간의 소중함 알아보기

"남과 똑같이 주어진 시간, 그 시간의 의미를 알고 이를 뜻 있게 관리해 보는 것입니다."

1. 진행단계

① 시간의 소중함에 관한 글[활동지1]을 읽는다.

② 평소 시간이 간절하게 필요했던 사례들을 모둠별로 생각해본다.

③ 빙고 놀이를 한다.

④ 소명에 대한 목록[활동지2]을 작성하고 모둠 안에서 돌아가며 쓴다.

⑤ 모둠 내에서 나온 내용을 모둠에서 한 사람이 발표하고, 교사는 주로 어떤 내용들이 나왔는지 칠판에 정리한다.

⑥ 발표 내용 중에서 자신과 관계되는 것과 타인과 관계되는 것, 사회, 나와 세계에 관계되는 것들을 나눠본다.

⑦ 교사가 풍요로운 삶을 위해 우리가 집중해야 하는 것은 나 자신 뿐만 아니라 나와 연대를 맺고 있는 타인과 더 큰 공동체도 있음을 설명한다. 풍요로운 삶을 위해 관계중심의 꿈과 계획이 있어야 함을 설명한다.

2. 준비물

색지, 사인펜 등

3. 유의사항 및 기타

- 학생들이 풍요롭다는 것을 물질적 풍요로 생각하지 않도록 주의한다. 풍요로운 삶이란, 물질적인 것뿐만 아니라 정신적인 것까지 포함됨을 알게 하여 학생의 시야를 넓힐 수 있도록 한다.
- 개인적 삶에 만족하는 것이 아닌 공동체와 더불어 사는 삶에 대해 더 알아가도록 설명한다.

4. 참고 자료

도덕과 협동학습연구회(2011), 신나는 도덕수업2, 한국협동학습연구회

활동지 1

시간의 소중함

일 년의 소중함을 알고 싶으면 입학시험에 떨어진 학생들에게 물어 보세요
한 달의 소중함을 알고 싶으면 미숙아를 낳은 산모에게 물어 보세요
한주의 소중함을 알고 싶으면 주간지 편집장에게 물어 보세요
하루의 소중함을 알고 싶으면 하루 벌어 하루 먹고 사는 가장에게 물어 보세요
한 시간의 소중함을 알고 싶으면 약속장소에서 애인을 기다리는 사람에게 물어 보세요
일분의 소중함을 알고 싶으면 일분차이로 기차를 놓친 사람에게 물어 보세요
일초의 소중함을 알고 싶으면 일초차이로 간신히 사고를 모면한 사람에게 물어 보세요

– 웨인다이어, 시간의 소중함

1. 위와 비슷한 경험이 있었는지 생각해서 적어 봅시다.

2. 모둠별로 시간의 소중함을 알게 해주는 상황을 쓰고 빙고 놀이를 해보자.

활동지 2

내 인생의 시계가 멈추기 전

꼭 해보고 싶은 것

활동지 3

관계중심의 시간계획

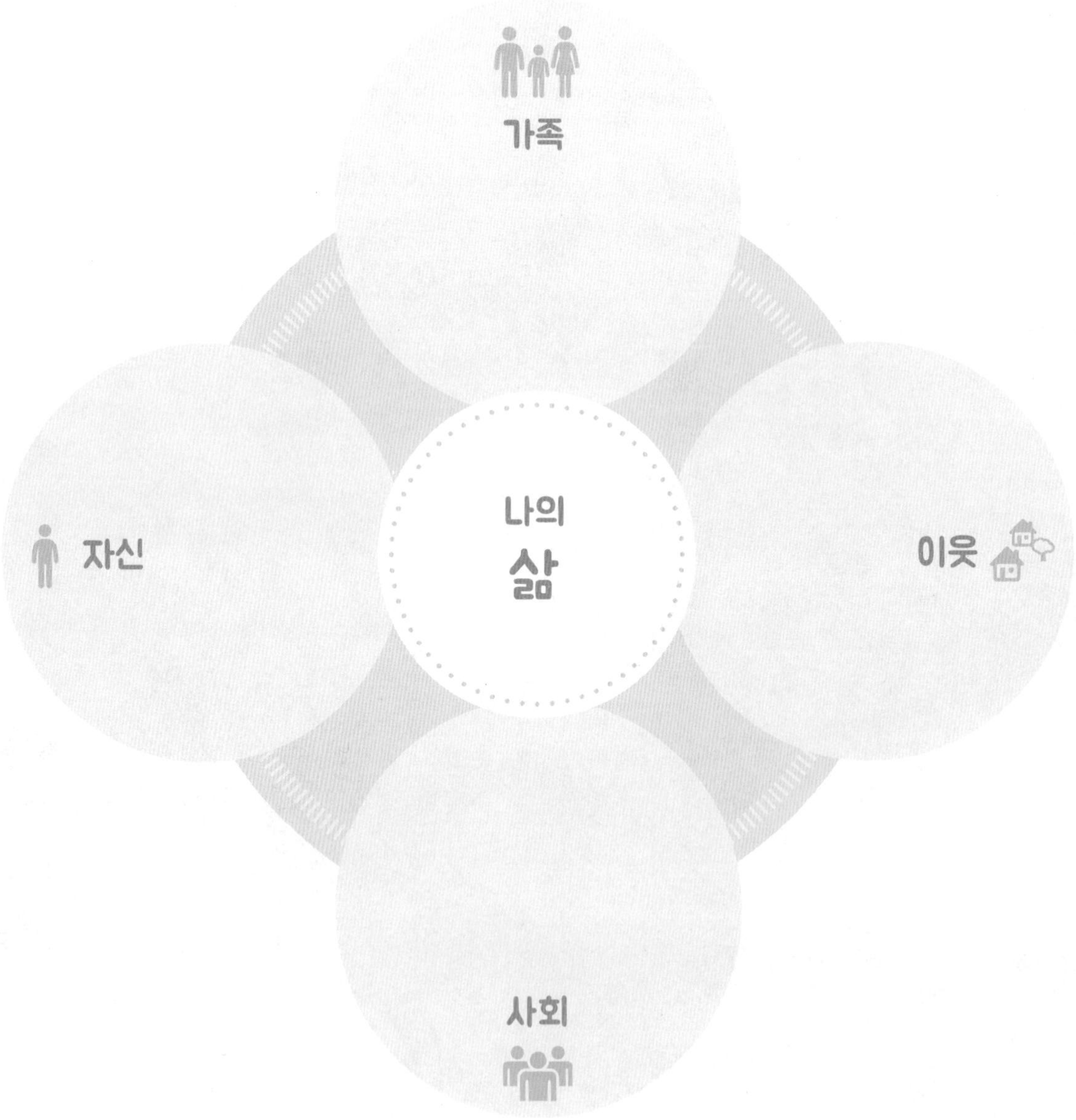

[5] 느린 우체통

"일 년 후의 내 모습을 상상하면서 긍정적인 변화를 기대하는 활동입니다."

1. 진행단계

① 잠깐 동안 일 년 후의 내 모습을 상상해본다.

② 내가 올해 이루고 싶은 가장 시급하지는 않지만 중요한 일들을 생각해본다.

③ 가장 큰 목표를 적고, 영역별로 구체적으로 자신의 목표를 적어본다.

④ 글을 다 쓰고 난 다음에는 부모님과 나에게 쓰는 편지를 쓰고 꾸며본다.

2. 준비물

활동지, 색연필, 사인펜, 편지봉투

3. 유의사항 및 기타

- 너무 추상적인 목표를 쓰지 않도록 하며 실천과 변화 가능한 목표를 쓴다.
- 우선순위를 정하여 지금 이 순간 가장 시급하지는 않지만 중요한 일부터 몰입해서 적어나간다.
- 시급하지는 않지만 중요한 일이 인생에서 가장 가치있는 일이라는 것을 생각해 보는 시간을 갖는다.
- 이미 이루어진 사실처럼 표현하며, 막연한 미래표현이나 부정적인 표현보다는 긍정적이고 실행 가능한 것으로 표현한다.
- A4용지에 물감을 이용하여 손바닥도장을 찍어 말린 후 그것을 배경으로 편지를 쓸 수도 있다. 이것을 교실벽면이나 약속된 장소에 게시해도 좋다.

4. 참고 자료

우리교육(2004), 빛깔이 있는 학급운영, 우리교육.

북악스카이웨이공원

20　　년 나의 목표

어떤 길을 갈 때 목적지를 정해 놓고 가야 그 곳에 제대로 도달할 수 있습니다.
여러분도 올 한 해 실천 가능한 목표를 구체적으로 적어 꼭 실천해서
갈 길을 잘 찾아가는 20　　년이 되길 원합니다!!!

가장 큰 목표 : ______________________

★ 올 해 학습(공부)면에서

♡ 나는 ______________________ 하고자 합니다.

♡ 나는 ______________________ 하고자 합니다.

★ 올 해 학교 생활면에서

♡ 나는 ______________________ 하고자 합니다.

♡ 나는 ______________________ 하고자 합니다.

★ 올 해 개인 생활면(생활 습관 등)에서(고치고 싶은 것, 하고 싶은 것)

♡ 나는 ______________________ 하고자 합니다.

♡ 나는 ______________________ 하고자 합니다.

★ 올 해 친구 관계에서

♡ 나는 ______________________ 하고자 합니다.

♡ 나는 ______________________ 하고자 합니다.

★ 나의 올 해 특기, 취미, 기능을 살리는 면에서

♡ 나는 ______________________ 하고자 합니다.

♡ 나는 ______________________ 하고자 합니다.

20　년　월　일　이름　　　　(인)

♡ 1년 뒤의 나에게 쓰는 편지 ♡

학년 반 번 이름

♥ 일 년 뒤의 나에게 편지를 쓰며 일 년 동안 내가 어떻게 지내야 할지 생각해 보고,
솔직한 마음과 기대의 마음을 담아 편지를 정성껏 씁니다 ♥

순서 지키기

"순서 지키기란

급식 시간에 줄을 설 때 앞 쪽에 아는 친구가 서 있어도

그 사이에 끼어들지 않는 것입니다."

"순서 지키기란

______________________________ 입니다."

관련 덕목 : 존중, 배려, 질서, 인내

1. 순서 지키기

[1] 순서 지키기의 필요성

> 오늘 급식시간도 민수 때문에 한바탕 소동이 있었다. 분명히 담임선생님께서 오늘은 여자아이들부터 먼저 먹는 거라고 알려 주셨는데, 오늘도 어김없이 새치기 대장 민수는 힘없는 여자아이들 앞으로 끼어들어 급식을 먼저 먹으려고 했다. 이를 보던 다른 남자아이들도 하나둘씩 앞으로 끼어들려고 한다. 이를 저지하려는 여자아이들과 끼어들려는 남자 아이들 사이에 소동이 일어났고 우연히 지나가던 교장 선생님께 딱 걸리고 말았다. 애꿏은 다수의 아이들은 울상이 되었다. 오늘도 집에 일찍 가는 건 포기해야 할 것 같다. 우리 반은 정말 초딩 같다.

우리가 살고 있는 사회는 그 크기의 작고 큼에 상관없이 함께 더불어 살아가야 하는 곳입니다. 혼자가 아닌 여럿이서 살아가려면 반드시 질서라는 것이 존재하고 그 질서를 함께 지켜주어야 안정된 사회를 이룰 수 있습니다. 학교(학급)에서 순서를 지키는 것 또한 학교(학급)의 질서를 유지하는 것 중의 하나입니다. 자신의 차례를 알고 자신의 차례가 될 때까지 기다릴 줄 아는 것은 다른 사람을 위한 배려이자 공동체 전체의 평화를 위한 작은 실천입니다. 순서를 지킨다는 것은 내 것을 먼저 챙기려는 이기적인 마음과 싸우는 것이고, 혼자 하면 빨리 할 수 있는데, 느리게 하는 친구를 기다려서 내 차례에 하는 것입니다.

[2] 순서 지키기의 활용 방안 및 유의사항

- 질서를 지키지 않아 학급 활동이나 수업이 원활하지 않을 때 사용합니다.
- 학급의 질서 유지를 위해 반드시 지켜야할 순서가 무엇인지에 대한 합의를 하고자 할 때 활용할 수 있습니다. 이 때 순서를 지키지 않았을 때 치러야할 대가에 대한 합의도 함께 논의되어야 합니다.
- 순서를 지키는 것도 중요하지만 더 급한 상황에서 나의 순서를 양보하고 다른 사람을 배려하는 것(예를 들어, 화장실에서 줄을 서고 있었지만 배탈이 난 어린 아이에게 순서를 양보하는 것)이 더 가치 있는 미덕임을 강조하는 것도 필요합니다.

[3] 사회적 기술 센터

- 이렇게 말해요
  "이번엔 네 차례야.", "순서대로 차례차례",
  "순서를 지키니까 일이 빨리 끝나네"

- 이렇게 행동해요
  하이파이브하면서 다음 순서 알려주기

2. 순서 지키기 활동

[1] 차례차례 BEST3

"학급 또는 수업에서 반드시 지켜야할 순서를 정할 때 사용하는 활동 입니다."

1. 진행단계

① 우리 반에서 반드시 지켜야할 순서가 무엇인지 3가지를 생각하여 각자 활동지에 기록한다.

② 활동지에 기록된 다양한 생각들 중에서 모둠원들과 상의하여 3가지만 선택한다.

③ 칠판나누기 활동을 통해 모둠에서 나온 결과를 공유한다.

④ 칠판에 적힌 다양한 결과들 중에 우리 학급에서 반드시 지켜야할 순서 3가지를 정한다.

⑤ 이렇게 정해진 차례차례 BEST3를 학급게시판에 게시한다.

Tip 칠판나누기 활동은 교실 칠판을 모둠 수만큼 나누어 각 모둠의 발표자들이 나와서 모둠 학습 과제 내용을 기록하는 것이다.

2. 준비물 활동지

3. 유의사항 및 기타

- 모둠 활동지에 자신의 생각을 반드시 3가지 쓰도록 지도한다.
- 합의를 하는 과정에서 하나 둘 셋이나 동전 내놓기 활동을 통해 의사 결정을 해도 좋다.
- 같은 방법으로, 이렇게 정해진 순서를 지키지 않았을 때 받게 되는 책임에 대해서도 정하는 것이 좋다.
- 만약 순서를 지키는 것을 강조하여 지도하고자 한다면 구호를 만들어 조·종례 시간에 외쳐보는 것도 하나의 방법이다.

학년 반 모둠 이름:

우리 학급
차례차례
BEST 3

⇨ 우리 모둠이 정한 차례차례 BEST 3.

1.

2.

3.

[2] 우리 모두 순서지킴이

"순서를 지켜서 유쾌했던 경험과 순서를 지키지 않아 불쾌했던 경험을 나누어 봄으로써 순서를 지키는 것은 다른 사람을 위한 배려의 행위임을 생각해보게 하는 활동입니다."

1. 진행단계

① 장소(상황) 카드 6장을 모둠별로 나눠 주고, 모둠원들이 돌아가면서 한 장씩 뽑게 한다.

② 자신이 뽑은 장소(상황)에서 순서를 지킴으로 유쾌했던 경험 1가지를 돌아가면서 나눈다.

③ 같은 방법으로 자신이 뽑은 장소(상황)에서 순서를 지키지 않아 불쾌했던 경험 1가지를 나눈다.

④ 위급한 상황을 제시하고 이런 경우에는 어떻게 하는 것이 진정한 순서를 지키는 것인지도 함께 생각할 기회를 준다.

2. 준비물

장소(상황)카드

3. 유의사항 및 기타

- 교사가 예를 들어 주면 쉽게 자신과 연관된 경험을 끄집어 낼 수 있다.

  예) 고속도로 휴게소 화장실에서 한 줄 서기를 하고 있는데 아무 생각 없이 새치기를 할 때 불쾌했었다.

- 순서를 지키는 것이 중요하지만, 위급한 상황이 생겼을 때에는 내 순서를 양보하는 것이 진정한 순서를 지키는 행위임을 강조한다. 예를 들어, 화장실에서 줄을 서고 있었지만 배탈이 난 어린 아이에게 순서를 양보하는 것이 더 바람직한 행동이다.

활동지

장소(상황) 카드

버스 정류장에서

놀이공원에서

마트에서

영화(콘서트)보러 가서

급식시간에

화장실에서

[3] 줄서기 (Line-Up)

“교사가 던져주는 주제에 따라 순서대로 줄을 서 보는 활동입니다.”

1. 진행단계

① 말하지 않고 키가 작은 (또는 큰) 학생부터 순서대로 서보게 한다.

② 말하지 않고 생일이 빠른 (또는 느린) 학생부터 순서대로 서보게 한다.

③ 말하지 않고 앞 (또는 뒤) 번호 학생부터 순서대로 서보게 한다.

④ 이외에도 다양한 주제를 주고 순서대로 서보게 한다.

(예- 집에서 학교까지의 거리가 가까운 사람부터 먼 사람 순으로 줄서기)

2. 유의사항 및 기타

- 말하지 않고 손짓, 몸짓, 눈짓으로 의사소통하면서 진행하는 활동임을 강조한다.
- 조회시간에 이 활동을 했다면 이 순서대로 급식을 먹자고 제안해도 좋다. 단, 이럴 경우 앞 뒤 친구가 누구인지 확인하도록 해야 하며 교사도 순서를 인증샷으로 찍어두면 좋다.
- 전체 한 줄서기를 해도 되고, 분단별로 활동해도 좋다.

3. 참고 자료

케이건(1998), 협동학습, 디모데출판사

[4] 이야기 순서 맞추기

"모둠 안에서 그림(내지 문장) 카드를 활용하여 이야기를 순서대로 엮어내는 활동입니다."

1. 진행단계

① 교사가 하나의 이야기로 이어지는 여러 컷의 만화나 사진을 카드로 만든다.

② 이렇게 만든 그림 카드 세트를 모둠별로 나누어 준다.

③ 카드를 뒤집은 상태에서 섞은 다음, 모둠원들이 그림 카드를 나누어 가진다.

④ 자신이 가진 그림 카드를 돌아가며 설명하여 순서를 맞춘다.

⑤ 모둠별로 완성한 이야기를 학급 전체에서 발표한다.

⑥ 교사가 원래 완성된 그림을 보여 주고 설명한다.

2. 준비물

이야기가 있는 만화나 사진으로 만든 그림 카드

3. 유의사항 및 기타

- 전후 관계의 순서가 있는 것이라면 어떤 내용에도 사용될 수 있다.
- 8컷 또는 16컷 정도의 만화를 컷 단위로 잘라 그림 카드를 만들어 활용하면 좋다.
- 모든 일에는 순서가 있다는 것을 알게 하는 활동으로, 이야기 외에도 종이접기라든가 요리 레시피 등을 활용해도 좋다.

4. 참고 자료

케이건(1998), 협동학습, 디모데출판사

바른 말 고운 말 쓰기

"바른 말 고운 말 쓰기는

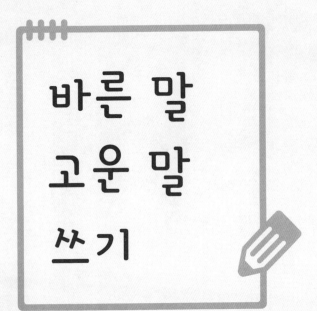

내가 하고 싶은 말을 이야기하는 것이 아니라

내가 친구에게 듣고 싶은 말로 하는 것입니다."

"바른 말 고운 말 쓰기란

____________________________________ 입니다."

관련 덕목 : 배려, 겸손, 기뻐함, 인정

1. 바른 말 고운 말 쓰기

[1] 바른 말 고운 말 쓰기의 필요성

> 희민와 경석이는 초등학교 때부터 친하게 지냈던 친구이다. 그런데 중학교에 올라오면서 평상시 하는 말이 상대적으로 거칠어졌다. 특히 온라인 게임에 빠지게 되면서 자연스럽게 욕도 많이 늘어갔다. 게임을 하다보면 상대방이 먼저 욕을 하는 경우가 많다. 그러면 상대방에게 지지 않으려고 욕을 하게 된다. 최근에는 일상 대화 속에서도 욕이 자연스럽게 들어가게 되었다. '씨X, 더럽게 잘 안 되네', '존X, 날씨가 덥네' 등등
>
> 그러던 어느 날 희민이가 친구 경석이에게 미리 이야기하지 않고 필통 속의 파란색 볼펜을 빌려서 사용했다. 나중에 돌려주려고 했는데, 희민이는 이를 깜박 잊었다. 희민이가 쉬는 시간 숙제를 하고 있었는데, 이때 경석이가 오더니 희민이가 사용하고 있는 볼펜을 보고 이야기하였다. '씨X, 네가 그 볼펜을 존X 아끼는 볼펜인데, 나한테 이야기하지도 않고 니가 가져 가냐?' 그 말을 듣는 순간 그제야 볼펜 이야기를 하지 않은 것이 생각났다. '아, 그래서 아까 너에게 이야기한다는 것이 깜박 잊어서...', '아, 진짜, 이 새X' 그런데 경석이가 한 욕이 갑자기 귀에 크게 들렸다. '친구끼리 그럴 수도 있지. 내가 일부러 그런 것도 아닌데, 그렇게 까지 몰아붙이냐?' 결국 두 명은 주먹질이 오고 갔다.

최근 청소년 문화에서 사회적으로 문제가 되고 있는 것이 욕 사용 문제입니다. 초등학교 고학년부터 욕을 사용하기 시작하다가 중학생이 되면서부터 욕을 자주 사용하는 경우가 많습니다. 그런데 대부분 자주 사용하는 욕이 어떠한 뜻인지도 모르고 친구들이 사용하니까 자연스럽게 배우는 경우가 많습니다. 청소년들이 자주 사용하는 욕들은 주로 성(性)과 관련한 내용이 많습니다. 남학생들은 온라인 게임을 하면서 자연스럽게 욕을 배우는 경우가 많고 여학생들은 SNS(카카오톡 등) 등을 통해 문자로 욕을 주고받는 경우도 있습니다. 욕을 사용하는 이유는 다른 친구들로부터 자기를 보호하기 위해 사용하기도 합니다. 다른 친구들이 자신에게 욕을 하면 자기도 욕을 해야 비슷해지고 자기를 보호할 수 있다고 생각합니다.

욕이 일상생활 속의 언어로 자리 잡으면서 또래 친구들끼리 대화하는 내용을 주변 어른들이 들을 때는 불편하게 느껴집니다. 그리고 친구 간에 좋은 관계일 때는 욕 사용이 친근한 표현으로 다가갈지 모르겠지만 좋지 않을 때에는 욕 사용이 물리적 충돌과 갈등으로 이어질 수 있습니다. 바른 말 고운 말을 사용하기 위해 욕을 사용하지 않기는 매우 중요한 일입니다.

[2] 바른 말 고운 말 쓰기의 활용 방안 및 유의사항

- 욕 사용하지 않기가 오히려 욕을 직접 가르쳐 주는 역효과를 내지 않도록 주의해야한다. 진지하게 욕 문제를 다루고 욕을 왜 사용하지 말아야 할지를 강조해야 합니다.

- 욕 사용 문제는 이미 상당수 청소년들에게 문화화가 된 부분이 있으므로 지속적으로 지도하지 않으면 일정 수준 이상의 효과를 거두기 힘들 수 있습니다.

[3] 사회적 기술 센터

- 이렇게 말해요
  "그렇게 말하지 말아줘.", "이렇게 말해줄래?", "다른 말로 하면 어때?"

- 이렇게 행동해요
  손가락으로 엑스자표시하기, 두 팔로 엑스자표시하기,
  검지 손가락을 입에 대며 '쉿' 이라고 하기

2. 바른 말 고운 말 쓰기 활동

[1] 욕 풀이 특강

"욕의 뜻풀이를 통해 욕을 사용하지 하지 않아야 하는 이유를 스스로 깨닫도록 하는 활동입니다."

1. 진행단계

① 교사가 학생들이 자주 사용하는 비속어들을 기록하게 한다.

② 학생들이 국어사전을 찾아 욕의 뜻을 살펴볼 수 있도록 한다.

③ 교사가 욕의 뜻을 간단히 설명한다.

2. 준비물

학습지, 펜

3. 유의사항 및 기타

- 욕의 뜻도 잘 모르고 욕을 사용하는 경우가 많다. 욕 풀이를 통해 학생들에게 가급적 화가 나더라도 욕을 사용하지 않도록 해야 한다. 친구들과 갈등 시 욕을 하게 되면 자신의 감정은 해소될지 모르겠지만 상대방의 감정을 자극하여 오히려 갈등이 더 악화될 수 있다는 것을 강조한다.
- 욕의 뜻풀이가 장난처럼 느껴지지 않도록 진지하게 진행하면 좋다.
- 학생들이 욕을 사용하는 것을 들으면 교사가 해당 학생에게 경고를 할 수 있도록 해야 한다.
- 청소년들이 자주 사용하는 욕 Top 10을 설문 조사하여 풀이하는 방식으로 진행할 수 있다.

Tip 욕 풀이

-씹 : 성인 여성의 성기
-씨팔년 : 성 매매를 하는 여자
-씹새끼 : 여성 성기에서 나온 사람
-씨발놈 : 성 매매를 하는 남자
-좆 : 성인 남성의 성기
-존나 : 좆+나 (남성 성기가 발기함)
-지랄 : 간질 병자의 발작 증세, 바보 같은 행동
-애자 : 장애자
-쌍놈/쌍년 : 천한 신분의 남자/여자
-바보 : 밥보 (밥만 먹고 사람 역할을 제대로 하지 않는 사람)
-우라질 : 오라를 질만한 사람,
 즉, 잘못을 하여 오라줄(수갑)에 묶여 감옥에 갇힐 짓을 함
-Fuck you : 너를 강제로 강간(성관계)할 거야

4. 참고 자료

두산동아사서편집국(2013), 동아 새국어사전, 두산동아

EBS, “욕, 해도 될까요?” ‘욕, 뇌를 공격하다(1부)’

EBS, “욕, 해도 될까요?” ‘0818 언어개선 프로젝트(2부)’

욕의 뜻 알아보기

1. 친구들에게 욕을 들어본 적이 있습니까? 욕을 들었을 때 어떠한 느낌을 받았습니까?

2. 친구들이 욕을 자주 사용하는 이유는 무엇입니까?

3. 주변 친구들이 자주 사용하는 욕들을 기록해 봅시다. 이중에서 욕의 뜻을 알고 있는 단어의 경우, 동그라미 표시를 해봅시다.

4. 주변 친구들이 자주 사용하는 욕들은 대체 국어사전에 기록되어 있다. 국어사전을 통해 자주 사용하는 욕의 뜻을 찾아 기록해 보자.

욕 단어	욕의 뜻

욕 단어	욕의 뜻

5. 욕을 사용하지 말아야 할 이유는 무엇인가?

[2] 양파 키우기

"욕의 해악성을 양파 키우기 실험을 통해 확인하는 활동입니다."

1. 진행단계

① 교사가 학생들에게 양파와 컵을 준비할 수 있도록 하거나 교사가 직접 준비한다.

② 욕 사용의 해악성에 대하여 간단히 동영상을 통해 보여주고 그 이유에 대하여 설명한다.

③ 양파를 물을 넣은 유리컵에 넣고 두 부류로 나눈다.

④ 조·종례 시간을 활용하여 한 쪽 양파는 칭찬을 해주고 다른 한 쪽 양파는 나쁜 말을 해준다.

⑤ 교실 창가에 양파를 두고 성장 과정을 관찰한다.

⑥ 2주가 지났을 때 그 결과가 어떠한지 비교한다.

2. 준비물

물, 컵, 양파

3. 유의사항 및 기타

- 욕의 해악성을 증명하기 위한 실험이므로 진지하게 실험 활동에 참여할 수 있도록 한다.
- 창가에 양파들을 비치하고 담당 학생들을 정하여 양쪽 모두를 잘 관리할 수 있도록 한다.
- 생명의 신비함과 욕의 문제점을 시각적으로 확인할 수 있도록 한다.
- 양파 대신 고구마 등 다른 식물 기르기를 할 수도 있고, 밥 실험도 가능하다.

4. 참고 자료

EBS, "욕, 해도 될까요?" '욕, 뇌를 공격하다(1부)'

EBS, "욕, 해도 될까요?" '0818 언어개선 프로젝트(2부)'

[3] 바른말 지킴이 및 삼진 아웃 경고제

"학생들끼리 상호 간에 욕을 사용하지 않도록 담당지킴이 학생을 두고 관리할 수 있도록 합니다. 자주 실수를 하는 학생들에게는 삼진 아웃 경고제를 운영하여 패널티를 주는 활동입니다."

1. 진행단계

① 교사가 바른말 지킴이 및 삼진 아웃 경고제를 운영하는 이유에 대하여 충분히 설명한다.
② 학생들에게 추천을 받아 바른말 지킴이를 정한다.
③ 욕을 사용한 학생들에게 경고를 주고 그 결과를 누적 기록한다.
④ 욕을 3번 이상 사용하여 경고 받은 학생에게는 바른 말 고운 말 사용하기 피케팅 활동을 점심시간에 교실 앞 복도에서 실시하도록 한다

2. 준비물 노란색 색 카드, 명렬 기록지, 바른 말 고운 말 쓰기 피켓

3. 유의사항 및 기타

- 많은 학생들이 욕을 자주 사용한다. 욕 문화가 일상적으로 청소년들의 언어생활을 지배하고 있는 경우가 많다. 바른 말 지킴이 제도를 통해 서로 고운 말을 사용할 수 있도록 노력하는 것이 필요하다.
- 바른 말 지킴이를 학습 모둠이나 학급 부서 부장들에게 부여할 수 있다. 1명 보다는 여러 명의 학생들에게 지킴이 활동을 할 수 있도록 하면 좋다.
- 피케팅 활동을 할 때에는 학생이 직접 피켓 문구를 만들어 사용하게 하는 것도 좋다. 성실하게 피케팅을 할 수 있도록 교사가 관리하고 지킴이 학생이 잘 확인할 수 있도록 하면 좋다. 다만 피케팅 활동을 하는 학생에게 낙인 효과를 주지 않도록 교사나 학생 모두가 주의를 해야 한다.
- 1달이나 한 학기 등 정기적으로 기간을 정하여 운영하는 것이 좋다.
- 욕쟁이 친구에게 벌칙으로 벌칙마스크쓰기 활동을 해도 좋다.

4. 참고 자료 두산동아사서편집국(2013), 동아 새국어사전, 두산동아
EBS, "욕, 해도 될까요?" '욕, 뇌를 공격하다(1부)'
EBS, "욕, 해도 될까요?" '0818 언어개선 프로젝트(2부)'

나를 알아가기

"나를 알아가기란

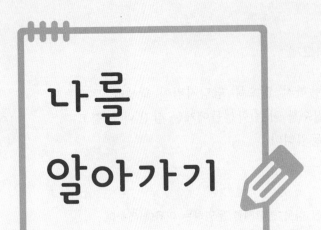

내가 나를 익숙함이 아니라 낯설게 바라보는 것입니다."

"나를 알아가기란

______________________________________ 입니다."

관련 덕목 : 이해, 유연성, 진실함

1. 나를 알아가기

[1] 나를 알아가기의 필요성

> 초등학교 때 나는 과학자가 되는 것이 꿈이었다. 그런데 시간이 흐르면서 자연스럽게 그 꿈도 사라지게 되었다. 반면에 내 짝 민지는 일본어를 좋아한다. 그래서 일본어 공부를 하기 위해 일본문화에 관한 책이나 만화책을 보며 혼자 재미있게 공부한다. 커서 일본어 번역가가 되고 싶다고 말하며 행복해 하는 것 같다. 그러나 나는 지금 내가 무엇이 되고 싶은지, 내가 어떤 것을 잘하는지, 나는 누구인지 조차 잘 모르겠다. 친구들은 내가 굉장히 활발하고 에너지가 넘친다고 말하지만 혼자 있을 때나 모르는 사람하고 있는 경우 나는 말이 없고 조용한 사람으로 변신해 버린다. 사람은 상황에 따라서 달라진다고 하지만 한결같은 나의 모습은 어떤 것일까? 이제는 내가 자신있고 꿈꿀 만한 가치가 있는 내안의 나를 찾고 싶다.

인간은 자신이 누구인지를 스스로 확인하고 싶어 합니다. 자신의 부족한 점은 무엇이고, 뛰어난 점은 무엇인지, 현재의 나는 어떤 모습인지 알고 싶어 합니다. 이와 같은 과정을 확인하고자 하는 자신의 모습을 자아(自我)라고 합니다. 사람은 누구나 행복하게 살고 싶어 하는데, 행복하기 위해서는 자아를 실현해야 한다고들 합니다. 그렇다면 행복하기 위해서 우리는 먼저 자아를 발견해야 하고, 이를 바탕으로 자아를 실현하는 방법을 찾아야 하겠지요. 이를 위해 먼저 타인의 눈을 통해서 본 나를 객관적으로 알아가고, 이후 '나는 누구인가? '라는 질문에 스스로 답변해야 합니다. 하지만 이 질문에 대해 완벽하게 답변하는 것은 불가능합니다. 그렇다고 이 질문을 회피해서는 안 됩니다. 그것은 내가 인간이기에 완전히 대답할 수 없는 힘겨운 질문이기도 하지만, 인간이기에 끊임없이 제기할 수밖에 없는 질문이기도 하기 때문입니다.

[2] 자기 목표 세우기의 활용 방안 및 유의사항

- 내가 보는 나와 타인이 보는 나에 대해 잘 이해하고 자신을 긍정적으로 발전시킬 수 있는 계기가 될 수 있도록 합니다.

- 친구의 단점이나 부끄러워하는 부분을 일부러 들춰내어 놀리지 않도록 합니다.
- 활동을 통해 자신을 올바로 이해하고 자신감을 갖도록 칭찬의 분위기를 만드는 것이 중요합니다.

[3] 사회적 기술 센터

- 이렇게 말해요
  "너는 ○○을 좋아하는 구나", "완전 멋진데~", "그렇구나"
- 이렇게 행동해요
  가볍게 안아주기. 고개를 끄덕여주기. 엄지 세워 올리기

2. 나를 알아가기 활동

[1] 나는 어떤 사물과 닮았을까?

"교실 안에서 나와 가장 비슷한 사물을 골라 비교를 통해 알아가는 활동입니다."

1. 진행단계

① 교실 안의 다양한 사물들을 칠판에 브레인스토밍한 후,
내가 가지고 있는 특징적인 모습을 대략 2분 동안 생각해보게 한다.
② 이 중에서 나와 가장 비슷하다고 생각하는 사물 하나를 골라 온다.
③ 왜 이 사물이 나와 같다고 생각했는지 머릿속으로 생각해 본다.
④ 릴레이 말하기를 통해 이유를 알아 맞춰보고 설명하는 시간을 갖는다.

2. 준비물 사물(이미지), 모형 마이크 등

3. 유의사항 및 기타

- 다른 친구들의 말을 귀담아 들을 수 있도록 미리 주의를 준다.
- 교실에 마땅한 사물이 없을 경우 활동지에 그려서 표현해도 된다.
  교사가 미리 사물 이미지 자료들을 가져가서 펼쳐 놓고 고르게 한다.

활동지

사물이미지 예시 (협동학습 아하!비유카드 중)

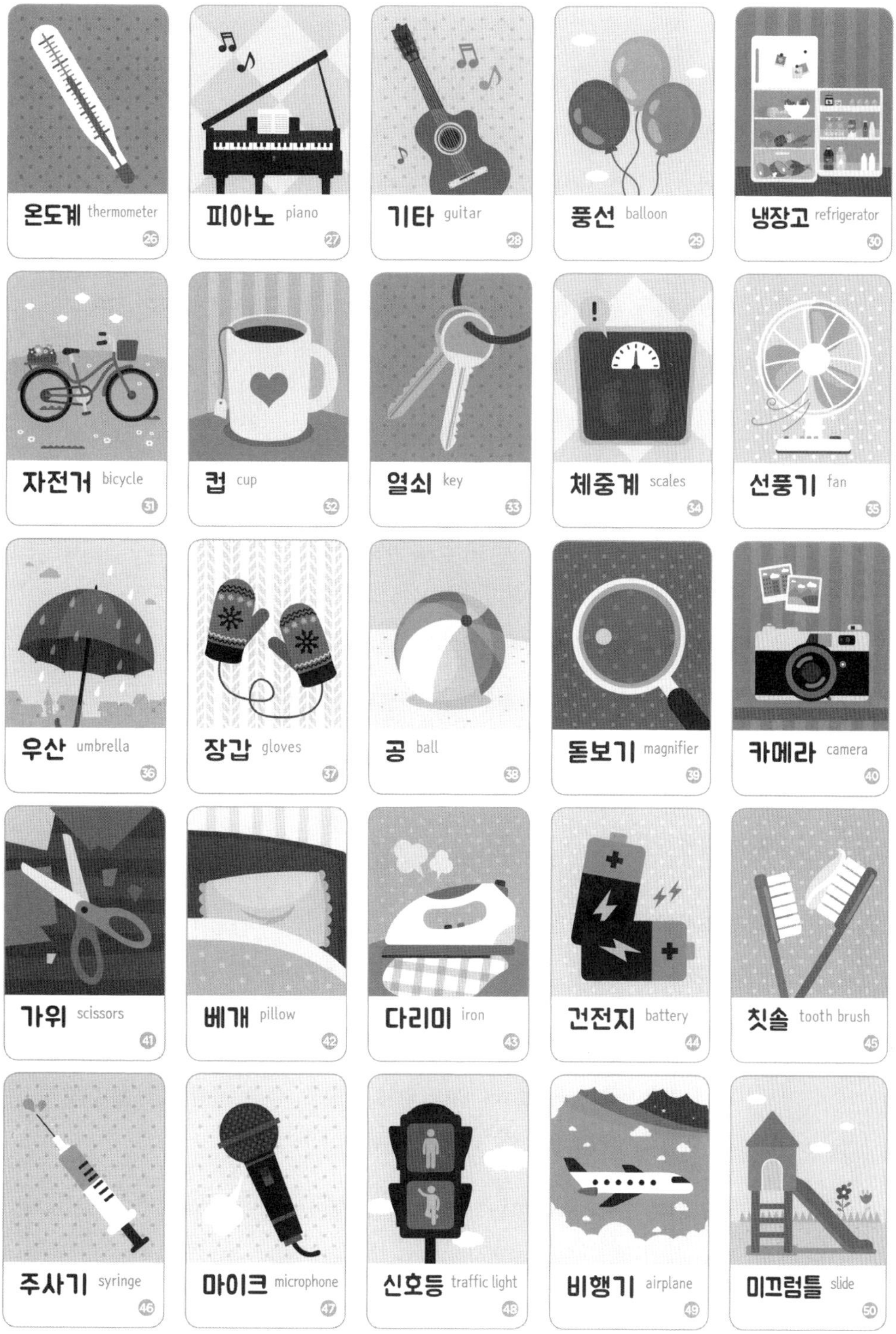
온도계 thermometer 26
피아노 piano 27
기타 guitar 28
풍선 balloon 29
냉장고 refrigerator 30
자전거 bicycle 31
컵 cup 32
열쇠 key 33
체중계 scales 34
선풍기 fan 35
우산 umbrella 36
장갑 gloves 37
공 ball 38
돋보기 magnifier 39
카메라 camera 40
가위 scissors 41
베개 pillow 42
다리미 iron 43
건전지 battery 44
칫솔 tooth brush 45
주사기 syringe 46
마이크 microphone 47
신호등 traffic light 48
비행기 airplane 49
미끄럼틀 slide 50

[2] 당신은 누구입니까?

“상대방의 눈을 통해 본 나를 이해하고 진짜 나를 소개하는 활동입니다.”

1. 진행단계

① 학생들에게 용지와 필기도구를 준비하도록 하고, 얼굴짝과 함께 인사를 나눈다.

② 처음 본 사람처럼 첫 인사를 하고, 각자 자기 짝에게 느낀 첫 인상을 간단하게 세 문장으로 나타내어 본다. 다 쓴 다음에는 서로 마주 보고 내가 느낀 내 짝의 첫인상을 한 가지씩 주고받기 방식으로 소개하면서 대화를 나눈다.

③ 교사가 준비해온 10가지 질문 (예-좋아하는 음식, 신발크기, 가장 싫어하는 과목, 허리사이즈, 화가 났을 때 행동, 싫어하는 계절 등)에 대한 답을 추측하면서 ‘내 생각엔 아마도’ 칸에 적는다.

④ 열 가지 질문에 대한 답을 모두 작성하면 서로 마주보고 1번 질문부터 답이 맞는지 서로 번갈아가면서 점검한다.

⑤ 열 가지 질문들에 대해 누가 얼마나 맞추었는지 확인하는 시간을 갖는다.

⑥ 마지막의 ‘느낀 점’란에 혹시 남을 선입견이나 편견을 가지고 대한 실수를 한 적은 없는지, 이 시간을 통해서 얻은 소중한 교훈이 있다면 어떤 것인지 등을 간단히 적도록 한다.

2. 준비물 활동지, 필기도구

3. 유의사항 및 기타

- 기록된 내용을 말하지 않고 상대방에게 보여 주거나 한꺼번에 먼저 말하지 않는다.
- 교사는 학생들이 맞춘 점수에 관심을 집중시키기보다 이런 이야기 거리로 서로에 대해 더 많이 알게 되었고, 다른 사람이 나를 어떻게 생각하고 있는지 알 수 있게 된 사실에 대해 피드백을 해준다.

4. 참고 자료 전국재(2001), 놀이와 공동체, 예영커뮤니케이션

당신은 누구십니까?

짝짓기	나의 짝	이 름 :	
		별 명 :	
첫인상?	느낌 1		
	느낌 2		
	느낌 3		
친구 알아가기	질문	내 생각에는 아마도...	사실은....
	1.		
	2.		
	3.		
	4.		
	5.		
	6.		
	7.		
	8.		
	9.		
	10.		
당신은^^	느낌 1		
	느낌 2		
	느낌 3		
느낀 점			

[3] 나의 가장 소중한 친구는?

"나를 가장 잘 알고 있다고 생각하는 사람을 통해 자신을 알아가는 활동입니다."

1. 진행단계

① 교사는 활동지를 나눠주고, 나를 가장 잘 알고 있다고 생각하는 이 모둠 밖의 사람들을 마음속에 생각해보는 시간을 준다.

② 그 사람은 나의 어머니, 아버지 아내, 남편, 형제, 자매 또는 절친한 친구일 수도 있다고 말하고, 여기서 우리는 이 사람을 '나의 가장 친한 친구'로 부르기로 한다.

③ 10분 정도의 시간을 주고 그 친구가 자신을 소개하는 소개지(활동지)를 적는다. 친구가 자신을 소개하는 것이므로 소개지에 적힌 주인공을 바로 자기 자신임을 다시 한 번 강조한다.

④ 가장 친한 친구 소개지에 적힌 정보를 가지고 각 모둠원들은 돌아가며 모둠의 중앙에 놓인 빈 의자 뒤에 서서 그의 '가장 친한 친구'가 보는 자신을 소개한다. 마치 자기 친구가 빈 의자에 앉아 있는 자신을 소개하는 격이 된다. 이 때 활동지에 적혀 있지 않는 정보를 첨가하여 소개해도 무방하다.

⑤ 돌아가면서 활동을 다 마친 후, 이 활동을 하면서 자기 자신에 대해 깨달은 점이나 느낀 점에 대해 이야기를 나눈다.

2. 준비물 활동지, 필기도구, 동심원 모형

3. 유의사항 및 기타

- 가장 친한 친구를 소개하는 활동을 할 때 활동지의 내용들에 대해 반응해 줌으로서 격려의 분위기를 조성한다.
- 다른 모둠과 함께 섞여 돌아다니면서 각자 '가장 친한 친구 소개서'를 가슴에 붙이고 다른 사람들의 소개서를 읽는 활동을 더해도 좋다.

4. 참고 자료

전국재(2001), 놀이와 공동체, 예영커뮤니케이션

활동지

당신의 가장 친한 친구(이 모둠에 없는 사람)가 당신에 대해 이렇게
소개할 것이라고 생각하면서 다음의 질문들에 대해 기록해 주시기 바랍니다.

내가 소개하고 싶은 사람은

소중한 친구

(   )이/가 어떤 사람인지 세 마디로 소개하면…

1.

2.

3.

(   )이/가 대단히 소중하게 여기고 있는 것들은…

1.

2.

3.

(   )이/가 싫어하거나, 화나게 만드는 것들은…

1.

2.

3.

언젠가 (   )이/가 이루고 싶어 하는 꿈은…

1.

2.

3.

[4] 너야 너!!

“다른 사람이 평상시 내 모습을 어떻게 생각하는지 색다르게 알아보는 활동입니다.”

1. 진행단계

① 종이를 나눠주고 짝꿍과 절개하여 나눠가진다.

② 각자 윗 네모칸에 자신의 이름만 적어서 접은 다음 바구니에 모은다.

③ 바구니에서 쪽지를 한 장식 빼서 쪽지에 적힌 사람의 장점과 인상 깊은 점을 생각해 보고 종이에 적어서 종이 하단에 본인의 이름을 쓴다. 그리고 다시 접어서 바구니에 집어넣는다.

④ 교사는 바구니에서 종이를 한 장씩 꺼내어 읽는다. 처음 말할 때는 쪽지의 주인공, 이 사람의 장점과 인상 깊은 점을 쓴 사람의 이름을 모두 밝히지 않는다.

⑤ 반 학생들이 이 사람이 누구인지를 의논하여 밝혀본다. 주인공이 밝혀지면 이번에는 글쓴이가 누구인지도 알아 맞춰본다.

⑥ 모든 사람이 다 소개 될 때까지 활동을 계속한다.

2. 준비물 활동지, 바구니

3. 유의사항 및 기타

- 반 학생들이 이미 서로를 잘 알고 있을 때 효과적이다.
- 이미 잘 알고 있던 사람을 새롭게 이해하고 우정을 돈독히 하는 계기가 된다.
- 친구의 장점과 인상 깊은 점을 쓸 때 상대방이 기분 나쁜 글은 쓰지 않도록 한다.

4. 참고 자료

전국재(2005), 놀이로 여는 집단 상담 기법, 시그마프레스

김정규(2012), 게슈탈트 심리치료, 학지사

★ 이 친구의 장점? (넌 이런 면이 있더라~)

1.

2.

★ 나만 아는 인상 깊은 점은? (넌 아마 모를 거야)

1.

2.

3.

글쓴이 (   )

★ 이 친구의 장점? (넌 이런 면이 있더라~)

1.

2.

★ 나만 아는 인상 깊은 점은? (넌 아마 모를 거야)

1.

2.

3.

글쓴이 (   )

Social
Skill

사회적 기술의 실제

夏

여름.

8. 감사를 표현하기

9. 교실 깔끔하게 사용하기

10. 차이점 받아들이기

11. 지각하지 않기

12. 자기감정 다루기

감사를 표현하기

"감사를 표현하기란

아침에 엄마가 밥을 차려주셨을 때 당연하게 생각하지 않고

고맙다고 직접 말하는 것입니다."

"감사를 표현하기란

____ 입니다."

관련 덕목 : 결의, 근면, 끈기, 소신, 자율

1. 감사를 표현하기

[1] 감사를 표현하기의 필요성

> 오늘은 학급 파티를 하기로 한 날이다. 선생님이 한 턱 내셨다. 피자가 도착했고, 조별로 나누어서 먹었다. 그런데 그 때 철수가 한 마디 했다. "선생님, 피자가 맛이 없어요." 그 순간 선생님의 얼굴이 굳어졌다. 선생님은 기분이 상하셨는지 별 말씀이 없으셨고 분위기가 썰렁해졌다. 나는 선생님께 고맙다는 말을 하고 싶었지만 왠지 어색해서 그냥 아무 말도 못하고 지나갔다. 왜 이런 표현을 하는 것이 어렵게 느껴질까?

감사하는 자세는 행복감을 높이는 데 매우 중요합니다. 감사에도 수준이 있습니다. 보통 수준의 감사는 좋은 것이 생겼을 때 감사하는 것입니다. 보통 사람은 이 정도의 감사는 합니다. 물론 좋은 것이 생겼음에도 불구하고 불평부터 하는 사람도 있습니다. 수준이 낮은 사람입니다. 높은 수준의 감사는 이미 있는 것들에 대해 새롭게 인식을 하고 감사하는 것입니다. 먹을 것이 있고 입을 것이 있다는 것만으로도 감사하는 법을 터득한 사람입니다. 매우 높은 수준의 감사는 흔히 불행이라고 생각하는 것들에 대해서도 좋은 점을 찾아 감사하는 것입니다. 병에 걸리고 돈을 잃어버려도 그 속에서 감사의 조건을 찾아낼 수 있는 사람입니다. 하루아침에 높은 수준의 감사를 실천하기는 어렵습니다. 낮은 단계부터 실천하는 것이 필요합니다. 이를 위해서는 마음으로만 하는 것이 아니라 구체적인 표현을 연습하는 것이 효과적입니다.

감사는 친절을 실천할 수 있는 기초적 정신 상태가 됩니다. 자신이 불행하다고 생각하는 사람은 타인에게 친절을 베풀 여유가 없습니다. 스스로 만족하는 사람은 타인에게도 넉넉한 마음으로 대할 수 있는 여유가 있습니다. 그러므로 친절을 강요하기보다는 감사의 마음을 갖도록 하는 것에 더욱 주력할 필요가 있습니다. 공동체 안에서 감사의 표현이 많아진다면 공동체의 친절의 수준도 더욱 높아질 것입니다.

[2] 감사를 표현하기의 활용 방안 및 유의사항

- 감사의 표현은 일회적으로 할 것이 아니라 꾸준하게 훈련하는 것이 중요함을 강조해야 합니다. 가급적 매일의 훈련으로 습관화되는 것이 필요하고 주기적으로 점검할 수 있는 시간을 가지는 것이 좋습니다.

- 다른 사람의 감사의 표현들을 접하는 것은 도움이 됩니다. 자신이 발견하지 못했던 것을 다른 사람의 눈을 통해 발견하는 것은 깨우침을 줄 수 있습니다.

- 감사의 표현을 통해서 생기는 자신의 마음의 변화나 타인의 반응에 대해 살펴보는 것은 서로에게 격려가 될 수 있으므로, 학급 차원에서 함께 나누어 종합해 보는 것이 도움이 됩니다.

- 감사의 표현이 일상에서 자연스럽게 나올 수 있도록 언어의 훈련을 하도록 하는 것이 필요하고, 감사의 표현을 종합하는 이벤트를 주기적으로 하는 것도 도움이 됩니다.

[3] 사회적 기술 센터

- 이렇게 말해요

  "감사합니다.", "고마워.", "힘이 됩니다.", "네가 도와주어서 잘 마칠 수 있었어.", "넌 나를 기쁘게 하는구나.", "도와줘서 고마워.", "힘들었는데 도와줘서 큰 힘이 되었어."

- 이렇게 행동해요

  인사하기, 포옹해 주기, 편지 써주기, 문자 보내기, 이메일 보내기, 선물하기, 엄지 세워 올리기, 박수쳐 주기, 칭찬해 주기, 감사 일기쓰기

2. 감사를 표현하기 활동

[1] 감사 일기 쓰기

"하루나 일주일 등 기간을 정해 일상적인 것, 당연한 것으로 생각하며 무심코 지나쳤던 사물과 사람, 일, 환경 등에 대한 감사한 것들을 기록하며 이미 충분히 가진 것, 이룬 것들에 대해 만족하며 감사하는 것입니다."

1. 진행단계

① 감사 일기장을 준비하는데 개인적으로 예쁜 감사 일기장을 마련하거나 학급 전체로 통일된 감사 일기장을 만들어 준다.

② 매일 써도 좋고 그것이 힘들면 한 주, 한 달로 기한을 정해 꾸준히 써 보도록 한다.

③ 일상생활에서 사람, 사물, 일, 환경 등에 대한 감사 거리를 찾아 감사 일기를 작성한다.

④ 하루, 한 주, 한 달 등 정해진 기한에 감사 일기장을 쓰고 좋았던 점이나 느낀 점 등을 적어 보거나 말해 보며 감사하기의 의미를 되새긴다.

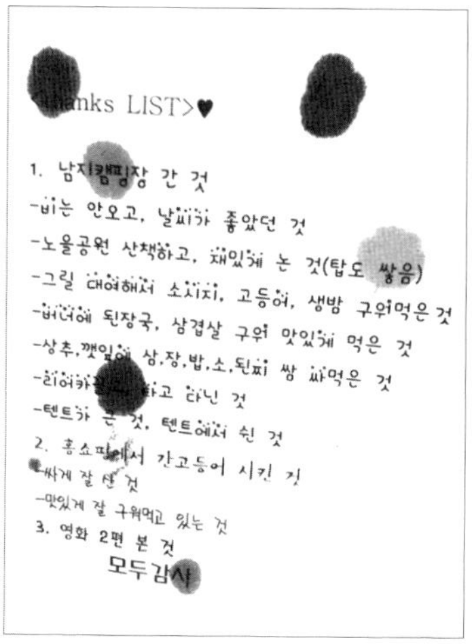

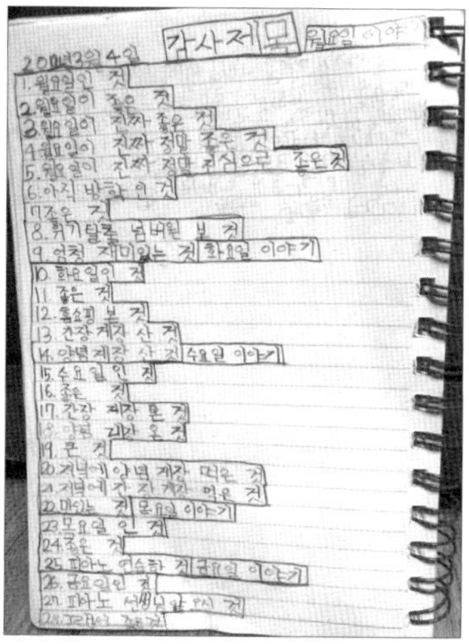

2. 준비물

감사 일기장, 펜

3. 유의사항 및 기타

- 감사 일기장을 만들 때 자신만의 소중한 보물이 되도록 창의적으로 개성을 살려 꾸미게 하는 것도 좋다.
- 감사를 하면 좋은 이유 등에 관한 영상, 글 등을 보여 주며 동기 부여를 해서 감사가 형식적으로 흐르지 않게 하며, 감사의 의미를 잘 깨달아 계속적으로 실천해 나갈 수 있게 한다.
- 학생들이 적은 감사 일기장의 몇 편을 복사해서 학급에 게시하거나 친구들에게 발표함으로써 서로 공유하여 감사하는 문화가 확산되도록 한다.
- 사람에 대한 감사일 경우 감사 일기장에만 쓰는 것이 아닌 직접 감사하는 대상에게 말이나 행동으로 표현해 보게 하고 그것도 감사 일기장에 함께 기록해 보는 것이 좋다.

활동지

감사 일기장

(　　)월 (　　)일　이름 (　　　　　　)

오늘 하루 감사한 것들을 적어 봅시다.

일상적으로 당연하게 생각했던 것들에 대해서도 감사해 봅시다.

1.

2.

3.

(　　)월 (　　)일　이름 (　　　　　　)

오늘 하루 감사한 것들을 적어 봅시다.

일상적으로 당연하게 생각했던 것들에 대해서도 감사해 봅시다.

1.

2.

3.

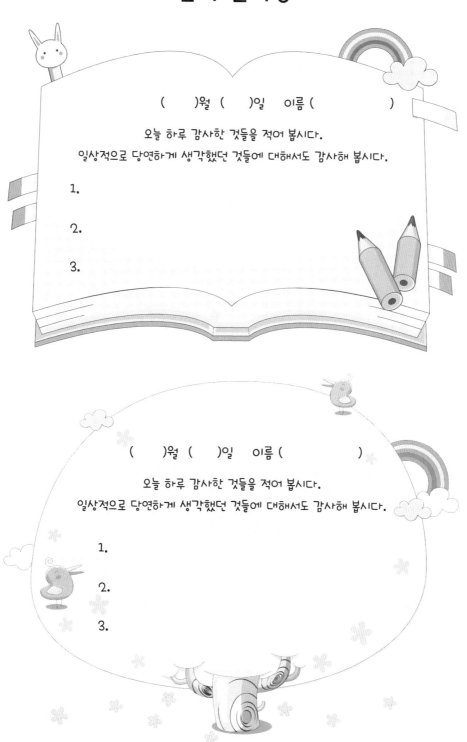

감사한 일 세 가지 (감사 일기)

월 일
1.
2.
3.

월 일
1.
2.
3.

월 일
1.
2.
3.

감사한 일 세 가지 (감사 일기)

월 일
1.
2.
3.

월 일
1.
2.
3.

월 일
1.
2.
3.

[참고자료] 담임선생님 감사 편지

학생, 학부모님, 선생님이 함께 만들어 가는 3♥11 하는 반♥ 되는 반♥	**배움과 나눔이 있는 긍정의 힘 3♥11** **담임선생님 편지** 제 19 호(○○○○년 ○월 ○○일 ○요일)	

사랑스런 배움과 나눔이 있는 긍정의 힘3♥11 여러분에게

선생님이 전에 독서의 필요성과 중요성을 강조하면서 오프라윈프리를 소개한 적이 있지요. 기억나나요. 까만 피부의 흑인, 100kg의 뚱뚱한 몸매, 지독히 가난한 어린 시절, 결혼하지 않은 부모사이에서 태어났고, 9살에 사촌오빠로부터 강간, 14세가 될 때까지 계속되던 친척들의 학대, 14살에 출산과 함께 미혼모가 되었고, 2주후 아기의 죽음, 불행한 과거 …

그러나 현재 그녀는 토크쇼의 여왕, '보그'지의 패션모델, 영화배우(아카데미 여우조연상 후보), 자산 6억 달러(한화 8775억)의 갑부, 영화와 TV 프로제작, 출판, 인터넷 사업을 총망라한 '하포 엔터테인먼트 그룹'의 대표이고. 오프라 윈프리를 타임지는 '20세기의 인물'로, 포춘지는 '세계 10대 여성'으로, 월 스트리트 저널은 미국인이 존경하는 인물 3위로 선정하였어요.

그녀는 〈인기 - 존경 - 돈〉 모두를 얻었지요. 어려운 환경에도 불구하고 그녀가 성공할 수 있었던 비결은 무엇일까요? 그것은 끊임없는 지적 탐구였어요. 오프라 윈프리는 신앙으로 거듭난 생부와 재회하면서 기구한 삶에 종지부를 찍게 되었어요. 아버지는 그녀에게 매주 책 한권을 읽고 독후감을 쓰도록 했지요. 그리고 자신이 갖고 있는 것을 찾아 진심으로"감사해라"고 가르쳤어요. 그녀는 자기의 노트에 5가지의 감사한 일을 생각하며 글로 남겼어요. 세상에서 가장 바쁜 사람 중에 한 사람인 그녀가 하루도 빼먹지 않는 것은 하루 동안 일어난 일들 중 감사한 일 다섯 가지를 찾아 일기를 쓰는 일이었답니다. 감사의 내용은 거창하거나 화려하지 않고 지극히 일상적인 것들이었어요. 그녀의 감사 일기를 살짝 엿볼까요?'잠을 잘 자고 일어나서 감사합니다. 맑고 파란 하늘을 보니 감사합니다. 맛있는 스파게티를 점심으로 먹어서 감사합니다. 미운 짓을 한 친구에게 화내지 않고 참을 수 있어서 감사합니다. 읽었던 책이 너무 좋았습니다. 이 책을 쓴 작가에게 감사합니다'등. 그녀는 이렇게 말해요. '자신이 가지고 있는 것과 감사한 일에 초점을 맞추면 더 많은 것들이 보일 것입니다.' 감사의 습관은 그래서 오늘의 오프라 윈프리를 만든 에너지가 된 셈이지요.

맥클러 박사님의 실험도 기억나나요. 미국 텍사즈 주 댈서스에 살고 있는 맥클러 박사님이 친구와 함께 재미있는 실험을 생각해냈지요. 처음에는 실험 대상이 없어서 고민을 했습니다. 그런데 친구 박사님이 꾀를 냈지요. 캘리포니아 대학 신문과 게시판에 '실험에 참가하고 싶은 사람은 높은 시험

점수를 주겠으니 신청하세요.'라는 글을 실은 거예요. 그 다음날 수백 명의 지원자가 몰려왔습니다. 맥클러 박사님은 웃으면서 그 가운데 300명을 뽑아 100명씩 세 팀으로 나누었지요. 그리고 각 팀마다 다른 과제를 내주었지요. A반 학생들에게는 '오늘 일어난 일들을 모두 적으시오.'라고 했고, B반 학생들에게는 '오늘 기분 나빴던 일들을 모두 적으시오.'라고 했으며, C반 학생들에게는 '오늘 감사했던 일들을 모두 적으시오.'라고 했습니다. 이 실험은 3주 동안 계속되었습니다. 드디어 3주가 지났습니다. 3주 후 어떤 결과가 나왔을까요? C반 학생들은 3주 동안 가장 행복했다고 말했습니다. 스트레스도 거의 받은 일이 없다고 했지요. 그리고 그 기간 동안 병이 난 사람은 한 명도 없었습니다. 모두 활기가 넘쳤으며 밝은 표정으로 사람들을 대했습니다. 반대로 B반 학생들은 다른 때보다 많이 친구랑 다투었고, 친구랑 헤어지기도 했으면, 위장병이 생겼다고 합니다. 맥클러 박사님은 실험 결과를 이렇게 발표했습니다. '감사하는 사람들은 스트레스를 잘 받지 않습니다. 감사하는 사람들은 다른 사람들보다 내가 행복하다고 느낍니다. 감사하는 사람들은 힘이 넘치고 병이 잘나지 않습니다. 감사하는 사람들은 다른 사람들에게도 기쁨을 줍니다. 감사와 불평은 바이러스와 같아서 다른 사람들을 전염시킵니다.'

이제 2학기가 되면서 더 마음이 조급해지기도 하고, 불안함이 있을 거예요. 중학교에서 마지막 중간, 기말은 잘 볼 수 있을까? 내신을 잘 나올까? 어느 고등학교에 가야 할까? 나의 진로는 무엇일까? 등으로 여러분이 스트레스를 받고 있다는 것도 알지요. 그래서 여러분에게 편지를 쓰고 싶었어요. 어떤 말을 해주는 것이 좋을까 생각하고 생각하다가 이 '감사'에 대해 말해주고 싶었어요. 여러분들이 감사한 것들을 생각해 내면 낼수록 더 행복해지고 하루하루 기분도 좋아질 거예요. 그러다 보면 공부하는 것도 더 즐겁고, 사는 것도 더 행복하게 되겠지요. 행복한 여러분을 지켜보는 선생님도 덩달아 기쁘겠지요. 여러분은 오늘도 선택할 수가 있어요. 감사하느냐? 불평하며 불안해하느냐? 선생님도 오늘 3학년 11반을 생각하며 감사한 것들을 적어 봅니다.'3학년 11반에게 편지 쓸 수 있는 좋은 이야기들을 알고 있어서 감사합니다. 반에 들어올 때마다 저를 반가운 인사로 환영해 주는 밝은 얼굴들이 있어 감사합니다. 저의 진심을 오해하지 않고 이해해 줄 줄 아는 성숙한 반이라서 감사합니다. 갈등이 있을 수 있는데도 서로 배려하고 존중하며 조율해 나가는 11반이라서 든든하고 자랑스럽습니다. 아침독서10분운동 시간에 집중, 몰입하여 책을 읽을 수 있어서 감사합니다. 조회나 종례 시간, 국어수업시간 등 선생님과 친구들의 말을 경청해 줄 줄 아는 11반이 있어 감사합니다. 지칠 때도 있는데 3학년 11반을 통해 끝까지 사랑하는 법을 배워가고 있음에 감사합니다'선생님 삶의 존재 의미인 3학년 11반 고맙고 또 고마워요♥

여러분도 적어 보세요. 내가 감사한 일 다섯 가지 정도를 선생님이 준 포스트잇에 적어 볼래요. (위에 이름을 적어주세요)^^

배움과 나눔이 있는 긍정의 힘 3♥11 000 선생님이...

[2] 감사 편지 쓰기

"가족, 친구, 선생님, 이웃 등 감사한 분에게 마음으로만 감사한 마음을 가지고 있는 것이 아니라 편지를 써서 표현하여 전달하도록 하는 것입니다."

1. 진행단계

① 가족, 친구, 선생님, 이웃 등 평소에 고마웠지만 평소 당연하게 생각했거나 아니면 어색해서 그 마음을 표현하지 못했던 사람을 정한다.

② 감사한 이유, 감사한 마음을 느꼈던 말이나 행동, 경험 등을 구체적으로 떠올려 정성껏 써 본다.

③ 편지를 보내고 편지를 쓴 대상에게 답장을 받아보는 것도 좋다.

2. 준비물

편지지, 편지봉투, 우표, 펜

3. 유의사항 및 기타

- 감사 편지를 형식적으로 쓰지 않고 편지를 쓰는 대상에 대한 감사의 구체적 경험을 떠올려 보며 감사한 마음을 되새김질해 보도록 한다.
- 감사 편지를 쓰고 대상에게 전달해서 직접 고마운 마음을 표현해 보고 답장까지 받아서 상대방의 반응도 알아보면 좋다. 다만 답장 받는 것은 선택하도록 해야 덜 부담스럽다.
- 학생들이 전달하기 어려워 할 경우에는 편지봉투와 우표까지 마련해서 교사가 수합하여 보내도록 한다.
- 대강 아무 종이에 성의 없이 쓰지 않도록 편지지를 가져 오거나 꾸며서 보내도록 한다.
- 편지 쓰기를 어려워 할 경우 좀 더 간단하게 문자나 쪽지, 이메일로 보내는 것도 좋다.

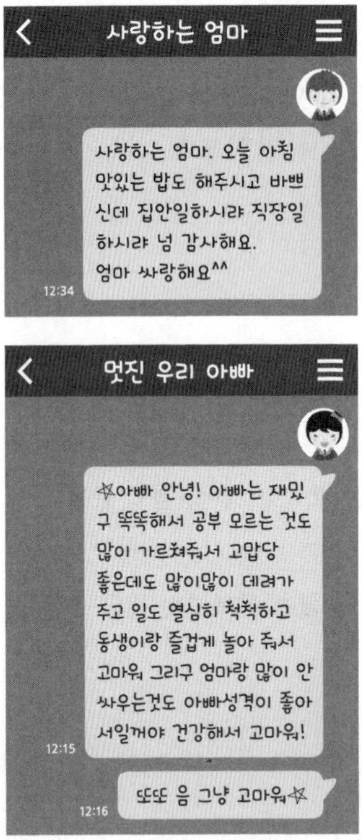

사랑하는 엄마
사랑하는 엄마. 오늘 아침 맛있는 밥도 해주시고 바쁘신데 집안일하시랴 직장일 하시랴 넘 감사해요. 엄마 싸랑해요^^
12:34
멋진 우리 아빠
☆아빠 안녕! 아빠는 재밌구 똑똑해서 공부 모르는 것도 많이 가르쳐줘서 고맙당 좋은데도 많이많이 데려가 주고 일도 열심히 척척하고 동생이랑 즐겁게 놀아 줘서 고마워 그리구 엄마랑 많이 안 싸우는것도 아빠성격이 좋아서일꺼야 건강해서 고마워!
12:15
또또 음 그냥 고마워☆
12:16

감사문자

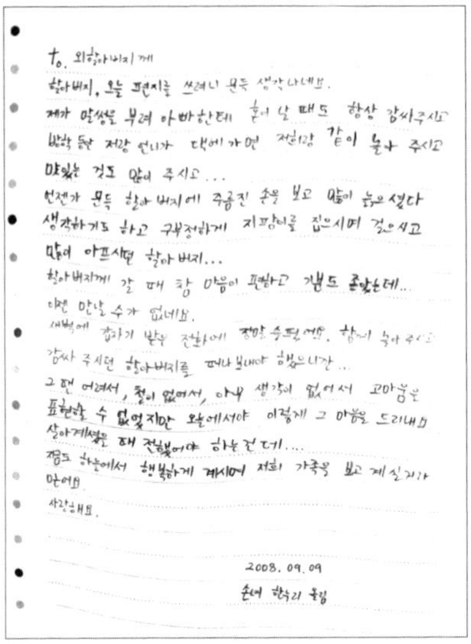
to. 외할아버지께
할아버지, 오늘 편지를 쓰려니 문득 생각나네요.
제가 말썽을 부려 아빠한테 혼이 날 때도 항상 감싸주시고
방학 동안 저랑 언니가 댁에 가면 저희랑 같이 놀아 주시고
맛있는 것도 많이 주시고...
언젠가 문득 할아버지의 주름진 손을 보고 많이 늙으셨다
생각하기도 하고 구부정하게 지팡이를 짚으시며 걸으시고
많이 아프시던 할아버지...
할아버지께 갈 때 참 마음이 편하고 기분도 좋았는데..
이젠 만날 수가 없네요.
새벽에 갑자기 받은 전화에 정말 슬펐어요. 함께 놀아 주시고
감싸 주시던 할아버지를 떠나보내야 했으니깐...
그땐 어려서, 철이 없어서, 아니 생각이 없어서 고마움을
표현할 수 없었지만 오늘에서야 이렇게 그 마음을 드리네요
살아계셨을 때 전했어야 하는 건데...
지금도 하늘에서 행복하게 계시며 저희 가족을 보고 계실거라
믿어요
사랑해요.

2008. 09. 09
손녀 한슬기 올림

감사편지

★ Merry christmas
& Happy new year!!

2000년 한 해를 한 교무실에서
지낸 소중한 만남이었습니다.
2000년 한 해도 초콜릿처럼
달콤하고, 행복이 가득하시길 바라며
작은 선물 준비해 보았습니다.

♥1학년 교무실 식구 000드림 ♥

♥ 친애하는 배움과 나눔이 있는
긍정의힘을 가진 너에게 ♥

토요일에 첫눈이 왔어. 내가 좋아하고
마음에 둔 너와 함께해서 행복했어.
1년 동안 눈처럼 너와의 만남도 설레고
기분 좋았어. 우리가 만난 지 어제로 하면
280일이 되었단다. 또 한 해가 간다는
것이 아쉽고 섭섭해지는구나. 이제 보낸
날보다 보낼 날들이 더 적게 남았구나.
두고두고 네가 나에게 보여준 진심과 애정
고마워 할 거야. 샘의 부족하고 미숙했던
점 미안해! 진심 알아주고 진심 통했던 것
고마워! 보고 싶은 마음이 들게 하고 설레게
하는 흰 눈 같은 너를 사랑해!^^ㅋㅋ

♥ 배움과 나눔이 있는 긍정의힘 3♥11
선생님이 첫눈이 온 것과 280일을
기념하여 ♥

감사쪽지

[3] 감사 이미지 엮기

"가족, 친구, 선생님, 이웃 등 감사한 분에게 이미지를 가지고 꾸며서 감사하는 마음을 창의적으로 표현해 보는 것입니다."

1. 진행단계

① 가족, 친구, 선생님, 이웃 등 평소 고마웠지만 당연하게 생각했거나 아니면 어색해서 그 마음을 표현하지 못했던 사람을 정한다.

② 감사한 이유, 감사한 마음을 느꼈던 말이나 행동, 경험 등을 구체적으로 떠올려 본다.

③ 감사 대상에게 표현하고 싶은 마음, 말 등을 잘 표현할 수 있는 이미지를 선정하여 꾸미고 글로 표현해 본다.

2. **준비물** 사진, 그림, 볼펜, 색연필, 싸인펜, 종이

3. 유의사항 및 기타

- 감사 편지를 형식적으로 쓰지 않고 편지를 쓰는 대상에 대한 감사의 구체적 경험을 떠올려 보며 감사한 마음을 되뇌어 보도록 한다.
- 감사 대상에게 감사한 마음을 잘 전달할 수 있는 사진, 그림 등 이미지와 꾸밀 재료들을 잘 준비해 오도록 한다.

4. **개발자** 백선아(2013)

[4] 사물이 되어보기

"평소에 무관심했던 사물을 의인화하여 그 사물이 되어 봄으로써 사물의 가치와 소중함을 느껴 보도록 하는 것입니다."

1. 진행단계

① 자신이 평소에 무관심했던 사물을 한 가지를 정한다.

② '나는 지우개야' 등 직접 사물의 입장이 되어 사물을 사람처럼 표현해 보고, 정한 주제와 그 사물을 위해 내가 할 수 있는 일 등을 적어 본다.

③ 사물의 그림을 직접 그리거나 신문이나 잡지에서 오려 붙여서 꾸미고 만화나 글 등 다양한 방법으로 표현한다.

2. 준비물 사물, 사진, 잡지, 신문, 종이, 활동지, 사인펜, 색연필, 볼펜

3. 유의사항 및 기타

- 꾸미기나 글쓰기를 어려워하는 경우에는 예시를 보여주거나 들려준다.
- 생생하게 표현하도록 동기부여를 하여 사물의 가치와 소중함을 깨닫도록 한다.
- 대상 사물의 그림을 직접 그려도 되고 신문이나 잡지 등에서 오려 붙여도 된다.
- 사물을 위해 내가 할 수 있는 일을 적을 때는 추상적으로 되지 않고 구체적으로 삶에서 실천할 수 있는 일을 적어보도록 한다.

4. 개발자 백선아(2013)

[5] 감사 게시판 만들기

"학급이나 학교에 감사 게시판을 만들어 그 곳에 감사한 것들을 접착식 메모지 등에 적어 붙여 감사한 것들을 공유하도록 하는 것입니다."

1. 진행단계

① 학급이나 학교에 감사한 것들을 나눌 수 있는 감사 게시판을 만든다.

② 감사한 것들을 접착식 메모지나 종이에 적어 감사 게시판에 붙여 놓는다.

③ 일주일, 한 달 등 기한을 정해서 감사 게시판의 내용을 바꿔 준다.

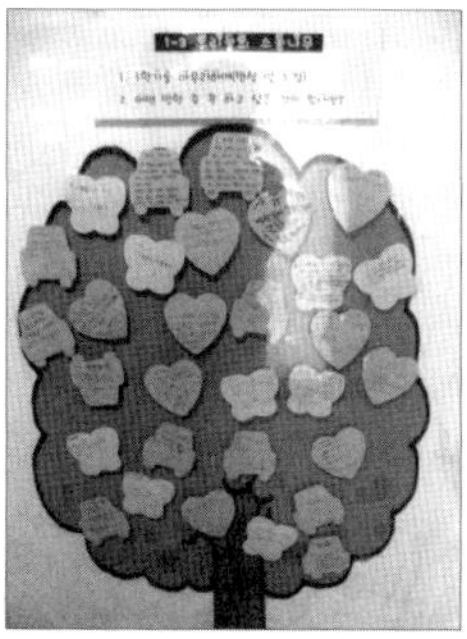

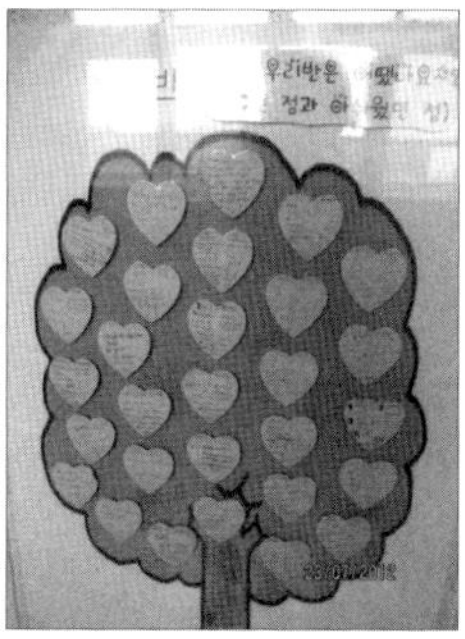

2. 준비물

감사 게시판, 접착식 메모지, 종이

3. 유의사항 및 기타

- 형식적으로 흐르지 않게 동기 유발과 의미 부여를 잘해 준다.
- 일인일역으로 감사게시판 담당자를 정해서 관리해 보는 것도 좋다.
- 연말에 트리 모양을 만들어 한 해 감사한 것들은 붙여 놓아도 된다.
- 학급만이 아닌 학교 전체로 범위를 넓혀도 좋다.

4. 개발자 백선아(2013), 소하중학교 실천사례

[6] 자연 감사

"야외로 나가 침묵 가운데 자연과 대화를 나누며 자연에 감사하는 시간을 가져 보는 것입니다."

1. 진행단계

① 자연을 느낄 수 있는 야외로 나가도록 한다.

② 침묵 가운데 여유 있게 걷거나 한 곳에 멈춰서 자연을 음미하고 대화를 나눈다.

③ 자연에 대해 고마움을 표현하고 깨달은 점을 나눠 보도록 한다.

2. 준비물

야외 공간, 종이, 펜

3. 유의사항 및 기타

- 도심으로부터 벗어나 자연을 깊이 느낄 수 있는 장소면 더 좋다.
- 친구와 이야기를 나누는 것이 아니라 침묵할 수 있도록 동기 부여를 한다.
- 자연 감사를 한 후 종이에 고마운 점, 깨달은 점을 적어도 좋다.

4. 참고 자료

아름다운 세상 찾기 프로그램,

영성과 내면아이치유 프로그램

교실을 깔끔하게 사용하기

"교실을 깔끔하게 사용하기란

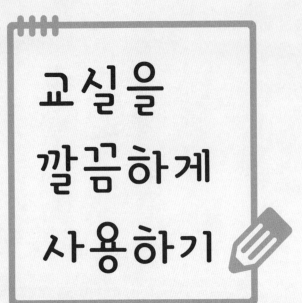

버릴 것은 버리고, 각종 사물은 제 자리에 놓아두는 것입니다."

"교실을 깔끔하게 사용하기란

______________________________ 입니다."

관련 덕목 : 근면, 책임감, 배려, 정돈, 청결

1. 교실을 깔끔하게 사용하기

[1] 교실을 깔끔하게 사용하기의 필요성

> 5교시 종이 쳤다. 운동장에서 놀던 친구들이 후다닥 달려오고 있고 저기 멀리 영어선생님도 오고 계신다. 지훈이도 막 교실로 들어와 겨우 자리에 앉았다. 선생님께서 교실로 들어오시더니 한 말씀 하셨다. "주번 누구니?" 헉! 지훈이는 그제야 칠판도 닦여 있지 않고 빗자루와 쓰레받기가 나뒹굴고 있다는 사실을 발견했고 심지어 먹다 남은 급식판까지 교탁에 버젓이 자리 잡고 있다는 것을 알아챘다. 무엇보다도 교실이 깔끔해야 수업하는 마음가짐이 준비가 되는 법이라며 입버릇처럼 말씀하시던 영어선생님이 아니던가! 지훈이도 물론 교실이 깨끗이 정리가 잘 되어 있으면 수업이 잘 될 거라 생각은 하지만, 그렇다고 반드시 그래야 하나라며 투덜거리는 마음으로 교실정리를 하기 시작했다.

사람이라면 누구나 깨끗하고 쾌적한 환경에서 살고 싶어 합니다. 그리고 그런 환경에서 일의 효율이 높아지는 것은 당연합니다. 학생들이 생활하는 교실도 마찬가지입니다. 교실은 다수의 학생들이 함께 하는 삶의 기본 공간입니다. 교실이 깔끔하지 않다면 그 곳에서 생활하는 아이들의 삶도 무질서하고 정돈되지 않을 가능성이 높습니다. 반대로 교실이 깨끗하게 정돈되어 있다면 학습하고자 하는 마음가짐이 생겨 정서적으로 안정될 뿐 아니라 실제로 학업성취도에도 좋은 영향을 미칠 수 있습니다. 학생들의 주된 시간을 보내는 공간인 교실을 깨끗하게 하는 일은 자신과 학급 구성원 모두를 위해 봉사할 수 있는 구체적이고 가시적인 활동입니다. 청소를 깨끗하게 하는 것부터 시작하여 자신의 물건을 잘 정리하는 것, 학급의 물품을 잘 관리하는 것 등이 모두 이런 활동에 포함됩니다.

[2] 교실을 깔끔하게 사용하기의 활용 방안 및 유의사항

- 청소하는 방법도 잘 안내해주면 아이들은 바르게 학습할 수 있습니다. 책임감을 가지고 스스로 하는 청소의 중요성을 강조하고 지도함으로써

청소는 남이 해주는 것이 아니라 학급의 일원으로 함께 기꺼이 감당해야 할 일임을 알게 합니다.

- 자기 물건을 잘 정리하고 정돈하는 것 역시 교실을 깔끔하게 하는데 실질적인 기여를 하는 부분임을 강조하여 자기 물건을 잘 관리하는 것부터 시작할 수 있도록 합니다.
- 학급 물품의 종류와 있어야할 자리를 잘 파악하고 잘 관리하는 법을 가르쳐줄 필요가 있습니다. 누군가는 하겠지가 아니라 돌아가면서 그 역할을 수행해보는 것도 좋은 방법이 될 수 있습니다.

[3] 사회적 기술 센터

- 이렇게 말해요
  "와 – 깨끗해!", "깨끗하니까 기분 좋다!"
- 이렇게 행동해요
  엄지 세워 올리기

2. 교실을 깔끔하게 사용하기 활동

[1] 'Cleaning Day' (청소의 날)

"매달 날을 정하여 자기 사물함과 서랍을 정리 정돈하는 노하우를 배우고 실천해보는 활동입니다."

1. 진행단계

① 꺼내기 단계 : 자신의 사물함과 서랍 속에 있는 물건을 모두 꺼내보게 한다.

② 나누기 단계 : 무엇을 버리고 무엇을 남길 것인지 분류하도록 한다.
(기준은 필요한 것과 필요하지 않은 것)

③ 줄이기 단계 : 필요 없는 물건을 버려서 줄이는 단계이다.

④ 넣기 단계 : 남길 것을 목적에 맞게 다시 사물함과 서랍에 넣는 작업을 한다.

예) 서랍에 넣어 둘 것 : 당일 수업 과목의 교과서

예) 사물함에 정리할 물품 : 교과서, 참고서, 과목별 학습지, 기타 등등

2. 준비물 내 주변을 정리 정돈하고자 하는 마음

3. 유의사항 및 기타

- 위의 4단계 중 버리는 단계에서 버릴 것을 잘 구분해내지 못하는 경우, 약간의 도움 또는 안내가 필요하다.
- 특별히 정리하는 도중에 자기 것이 아닌 물건이 나오는 경우, 분실물함을 마련하여 주인에게 찾아주는 것도 좋다.
- 교과서나 참고서 등 책을 정리할 경우, 눕혀서 쌓는 것보다 세워두는 것이 꺼내고 정리하는데 유용함을 알려준다.
- 체육복을 사물함에 마구 구겨 넣지 않도록 지도한다.
- 책을 책상 위에 쌓아두는 학생이 많은데, 그 날 필요한 책은 서랍에 잘 넣어두는 훈련을 하도록 한다.
- 자기 주변을 잘 정리하는 학생에 대해 자주, 지속적으로 칭찬해줌으로써 깨끗한 교실 환경을 유지할 수 있도록 한다.
- 'Cleaning Day'에 대해 느낀 점을 나눠 보는 시간을 가져보는 것도 좋다.
- 자신의 방을 위 4단계에 따라 정리하고 정돈해 보는 과제를 주어 실제 수행해 보게 하는 것도 좋다.

4. 참고 자료 고마츠 야스시(2012), 정리정돈의 습관, RHK

[2] 학급 물품 리스트 작성하기

"학급 차원에서 관리해야 할 학급 물품의 리스트를 작성하고, 물품을 관리하는 법과 역할을 나누는 활동입니다."

1. 진행단계

① 학급 차원에서 관리해야할 학급물품을 아이들이 말하면 교사는 칠판에 순서대로 기록한다.

② 칠판에 기록된 물품 중에 지속적인 관리가 필요한 비품(컴퓨터, 칠판 등)과 소모품(분필, 휴지 등)을 나누어 본다.

③ 각 물품마다 어떻게 관리하는지에 대한 안내를 하고 누가 관리할 것인지, 어느 정도 기간씩 나누어 돌아가며 할 것인지 세부적인 역할을 정한다.

2. 준비물

활동지(학급 물품 리스트)

3. 유의사항 및 기타

- 학급물품은 모두가 함께 관리해야하는 것이므로, 돌아가면서 역할을 할 수 있도록 한다.
- 초등과 중등의 교실 환경은 많이 다르므로, 각 급에 맞게 효율적으로 관리하는 법을 안내하고 지도함이 바람직하다.
- 분실물함을 두어 학급에서 버려지는 물건을 관리하도록 하는 것도 필요하다.

우리 학급 물품 리스트 (예)

연번	대분류	학급물품명	관리법	관리자
1		칠판		
2		컴퓨터		
3		탁자		
4		사물함		
5		교실 게시판		
6		청소도구함		
7		빗자루		
8		대걸레		
9		손걸레		
10		분필		
11		쓰레기통		
12		분리수거함		
13		화분		
14		휴지(물티슈)		
15				
16				
17				
18				
19				
20				

[3] 정리는 나의 힘

"내가 정리를 잘 못하는 영역과 이유에 대해 생각해보고 정리를 무엇이라 정의할 수 있는지 나누어봄으로써 정리의 필요성을 공감하는 활동입니다."

1. 진행단계

① [활동지]를 통해 내가 정리를 잘 못하는 이유를 발견하고 내가 특별히 정리를 못하는 영역(공간 또는 물건)등이 있는지 생각해본다.

② 그리고, 정리를 못해 낭패를 당했거나 스트레스를 받은 기억은 없는지 나누어본다.

③ 마지막으로 정리란 무엇이라 말할 수 있는지 쓰고 그 이유도 한번 생각해보는 모둠문장 만들기 활동을 한다.

2. 준비물 활동지

3. 유의사항 및 기타

- 각자 생각하여 기록한 활동지의 내용을 모둠 내에서 돌아가며 나누는 시간을 가진다.
- 정리를 무엇이라 생각하는지 모둠문장으로 만든 다음, 칠판나누기로 발표하면 학급 전체가 공감하고 정리의 필요성을 확인할 수 있을 것이다.

  예) 정리는 돈이다. 왜냐하면, 정리를 하면 그만큼 돈이 절약되기 때문이다.

  정리는 시간이다. 왜냐하면, 정리를 하면 그만큼 찾는데 보내는 시간을 절약할 수 있기 때문이다.

  정리는 인테리어다. 왜냐하면, 정리만 해도 새 집같이 되기 때문이다.

4. 참고 자료

윤선현(2012), 하루 15분 정리의 힘, 위즈덤 하우스

활동지

왜 정리정돈이 필요할까?

1. 내가 정리를 잘 못하는 이유를 아래를 참고하여 3가지를 찾아 써 보자.

- 시간이 없어서
- 내 방이 너무 좁아서
- 집에 가면 너무 힘들어서(체력적인 이유)
- 정리하지 않아도 사는 데 지장이 없어서
- 정리해도 다시 그대로가 되니까
- 게을러서
- 정리하는 방법을 몰라서
- 귀찮아서
- 자꾸 미루게 되어서

나는 ______________________________,

______________________________,

______________________________ 이유로 정리하기가 어렵다.

2. 내가 특별히 정리를 못하는 영역이 무엇인지 찾아보고 이유도 함께 써보자.

(예-책장 정리를 못한다. 왜냐하면 책을 버리질 못하기 때문이다)

3. 내가 정리를 못해서 스트레스를 받았던 경험이 있다면 하나 이상 나누어보자.

(예-내일 수행평가 프린트 검사를 해야 하는데 프린트가 보이지 않을 때)

4. 그렇다면 정리란 무엇일지 생각해보고 아래에 기록해보자.

정리란 ____________________ 이다.

왜냐하면 ______________________________ 이기 때문이다.

[4] 깨진 유리창의 법칙

"사소하게 여겨질 수 있는 어떤 것이 큰 힘을 가질 수 있음을 동영상을 보면서 확인하고 청소의 중요성을 다시금 생각해보는 활동입니다."

1. 진행단계

① 깨진 유리창의 법칙이라는 유명한 실험과 관련된 동영상을 보여준다.

② 이 실험의 의미를 생각해보고 이 법칙을 적용하여 사소하지만 방치할 수 없는 삶의 부분에는 어떤 것이 있는지 찾아보도록 한다.

2. 준비물

활동지, 관련 동영상

3. 유의사항 및 기타

- 우리가 사소하고 하찮게 여기는 청소가 우리의 삶의 공간을 질서 있게 하고 전체 사회에 긍정적인 영향을 줄 수 있다는 것을 깨달을 수 있다.
- '깨진 유리창의 법칙'이라고 인터넷 검색을 하면 지식채널e 동영상을 쉽게 찾을 수 있다.

4. 참고 자료

윤선현(2012), 하루 15분 정리의 힘, 위즈덤 하우스

지식 채널e, 사소함의 힘, http://home.ebs.co.kr/jisike/index

깨진 유리창의 법칙

필립 짐바르도 교수는 치안이 좋지 않은 동네를 골라 상태가 동일한 두 대의 자동차를 보닛을 열어놓은 채 1주일간 방치해두는 실험을 하였다. 다만 그 중 한 대는 창문을 조금 깬 상태로 놓았다. 이런 사소한 차이가 있었을 뿐인데, 1주일 후 두 자동차는 완전히 다른 모습으로 변해 있었다. 보닛만 열어둔 자동차는 거의 그대로 있었으나 유리창을 조금 깬 자동차는 방치된 지 겨우 10분만에 배터리와 타이어가 사라지고 낙서, 파괴가 일어났고 1주일 후에는 완전히 고철 상태가 될 정도로 파손되었다. 이것이 유명한 깨진 유리창의 법칙 실험이다.

1980년대 뉴욕시에도 이 법칙을 적용하기로 했다. 당시 뉴욕은 연간 60만 건 이상의 중범죄 사건이 일어날 정도로 치안이 심각하게 불안정하였다. 당시 여행객들 사이에서는 '뉴욕의 지하철만큼은 절대 타지 마라'라는 말이 있을 정도이니 말이다. 뉴욕 교통국에서는 이런 지하철의 치안 상태를 개선하고자, 지하철 낙서를 지우고 경범죄를 철저히 단속하기 시작했다. 범죄를 줄이기 위해 하는 일이 고작 낙서를 지우는 것이냐며 교통국의 직원들은 엄청나게 반발했고 시민들 대부분도 제발 낙서보다 흉악한 범죄자 검거에 더 신경써달라고 말했다. 그러나 국장은 흔들림 없이 낙서를 지우는 것에 초점을 두었다. 엄청난 수의 교통국 직원이 투입되어 무려 6000대에 달하는 차량의 낙서를 지우는, 그야말로 터무니없는 작업이 수행되었다. 이 작업은 5년이나 걸렸는데, 의외로 놀라운 효과를 가져다주었다. 범죄율을 75%나 낮춘 것이다.

1. 이 실험이 의미하는 것이 무엇인지 생각해보자.

2. 이 법칙을 적용하여 학급에서 실천할 수 있는 구체적인 방법을 논의해보자.

★ 청소의 사전적 의미는 '더럽거나 어지러운 것을 쓸고 닦아서 깨끗하게 하는 것'이라고 한다. 조금 더 청소의 의미를 확대해 본다면 청소는 물건과 공간을 처음 상태로 유지하는 기술이자 태도라 할 수 있다. 공간을 잘 청소하여 최고의 상태로 유지한다면, 그 속에서 살아가는 사람에게 긍정적인 영향을 미치게 될 것이다. ★

[5] 교실 청소 5계명

"교실 청소를 생활화하고, 누구나 함께 청소에 동참하게 하는 교실 청소 5계명을 공유하고 함께 실천해보는 활동입니다."

1. 진행단계

① 교실 청소 5계명을 적은 [활동지]를 나누어준다.

② 교실 청소 5계명을 짝과 함께 크게 읽어보게 한다.

③ 결심문장을 작성하여 다 함께 크게 읽는다.

2. 준비물

활동지

3. 유의사항 및 기타

- 평상시 누구나 예외 없이 지켜야할 활동임을 주지시킨다.
- 일주일/ 한 달 단위로 꾸준히 실천한 결과에 대해 피드백 하는 시간을 가지는 것이 필요하다.
- 청소 5계명을 교사가 정하지 않고, 학생들과 토의를 거쳐 정해도 좋다.

4. 참고 자료

윤선현(2012), 하루 15분 정리의 힘, 위즈덤 하우스.

우리 반 교실 청소 5계명

제 1계명 : 가장 손쉬운 청소도구를 활용한다.

물티슈 한 장으로 자신의 책상과 바닥을 닦을 수 있다. 자기 주변만 닦아두어도 청소시간에 할 일이 70%이상 줄어든다.

제 2계명 : 매일 아침 5분의 청소시간을 가진다.

학교에 오면 먼저 자신의 책상을 닦고, 그 날 필요한 교과서를 서랍 속에 정리한다. 30분간 청소하자고 하면 시작하기 어렵지만 5분간만 청소하겠다고 하면 마음먹기도 쉽고 실천하기도 쉽다. 학교에서의 하루의 일과를 시작하는 아침 시간! 자신의 주변을 깨끗하게 한 후에 시작한다면, 하루에 대한 기대감이 얼마나 커질 것이며, 학습의 효율 또한 얼마나 높아지겠는가!

제 3계명 : 대청소는 하지 않는다.

날마다 조금씩 청소하는 것을 지키기만 하면 대청소는 할 필요가 없다. 미루었다 한꺼번에 하면 시간이 더 오래 걸린다.

제 4계명 : 자신의 물건에는 모두 이름표를 붙인다.

자신의 물건을 잘 관리하는 것이야말로 청소의 기본이요, 정리정돈을 생활화하는 기본 습관이다.

제 5계명 : 종례 후 청소는 10분 안에 마무리한다.

청소시간이 길다고 청소를 잘하는 것은 아니다. 짧은 시간 안에 자신이 맡은 구역을 신속하게 할 수 있으면 된다.

나 (　　　　　　) 는 위의 청소 5계명을 반드시 실천하겠습니다.

년　　월　　일

이름 :　　　　　　　　(서명)

차이점 받아들이기

"차이점 받아들이기란

나와 내 친구가 다르다는 것을 자연스럽게 인정하는 것입니다."

"차이점 받아들이기란

____ 입니다."

관련 덕목 : 관용, 사려, 이해, 배려, 존중

1. 차이점 받아들이기

[1] 차이점 받아들이기의 필요성

> 요즘 예진이와 싸우는 일이 잦다. 예전에는 안 그랬는데 중학교 올라와서 예진이가 다른 친구들과 즐겁게 놀고 있는 것을 봐도 짜증이 나고, 다가 와서 친절하게 말을 걸어도 왠지 모르게 불쾌해진다. 예진이와 나는 초등학교 6학년 때 같은 반에서 가장 친한 단짝 친구이다. 초등학교 때에는 내가 하자는 대로 예진이는 웃으면서 다 함께 해 주었다. 그런데 중학교 올라오면서 우린 다른 반이 되었고 성격이 밝고 누구와도 잘 어울리는 예진이는 같은 반 친구들과도 잘 어울리는 것 같다. 하지만 나는 예진이가 예전처럼 내 말을 잘 들어주었으면 하는 마음이고, 나와 더 많은 시간을 보냈으면 좋겠다.

미국의 인류학자 베네딕트는 한 인디언 사제의 말을 빌려 "신이 내려 준 흙으로 컵을 빚었고, 각 민족은 자신들만의 컵을 만들어 생명의 물을 마셨다."라고 말한 적이 있습니다. 여기서 흙과 물은 같은 것으로 '보편성'을 의미하지만, 컵의 모양은 제각기 다른 '상대성'을 의미합니다. 이를테면, 음식을 먹는다는 것은 같지만 사용하는 도구는 나라마다 다릅니다. 우리는 음식을 먹을 때 숟가락과 젓가락을 쓰고, 미국인들은 포크와 나이프를 사용하며, 파키스탄 사람들은 맨손으로 음식을 집어 먹습니다. 그런데 삶의 양식으로서 문화는 나라와 나라 사이에서만 차이가 나는 것은 아닙니다. 문화적 차이는 한 나라와 다른 나라와의 차이일 수도 있지만, 한 나라 안에서도 지역 간 계층 간에 나타나는 차이일 수도 있습니다. 또한 남녀 간이나 민족 간, 친구 간에서도 시간이 흐를수록 확실하게 상대방이 나와 같지 않음을 느낄 때가 많습니다. 따라서 우리는 활동을 통해 차이점이 틀린 점이 아니라는 것을 알고 상대방의 속마음을 차근차근 살펴봐서 이를 통해 서로를 더욱 깊게 이해하는 시간을 가져야 합니다.

[2] 차이점 받아들이기의 활용 방안 및 유의사항

- 상대방의 장점과 단점을 있는 그대로 이해하기 위해 노력합니다.
- 똑같은 시간 속에서 살아가고 있지만, 각각의 개인이 처한 상황과 지금까지 살아온 삶의 역사가 서로 판이하게 다름을 먼저 인정하고 열린 마음으로 상대를 대하도록 합니다.
- 다양성을 가진 사람들 속에서 자신을 더 객관적으로 바라볼 수 있고 발전할 수 있는 계기가 된다는 것을 알고, 상대방의 부족한 점을 지적하기보다는 칭찬할 부분을 더 많이 격려해 주는 습관을 형성할 수 있도록 합니다.

[3] 사회적 기술 센터

- 이렇게 말해요

  "네 기분이 그랬구나", "아~하 그런 적이 있었구나."

- 이렇게 행동해요

  엄지 세워 올리기, 어깨 토닥여 주기

2. 차이점 받아들이기 활동

[1] 어떻게 지냈나요?

"일주일 동안 자신이 어떻게 생활했는지 형용사로 써 보고 나누는 활동입니다."

1. 진행단계

① 학생들에게 8등분한 색지나 접착식 메모지를 한 장씩 나눠준다.

② 지난 한 주일 동안 자신의 삶을 상징하는 형용사(감정, 색깔, 단어 등)을 한 가지만 생각해 보고 적게 한다.

③ 학생들은 본인이 적은 색지나 접착식 메모지를 이마에 붙이고 돌아다니다가 마주치는 사람과 인사를 나누고 약 2분 동안 그 형용사를 가지고 지난 주간 자신의 삶에 대해 설명하고 경청한다.

④ 이야기를 나눈 사람들은 헤어져서 다른 사람과 만나 같은 방법으로 이야기를 나눈다.

2. 준비물

색지나 접착식 메모지

3. 유의사항 및 기타

- 나와 다른 친구의 특성을 활동을 통해 자연스럽게 알고 이를 이해하고 격려해 줄 수 있는 분위기를 만든다.
- 상대방의 기분이 좋지 않을 때 공감적 경청을 통해 진심으로 위로해 줄 수 있는 말과 행동을 함께 한다.

4. 개발자

전국재(2005), 놀이로 여는 집단 상담 기법, 시그마프레스

[2] 나는 특별한 사람입니다

"자신의 특별한 점을 한마디로 간추려 이야기하면, 옆 친구는 그것을 다시 반복해 말해주고 자기의 특별한 점도 덧붙여 함께 말하는 활동입니다."

1. 진행단계

① 모둠별로 자신의 특별한 점을 미리 생각해 본다.

② 첫 번째 학생부터 자신의 특별한 점을 이야기한다.

예) 1번: 내 이름은 김종현입니다. 나는 그림 그리는 것을 좋아하기 때문에 특별한 사람이랍니다.

③ 두 번째 학생이 첫 번째 학생의 특별한 점을 이야기하고 나서 자신의 특별한 점을 이야기한다.

예) 2번: 종현이는 그림그리기를 좋아합니다. 내 이름은 박다연! 나는 피구를 잘하기 때문에 특별한 사람이랍니다.

④ 세 번째 학생이 앞에서 말한 두 명 친구의 특별한 점을 말하고 자신의 특별한 점을 말한다.

예) 3번: 종현이는 그림그리기를 좋아하고, 다연이는 피구를 잘합니다. 내 이름은 김지현입니다. 나는 만화를 아주 잘 그리기 때문에 특별한 사람입니다.

⑤ 네 번째 학생이 앞에서 말한 세 명 친구의 특별한 점을 말하고 자신의 특별한 점을 말한다.

예) 4번 : 종현이는 그림 그리기를 좋아하고, 다연이는 피구를 잘하고 지현이는 만화를 잘 그립니다. 나는 요리하는 것을 아주 좋아하기 때문에 특별한 사람입니다.

2. 준비물 함께 하려는 마음

3. 유의사항 및 기타

- 다른 친구들의 특별한 장점을 인정해 줄 수 있도록 긍정적인 분위기를 조성한다.
- 선택의 이유에 대해 장난스럽게 쓰지 않도록 미리 다양한 예를 소개한다.
- 모둠 단위로 진행할 수도 있고 분단 단위로 할 수도 있다. 다양한 집단 안에서 그 크기에 맞게 진행할 수 있다.

[3] 코너 게임

"제시하는 조건, 또는 주제에 맞게 학급 구성원을 분류하는 활동입니다."

1. 진행단계

① 주제에 따라서는 4개 또는 4개보다 적은 선택지를 준다.
다양한 분류의 기준을 제시할 수 있다.
4군데의 장소만 지정할 수 있다면 언제든 가능하다.

예) 내 혈액형은요 : A / B / O / AB
내가 좋아하는 계절은요 : 봄 / 여름 / 가을 / 겨울
나는 ~와 가장 많이 닮았어요 : ● / ▲ / ■ / ★
내가 좋아하는 간식은요 : 빵 / 떡 / 사탕 / 초콜릿

② 접착식 메모지를 이용해 선택 이유를 쓰고, 붙이고 나서 적절한 음악과 함께 자신이 기준에 먼저 모두 서서 구경한다. 각자가 선택한 이유가 각기 다름을 알아간다.

③ 같은 방향으로 움직이며 동시에 다른 코너로 이동한다. 선택 이유에 대해 서로 얘기하고 나와 다른 차이를 느낀다.

Tip
전시장 관람 구조는 모둠별로 완성한 학습과제를 교실 벽면에 게시한 후, 발표자는 자기 모둠 학습 과제물 앞에서 서 있고 나머지 모둠원들은 옆 모둠의 학습 과제물 앞으로 이동하여 마치 전시장을 관람하듯이 발표자의 설명을 듣습니다. 발표자는 자기 모둠의 학습 과제를 이동해 온 모둠원들에게 친절하게 설명합니다.

2. 준비물

색상지, 코너에 붙일 4가지 주제판

3. 참고 자료

케이건(1998), 협동학습, 디모데출판사

활동지

나는 ~와(과) 많이 닮았어요

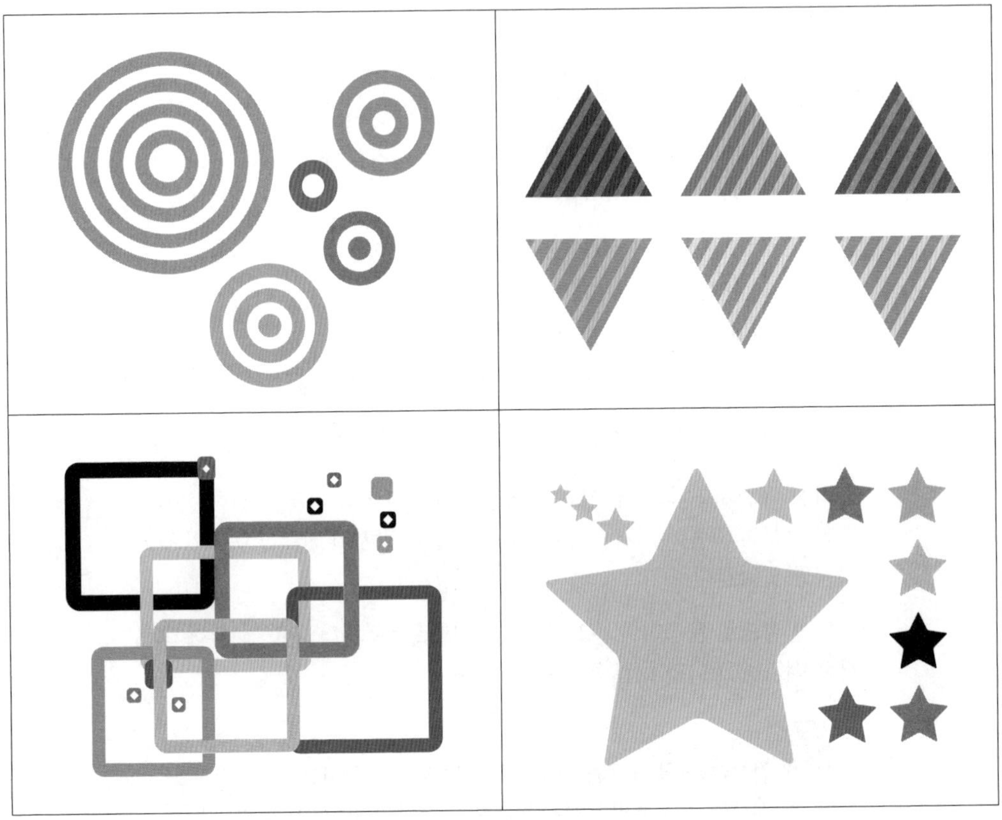

❖ 위에서 한 가지를 골라 왜 그렇게 생각하는지 이유를 솔직하게 써보자.

[4] 너의 마음 X-ray

"일주일 동안 내가 관찰하는 대상의 마음을 짐작하여 깊게 알아보는 활동입니다."

1. 진행단계

① 자기이름을 쓴 쪽지를 모아서 한 곳에 모은다.

② 교사가 돌아다니며 무작위로 쪽지 하나를 뽑아 일주일 동안 관찰대상을 정한다.

③ 본인이 뽑은 사람의 행동을 세심하게 관찰하여 일기장에 쓰도록 한다.

④ 관찰 날짜와 시간, 관찰한 상황과 그 친구의 행동을 기록하고, 친구의 마음을 짐작하여 적어본다.

⑤ 일주일이 지난 다음 자신이 관찰한 대상에게 일기장을 주고, 그 때의 상황을 들어본 후, 그 때 어떤 마음이었는지 적어보게 한다.

⑥ 적은 내용에 대해 서로 이야기해 보는 시간을 가진다.

2. 준비물 쪽지(이면지 활용), 활동지

3. 유의사항 및 기타

- 자신이 관찰한 대상을 알아차리지 못하게 비밀을 유지할 수 있도록 한다.
- 관찰 대상의 행동을 주관적으로 판단하기보다 객관적으로 관찰할 수 있도록 각종 학습지(sheet)를 보며 다각도로 관찰하여 기록한다.
- 내가 생각한 상황과 상대방이 느꼈던 상황의 차이점을 발견하고,
  평소에 주위의 상황을 성급하게 판단하지 않는 안목을 기른다.

관찰자 : 김윤아　　　관찰대상 : 이혜진

날 짜	월 일 요일 (아침/ 수업/ 쉬는/ 방과 후) 시간
① 관찰 상황과 친구의 행동은?	체육시간 모두가 체조를 하고 있을 때, 갑자기 소란스러워졌다 혜진이가 소라에게 욕을 하며 소리 지르고 있었다. 알고 보니 소라가 친구들에게 혜진이의 뒷말을 하고 있다는 사실을 혜진이가 알게 된 것 같다
② 친구의 마음은 이랬을 것 같아.	혜진이가 속상하고 열 받았을 것 같다.
③ 난 솔직히 이런 마음이었어.	

4. 개발자 김현섭, 백선아(2013)

♡ 관찰 일기장 ♡

관찰자 : 관찰대상 :

날 짜	월 일 요일 (아침/ 수업/ 쉬는/ 방과 후) 시간
① 관찰 상황과 친구의 행동은?	
② 친구의 마음은 이랬을 것 같아.	
③ 난 솔직히 이런 마음이었어.	

날 짜	월 일 요일 (아침/ 수업/ 쉬는/ 방과 후) 시간
① 관찰 상황과 친구의 행동은?	
② 친구의 마음은 이랬을 것 같아.	
③ 난 솔직히 이런 마음이었어.	

날 짜	월 일 요일 (아침/ 수업/ 쉬는/ 방과 후) 시간
① 관찰 상황과 친구의 행동은?	
② 친구의 마음은 이랬을 것 같아.	
③ 난 솔직히 이런 마음이었어.	

[5] 화성에서 온 남자, 금성에서 온 여자

"남녀의 생각의 차이를 알고 대화를 통해 이해해 보는 활동입니다."

1. 진행단계

① 두 개의 모둠이 한 그룹이 되어 동성끼리 자리를 바꿔 앉는다.

② 평소 남자/ 여자들의 이해되지 않은 행동들이나 말에 대해 의견을 모은다.

③ 칠판 중앙에 줄을 그어 남녀로 나누고, 남녀 활동지를 스카치테이프로 붙인다.

④ 왜 이렇게 행동하고 말하는지 서로에게 변론하고 이해할 수 있는 시간을 준다.

2. 준비물 활동지, 사인펜

3. 유의사항 및 기타

- 간혹 원색적인 장난이나 자극적인 발언이 튀어나오지 않도록 사전에 주의를 준다.
- 학교생활을 하면서 이해할 수 없었던 많은 상황들에 대해 툭 터놓고 이야기 할 수 있도록 하며, 이를 통해 서로를 더욱 깊게 이해하고 존중할 수 있도록 돕는다.

Tip **남자와 여자의 두뇌** 앨런 피즈, 〈말을 듣지 않는 남자, 지도를 읽지 못하는 여자〉, 2007

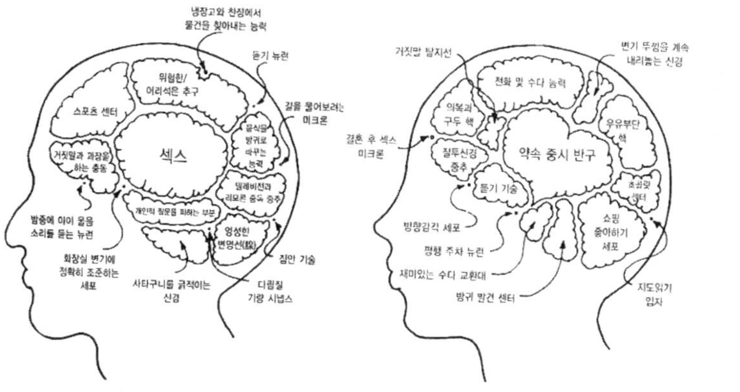

4. 참고 자료 도덕과 협동학습연구회(2011), 신나는 도덕수업2, 한국협동학습연구회

이해할 수 없어요!!

남자는?

남자, 여자
이런 행동
이해가 안돼요~!

여자는?

[5] 나는 어떤 지능이 발달했을까?

"다양한 지능 중에서 내가 발달한 지능을 객관적으로 알아보는 활동 입니다."

1. 진행단계

① 다중지능 체크리스트를 개인별로 작성해본다.

② 다중지능의 영역 중 가장 많이 발달한 지능이 같은 학생들끼리 모여 여행지를 정하고 여행 계획을 세워본다.

③ 하나가고 셋 남기 활동을 통해 모둠을 돌아다니며 여행 계획을 소개한다.

④ 서로의 다름을 이해하는 계기로 삼고 나의 생각과 다른 사람의 생각이 항상 같지 않고 사람마다 발달한 지능의 영역이 다름을 안다.

2. 준비물

다중지능 활동지

3. 유의사항 및 기타

- 다른 친구들의 특별한 장점을 인정해 줄 수 있도록 분위기를 조성한다

4. 참고 자료

토마스 암스트롱(1997), 복합지능과 교육, 중앙적성출판사

[참고자료] 다중지능과 직업

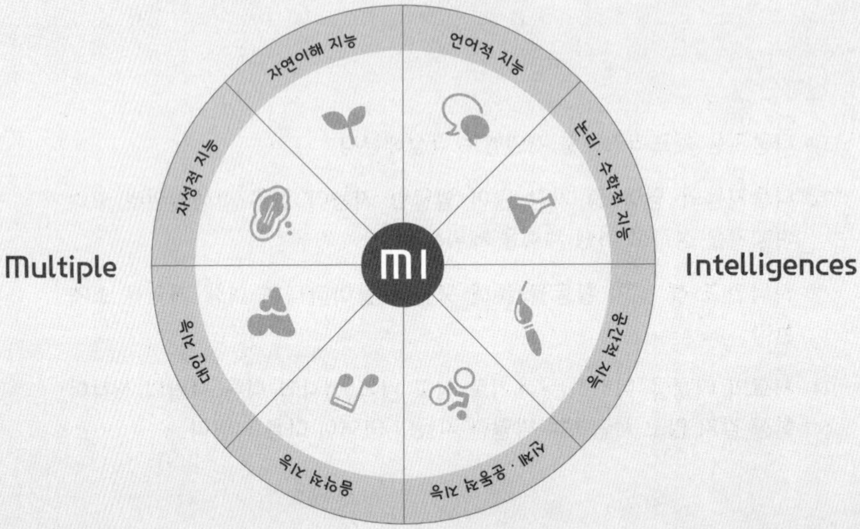

[언어지능] 말재주와 글솜씨로 세상을 이해하고 만드는 능력

▶ **재능발견** : 조리 있게 이야기 하고, 글짓기 대회에서 상을 자주 받으며, 끝말잇기, 낱말 맞추기 등을 잘함. 또한 토론학습에서 두각을 나타냄.

▶ **직업분야** : 언론/강연/작가, 홈쇼핑 호스트, 작가, 사서, 방송인, 기자, 언어학자, 연설가, 변호사(+논리수리능력), 영업 사원, 정치가(+대인관계 지능), 설교자, 학원 강사, 외교관, 성우, 번역가, 통역사, 문학 평론가, 방송 프로듀서, 판매원, 개그맨, 경영자, 아나운서, 시인, 리포터

▶ **대표인물** : 줄리어스 시저, 셰익스피어, 오프라윈프리, 유재석

[음악지능] 음과 박자를 쉽게 느끼고 창조하는 능력

▶ **재능발견** : 노래를 잘 못해도 음악을 들으면 미묘한 계음의 차이를 알아내며 멜로디의 조화를 잘 파악함. 노래나 곡의 멜로디를 여러 번 듣지 않고도 정확하게 기억하고 똑같이 따라 하기도 함. 리듬감도 뛰어 남.

▶ **직업분야** : 음악가(성악가, 연주가, 작곡가, 지휘자 등), 음악 치료사, 음향 기술자, 음악 평론가, 피아노 조율, DJ, 가수, 댄서(+신체지능), 음악교사, 음반 제작자, 영화 음악 작곡가, 반주자, 음악 공연 연출가, 음악 콘텐츠를 다루는 비즈니스 영역 등

▶ **대표인물** : 모차르트, 정명훈, 조수미, 서태지

“

[논리수학지능] 숫자나 규칙 명제 등을 잘 익히고 만들어내는 능력

▶ **재능발견** : 숫자에 민감하고, 수리적 논리뿐만 아니라 숫자에 대한 감각이 빠름. 복잡한 계산식이나 함수관계를 풀어내는 작업을 잘함.

▶ **직업분야** : 재무회계분야(+꼼꼼)/금융분야(금융공학, 리스크관리) 엔지니어, 수학자, 물리학자, 과학자, 은행원, 컴퓨터 프로그래머, 구매 대리인, 생활 설계사, 공인 회계사, 회계 감사원, 회사원(경리, 회계업무), 탐정, 의사, 수학 교사, 과학교사, 법조인, 정보기관원 등

▶ **대표인물** : 아인슈타인, 스티븐 호킹, 빌 게이츠, 안철수

[공간지각지능] 도형, 그림, 지도, 입체 등을 구상하고 창조하는 능력

▶ **재능발견** : 가구배치를 효율적으로 함. 색깔, 모양, 공간(방향감각), 형태 등의 관계를 민감하게 파악함. 그림이나 3차원 공간을 창조적으로 변형하는 능력이 뛰어남, 처음 보는 지도나 도표라도 그 안에 내포된 의미를 빠르게 해석함. 복잡한 재료를 분해하거나 복원하는 능력이 뛰어남. 각도나 도형 문제에 강함. 어렸을 때 퍼즐풀기, 미로 찾기, 레고 같은 장난감 조립을 잘 했음.

▶ **직업분야** : 미술, 건축, 공학, 패션, 스포츠 분야(골프, 축구), 인테리어 등. 파일럿, 응용미술, 컴퓨터 그래픽, 3D애니메이션, 산업디자인, 조각가, 항해사, 디자이너(인테리어, 게임, 헤어, 웹, 무대 등), 엔지니어, 화가, 건축가, 설계사, 사진사, 파일럿, 코디네이터, 공예가, 미술 교사, 탐험가, 택시 운전사, 화장품 관련 직업, 요리사, 외과의사, 치과 의사, 큐레이터, 서예가, 일러스트레이터 등

▶ **대표인물** : 피카소, 가우디, 월트디즈니

[신체운동지능] 춤, 운동, 연기 등을 쉽게 익히고 창조하는 능력

▶ **재능발견** : 손을 이용하여 무언가를 잘 만듦. 취미나 연기 등을 잘 따라하고, 운동을 잘 하며 몸의 균형감각과 촉각이 뛰어남.

▶ **직업분야** : 공예, 수예, 기계제작과 수리분야, 스포츠/무용분야. 안무가, 무용가, 엔지니어, 운동선수, 스포츠해설가, 체육학자, 외과 의사, 공학자, 물리 치료사, 레크레이션 지도자, 배우, 무용교사, 체육교사, 보석 세공인, 군인, 스포츠 에이전트, 경락 마사지사, 발레리나, 산악인, 치어리더, 경찰, 체육관 관장, 경호원, 뮤지컬 배우, 조각가, 도예가, 사회 체육 지도자, 정비 기술자, 카레이서, 파일럿, 마술사 등

▶ **대표인물** : 나폴레옹, 찰리 채플린, 타이거우즈, 박지성

[대인지능] **대인관계를 잘 이끌어가는 능력**

▶ **재능발견** : 사람들과 조화롭게 잘 지냄. 친구들이 많고 사람들과 어울리는 것을 좋아해서 네트워킹을 잘 함. 폭넓은 네트워크를 적절히 이용하여 도움을 주거나 받는 능력이 본능적으로 발달함.

▶ **직업분야** : 영업, 홍보업무, 광고회사/ 정치, 사업 분야, 교사, 정치인, 심리치료사, 사업가, 영업사원, 정치가, 종교지도자, 광고인 등

▶ **대표인물** : 링컨, 처칠, 간디

[자성적 지능] **자신의 심리와 정서를 파악하고 표출하는 능력**

▶ **재능발견** : 공감과 이해를 잘 하고 타인의 마음을 편안하게 하는 능력이 뛰어남.(다른 사람들의 어려움에 수용적 태도를 가지며 남을 배려하는 성향이 높다.) 어렵고 힘들어 하는 사람들을 보면 기꺼이 도와주려고 하며 그것에서 자신의 행복과 만족을 느낌.

▶ **직업분야** : 지원업무(고객, 직원), 상담업무, 고객지원팀, 총무팀, 서비스업, 봉사(NGO), 다른 사람을 보살펴 주는 분야, 간호사, 호스피스, 여행가이드, 스튜어디스, 호텔리어, 신학자, 심리학자, 작가, 발명가, 철학자, 정신분석학자, 성직자, 작곡가, 기업가, 예술인, 심리 치료사, 심령술사, 역술인, 자기 인식 훈련 프로그램 지도자 등

▶ **대표인물** : 프로이드, 성철스님, 테레사수녀, 이상

[자연이해지능] **환경을 인식하고 분석하는 지능**

▶ **재능발견** : 자연을 좋아하고 동물, 식물, 곤충들을 친근하게 여김, 자연물을 구분하고 분류하는 능력이 뛰어나고 채집활동을 잘함, 각종 환경문제에 대해 원인을 알고자하는 지적 호기심이 강함. 어렸을 때, 몇 시간씩이나 개미 같은 곤충을 관찰하고 이를 재미있어함.

▶ **직업분야** : 에코산업관련 비즈니스/생물학 관련/환경분야, 환경운동가, 환경분야 공무원, 여행가, 탐험가, 동물학자, 식물학자, 유전공학자, 생물학자, 수의사, 농화학자, 조류학자, 천문학자, 고고학자, 한의사, 의사, 약사, 농장 운영자, 조리사, 동물조련사, 요리평론가, 식물도감 제작자, 원예가, 약초 연구가, 화원 경영자, 생명 공학자, 생물교사, 지구 과학 교사, 동물원 관련 직종 등

▶ **대표인물** : 허준, 파브르, 제인구달, 윤무부

다중지능 체크리스트

❖ 다음 문장을 읽고 자신에게 해당되는 부분에 ∨표시를 하세요. 그리고 예시된 사항 외에 해당되는 사례가 있다면 마지막 부분에 기록합니다. 각 지능에 대하여 체크한 후 물음에 답하세요.

언어적 지능

① 책은 나에게 중요하다 ( )
② 읽고, 말하고, 쓰기 전에 이미 머릿속에는 어떤 낱말들이 떠오른다 ( )
③ TV나 영화보다는 라디오나 카세트를 통해서 많은 정보를 얻는다 ( )
④ 글자 퍼즐 맞추기와 같은 단어게임을 즐긴다 ( )
⑤ 발음하기 어려운 문장 혹은 동음이의어 등 언어게임을 즐긴다 ( )
⑥ 다른 사람들은 종종 내가 말하고 글을 쓸 때 사용하는 단어의 뜻을 설명해 달라고 요청한다 ( )
⑦ 학창 시절 나에게 국어, 영어, 사회, 역사 과목은 수학이나 과학과목보다 더 쉽다 ( )
⑧ 고속도로를 달릴 때 경치보다는 게시판 내용에 더 관심이 간다 ( )
⑨ 나의 대화는 주로 내가 읽거나 들은 것 중심이 된 다( )
⑩ 다른 사람에게 인정을 받거나, 내가 자랑스럽게 생각하는 것을 글로 쓴다 ( )
☞기타 언어적 장점 :

논리 수학적 지능

① 나는 쉽게 암산할 수 있다 ( )
② 수학과 과학은 학교 다닐 때 내가 좋아하던 과목 중의 하나이다 ( )
③ 논리적 사고를 필요로 하는 게임과 수수께끼를 좋아한다 ( )
④ 과학의 새로운 진보에 관심이 있다 ( )
⑤"만약 무엇을 한다면 어떻게 할까?"와 같은 실험을 좋아한다 ( )
(예: 만약 내가 매주 장미나무에 주는 물의 양을 지금보다 두 배 더 준다면 어떻게 될까?)
⑥ 사물 속에서 질서, 논리적 계열 및 유형(패턴)을 찾고자 한다 ( )
⑦ 거의 모든 것들을 합리적으로 설명할 수 있다고 믿는다 ( )
⑧ 때때로 아주 추상적이고, 말로 표현할 수 없는 개념을 생각한다 ( )
⑨ 사람들이 말하고 행동하는 것 중에서 논리적 오류를 발견하는 것을 좋아한다 ( )
⑩ 무엇이든지 측정하고, 기준에 맞게 정리할 때 만족감을 느낀다 ( )
☞기타 논리 수학적 장점 :

공간적 지능

① 눈을 감았을 때 종종 생생한 시각적 영상으로 본다 ( )
② 색깔에 민감하다 ( )
③ 종종 내 주위에서 본 것을 기록하기 위해 카메라를 사용한다 ( )
④ 퍼즐 상자, 미로나 기타 시각적 퍼즐 게임을 즐긴다 ( )
⑤ 밤에 생동감 있는 꿈을 꾼다 ( )
⑥ 일반적으로 낯선 장소에서도 길을 잘 찾는 편이다 ( )
⑦ 그림을 그리거나 낙서하는 것을 좋아한다 ( )
⑧ 학교 다닐 때 지리는 대수학보다 더 쉬웠다 ( )
⑨ 어떤 사물을 위에서 보면 그것이 어떤 형태가 될지를 쉽게 상상할 수 있다 ( )
⑩ 나는 그림이 많이 있는 읽을거리를 더 좋아한다 ( )
☞기타 공간적 장점 :

신체·운동적 지능

① 정기적으로 한 가지의 스포츠나 혹은 신체적 활동에 참여한다 ( )
② 오랫동안 한 자리에 조용히 앉아 있지 못한다 ( )
③ 바느질, 조각, 목공일, 모형 만들기와 같이 손으로 하는 활동을 좋아한다 ( )
④ 오래 걷거나, 조깅을 하거나, 혹은 다른 종류의 신체적 활동을 할 때
가장 좋은 생각이 떠오르곤 한다 ( )
⑤ 종종 자유 시간을 바깥에서 보내기를 좋아한다 ( )
⑥ 누군가와 대화를 나눌 때 손동작 등 다양한 신체 언어를 사용한다 ( )
⑦ 어떤 것을 잘 이해하기 위하여 직접 만져본다 ( )
⑧ 승마 같은 활동적인 신체적 체험을 좋아한다 ( )
⑨ 나의 몸을 잘 조절할 수 있다고 생각한다 ( )
⑩ 새 전자제품을 구입하면 설명서 보다는 실제로 실행하며 기능을 익힌다 ( )
☞기타 신체·운동적 장점 :

음악적 지능

① 즐겁게 노래할 수 있는 좋은 목소리를 가지고 있다 ( )
② 음이 맞지 않을 때 그것을 쉽게 알 수 있다 ( )
③ 종종 라디오, 오디오, CD로 음악을 듣는다 ( )
④ 어떤 악기를 연주할 수 있다 ( )
⑤ 음악이 없다면 나의 인생은 불행할 것이다 ( )
⑥ 어떤 음악을 흥얼거리면서 거리를 걷고 있는 나 자신을 발견하게 된다 ( )

⑦ 간단한 타악기로 쉽게 악보의 박자를 맞출 수 있다 ( )
⑧ 다양한 노래를 듣거나 악보를 보면 그 음조를 알 수 있다 ( )
⑨ 음악을 한두 번 들으면 그것을 거의 정확하게 따라 부를 수 있다 ( )
⑩ 공부하거나 새로운 것을 배우는 동안 멜로디에 맞추어 노래를 부른다 ( )
☞기타 음악적 장점 :

대인 지능

① 이웃 중에 나에게 상담을 요청하고 조언을 구하러 오는 사람이 있다 ( )
② 수영, 조깅처럼 혼자 하는 운동보다는 축구, 농구 같은 집단 스포츠가 좋다 ( )
③ 문제가 생겼을 때, 혼자서 끙끙대기 보다는 다른 사람에게 도움을 청하는 편이다 ( )
④ 나에게는 적어도 세 명의 절친한 친구가 있다 ( )
⑤ 컴퓨터 게임처럼 혼자하는 놀이보다 카드와 같이 여럿이 하는 놀이를 더 좋아한다 ( )
⑥ 내가 아는 것을 다른 사람(들)에게 가르치기를 좋아한다 ( )
⑦ 나 자신을 리더(지도자)라고 생각한다(혹은 다른 사람들이 나를 그렇게 부른다) ( )
⑧ 혼자 있는 것보다 사람들 속에 있으면 편안하다 ( )
⑨ 밤에 집에 혼자 있는 것다는 즐거운 모임에서 시간 보내는 것이 더 좋다 ( )
⑩ 몸이 힘들어도 사람들과 어울리며 대화를 나누면 새로운 힘을 얻는다 ( )
☞기타 대인간 장점 :

자성적 지능

① 혼자서 중요한 인생의 문제에 관해 생각하고, 반성하는 시간을 갖는다 ( )
② 나 자신을 좀 더 알기 위해서 자아성장 프로그램이나 상담에 참여하곤 한다 ( )
③ 좌절하지 않고 실패에 대처할 수 있다 ( )
④ 나에게 알맞는 특별한 취미와 관심이 있다 ( )
⑤ 항상 잊지 않고 다짐하는 중요한 인생 목표를 가지고 있다 ( )
⑥ 나의 장점과 단점을 잘 알고 있다 ( )
⑦ 사람들이 많이 모이는 휴양지보다 숲 속의 오두막집이 더 좋다 ( )
⑧ 나 자신을 의지가 강하고, 독립적으로 생활할 수 있는 사람이라고 생각한다 ( )
⑨ 나 자신의 내적인 삶을 기록하기 위하여 일기나 일지 등을 쓴다 ( )
⑩ 개인 사업이나 혼자 하는 일을 시작해 볼까 하고 심각하게 고려해 본 적이 있다 ( )
☞기타 자성적 장점 :

나의 다중 지능

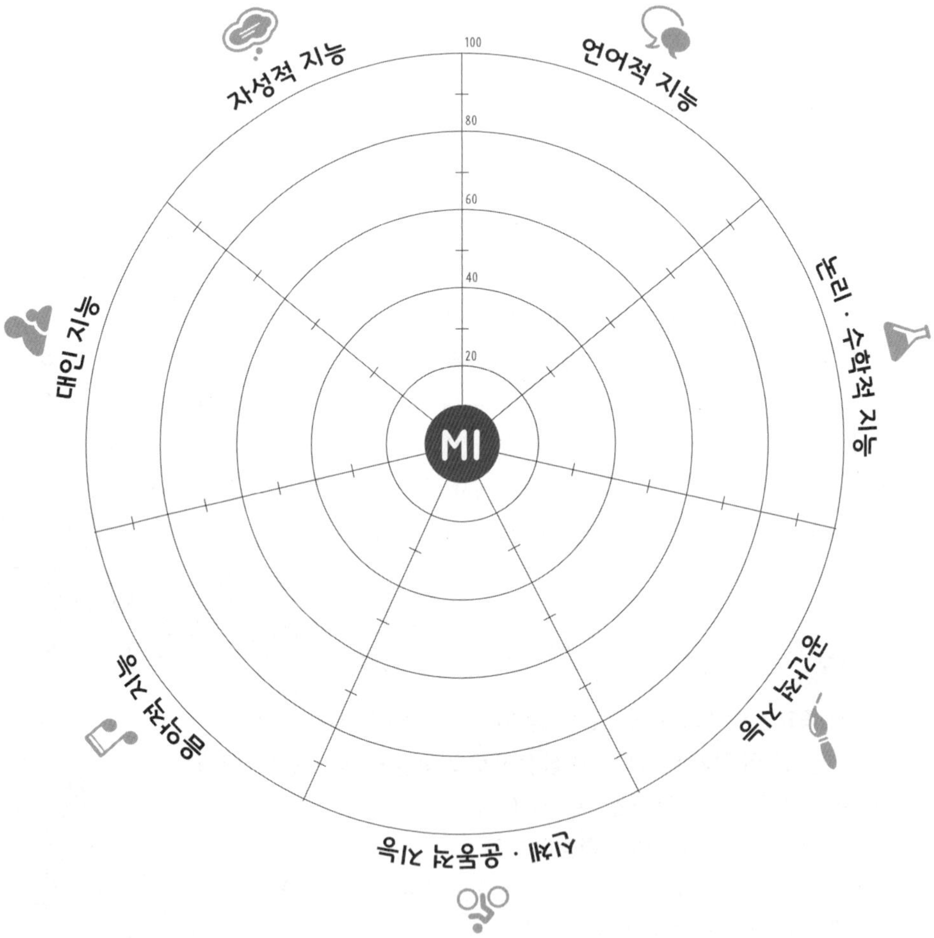

나의의 지능 중 가장 발달한 지능은 무엇인가요?
이에 대한 내 생각과 느낌은 어떤가요?

[6] 내 성격 유형은?

"성격 유형 검사를 통해 나를 이해하고 나와 다른 사람을 이해하는 활동입니다."

1. 진행단계

① MBTI 체크리스트를 개인별로 기록한다.

② 비슷한 MBTI 유형별 친구들끼리 모둠을 구성한다.

③ 다른 성격유형 중에서 이해가지 않는 행동들이나 다른 성격 유형의 사람들에게 인정받고자 하는 성격 유형의 특징에 대하여 이야기한다.

④ 학급 전체에서 이야기한 내용을 발표한다.

2. 준비물

학습지, MBTI 검사지

3. 유의사항 및 기타

- MBTI 검사는 주변의 상담 전문 기관을 도움을 받아서 실시하면 좋다.
- 자기의 성격 유형의 장단점을 이해하는 것도 중요하지만 나와 다른 성격 유형을 있는 그대로 인정하고 받아들일 수 있도록 노력하는 것이 더 중요하다.

4. 참고 자료

정경연 외(2010), 열 여섯 빛깔 아이들, 어세스타

[참고자료] 성격유형검사(MBTI)로 알아보는 나 그리고 너!!

1) 오리엔테이션

가) 피검자의 심리 검사에 대한 불안
나) 미 진단검사
다) 선천적 선호 경향 이해의 중요성
라) 탈( )신분과 탈( )직분

2) 문항 선택 기준

가) 지속적이고 일관성 있게 사용하는 경향
나) 자연스럽고 편안한 경향
다) 습관처럼 크게 의식하지 않고 자주 쓰는 경향
라) 상대적으로 더 쉽게 끌리는 경향
마) 자신이 바라는 이상형이 아닌 편안한 경향

3) 유의사항

가) 시간제한은 없으나 한 문장에 오래 머물지 않도록 한다.
나) 의식적으로 일관성 있게 응답하려 하지 않도록 주의를 준다.
다) 검사 실시자가 주관적으로 해석하지 않는다.
(애매모호하거나 선택할 수 없을 때 넘어가도록 함)
라) 좋고 나쁜 성격 유형은 절대로 없으므로 의식적으로 문항 선택을 하지 않는다.

♣ 각 지표의 대표적인 표현 ♣

지표	대표적 표현	지표	대표적 표현
E	ㅇ 자기 외부에 주의 집중 ㅇ 외부 활동에 적극적, 정열적, 활동적 ㅇ 경험한 다음에 이해, 쉽게 알려짐	I	ㅇ 자기 내부에 주의 집중 ㅇ 조용하고 신중, 내부 활동과 집중력 ㅇ 이해한 다음에 경험, 서서히 알려짐
S	ㅇ 지금 현재에 초점, 실제의 경험 중시 ㅇ 정확, 철저한 일 처리 ㅇ 사실적 사건 묘사 ㅇ 오감에 의존	N	ㅇ 미래 가능성에 초점, 아이디어가 많음 ㅇ 신속하고 비약적인 일처리 ㅇ 비유적이고 암시적 묘사 ㅇ 육감 내지 영감에 의존
T	ㅇ 진실, 사실에 주 관심 ㅇ 원리와 원칙, 논리적, 분석적 ㅇ 맞다, 틀리다 ㅇ 규범과 기준 중시	F	ㅇ 사람, 관계에 주 관심 ㅇ 의미와 영향을 중요시함 ㅇ 상황적이고 포괄적, 좋다 나쁘다 ㅇ 나에게 주는 의미 중시
J	ㅇ 정리 정돈과 계획 ㅇ 의지적 추진, 신속한 결론 ㅇ 통제와 조정 ㅇ 분명한 목적의식과 방향 감각	P	ㅇ 상황에 맞추는 개방성 ㅇ 이해로 수용, 유유자적한 과정 ㅇ 융통과 적응 ㅇ 목적과 방향은 변화할 수 있다는 개방성

♣ MBTI 유형별 특징 ♣

ISTJ	ISFJ	INFJ	INTJ
○ 신중하고 조용하며 집중력이 강하고 매사에 철저하다. ○ 구체적, 체계적, 사실적, 논리적, 현실적인 성격을 띠고 있으며, 신뢰할 만하다. ○ 만사를 체계적으로 조직화시키려고 하며 책임감이 강하다. ○ 성취해야 한다고 생각하는 일이면 주위의 시선에 아랑곳하지 않고 꾸준하고 건실하게 추진해 나간다.	○ 조용하고 친근하고 책임감이 있으며 양심 바르다. ○ 맡은 일에 헌신적이며 어떤 계획의 추진이나 집단에 안정감을 준다. ○ 매사에 철저하고 성실하고 정확하다. 기계 분야에는 관심이 적다. ○ 필요하면 세세한 면까지도 잘 처리해 나간다. ○ 충실하고 동정심이 많고 타인의 감정에 민감하다.	○ 인내심이 많고 독창적이며 필요하거나 원하는 일이라면 끝까지 이루려고 한다. ○ 자기 일에 최선의 노력을 다한다. ○ 타인에게 말없이 영향력을 미치며, 양심이 바르고 다른 사람에게 따뜻한 관심을 가지고 있다. ○ 확고부동한 원리 원칙을 중시한다. ○ 공동선을 위해서는 확신에 찬 신념을 가지고 있기 때문에 존경을 받으며 사람들이 따른다.	○ 대체로 독창적이며 자기 아이디어나 목표를 달성하는 데 강한 추진력을 가지고 있다. ○ 관심을 끄는 일이라면 남의 도움이 있든 없든 이를 계획하고 추진해 나가는 능력이 뛰어나다. ○ 회의적, 비판적, 독립적이고 확고부동하며 때로는 고집스러울 때도 많다. ○ 타인의 감정을 고려하고 타인의 관점에도 귀를 기울이는 법을 배워야 한다.
ISTP	**ISFP**	**INFP**	**INTP**
○ 차분한 방관자이다. ○ 조용하고 과묵하며, 절제된 호기심을 가지고 인생을 관찰하고 분석한다. 때로는 예기치 않게 유머 감각을 나타내기도 한다. ○ 대체로 인간 관계에 관심이 없고, 기계가 어떻게, 왜 작동하는지 흥미가 많다. ○ 논리적인 원칙에 따라 사실을 조직화하기를 좋아한다.	○ 말없이 다정하고 친절하고 민감하며 자기 능력을 뽐내지 않고 겸손하다. ○ 의견의 충돌을 피하고 자기 견해나 가치를 타인에게 강요하지 않는다. ○ 남 앞에 서서 주도해 나가기보다 충실히 따르는 편이다. ○ 일하는 데에도 여유가 있다. 왜냐하면 목표를 달성하기 위해 안달복달하지 않고 현재를 즐기기 때문이다.	○ 정열적이고 충실하나 상대방을 잘 알기 전까지는 이를 드러내지 않는 편이다. ○ 학습, 아이디어, 언어, 자기 독립적인 일에 관심이 많다. ○ 어떻게 하든 이루어 내기는 하지만 일을 지나치게 많이 벌이려는 경향을 가지고 있다. ○ 남에게 친근하기는 하지만, 많은 사람들을 동시에 만족시키려는 부담을 가지고 있다. ○ 물질적 소유나 물리적 환경에는 별 관심이 없다.	○ 조용하고 과묵하다. ○ 이론적 과학적 추구를 즐기며, 논리와 분석으로 문제를 해결하기를 좋아한다. ○ 자기 아이디어에 관심이 많으나 사람들의 모임이나 잡담에는 관심이 없다. ○ 관심의 종류가 뚜렷하므로 자기의 지적 호기심을 활용할 수 있는 분야에서 능력을 발휘할 수 있다.

ESTP	ESFP	ENFP	ENTP
ㅇ 현실적인 문제해결에 능하다. 근심이 없고 어떤 일이든 즐길 줄 안다. ㅇ 기계 다루는 일이나 운동을 좋아하고 친구 사귀기를 좋아한다. ㅇ 적응력이 강하고 관용적이며, 보수적인 가치관을 가지고 있다. ㅇ 긴 설명을 싫어한다. 기계의 분해 또는 조립과 같은 실제적인 일을 다루는 데 능하다.	ㅇ 사교적이고 태평스럽고 수용적이고 친절하며, 만사를 즐기는 형이기 때문에 다른 사람들로 하여금 일에 재미를 느끼게 한다. ㅇ 운동을 좋아하고 주위에 벌어지는 일에 관심이 많아 끼어들기 좋아한다. ㅇ 추상적인 이론보다는 구체적인 사실을 잘 기억하는 편이다. ㅇ 건전한 상식이나 사물뿐 아니라 사람들을 대상으로 구체적인 능력이 요구되는 분야에서 능력을 발휘할 수 있다.	ㅇ 따뜻하고 정열적이고 활기에 넘치며 재능이 많고 상상력이 풍부하다. ㅇ 관심이 있는 일이라면 어떤 일이든지 척척 해낸다. ㅇ 어려운 일이라도 해결을 잘하며 항상 남을 도와줄 태세를 가지고 있다. ㅇ 자기 능력을 과시한 나머지 미리 준비하기보다 즉흥적으로 덤비는 경우가 많다. ㅇ 자기가 원하는 일이라면 어떠한 이유라도 갖다 붙이며 부단히 새로운 것을 찾아 나선다.	ㅇ 민첩하고 독창적이며 안목이 넓고 다방면에 재능이 많다. ㅇ 새로운 일을 시도하고 추진하려는 의욕이 넘치며, 새로운 문제나 복잡한 문제를 해결하는 능력이 뛰어나며 달변적이다. 그러나 일상적이고 세부적인 면은 간과하기 쉽다. ㅇ 한 가지 일에 관심을 가져도 부단히 새로운 것을 찾아나간다. ㅇ 자기가 원하는 일이면 논리적인 이유를 찾아내는 데 능하다.
ESTJ	**ESFJ**	**ENFJ**	**ENTJ**
ㅇ 구체적이고 현실적이고 사실적이며, 기업 또는 기계에 재능을 타고난다. ㅇ 실용성이 없는 일에는 관심이 없으며 필요할 때 응용할 줄 안다. ㅇ 활동을 조직화하고 주도해 나가기를 좋아한다. ㅇ 타인의 감정이나 관점에 귀를 기울일 줄 알면 훌륭한 행정가가 될 수 있다.	ㅇ 마음이 따뜻하고 이야기하기 좋아하고, 사람들에게 인기가 있고 양심 바르고 남을 돕는 데에 타고난 기질이 있으며 집단에서도 능동적인 구성원이다. ㅇ 조화를 중시하고 인화를 이루는데 능하다. 항상 남에게 잘 해주며, 격려나 칭찬을 들을 때 가장 신바람난다. ㅇ 사람들에게 직접적이고 가시적인 영향을 줄 수 있는 일에 가장 관심이 많다.	ㅇ 주위에 민감하며 책임감이 강하다. 다른 사람들의 생각이나 의견을 중히 여기고, 다른 사람들의 감정에 맞추어 일을 처리하려고 한다. ㅇ 능수능란하게 계획을 내놓거나 집단을 이끌어 가는 능력이 있다. ㅇ 사교성이 풍부하고 인기 있고 동정심이 많다. 남의 칭찬이나 비판에 지나치게 민감하게 반응한다.	ㅇ 열성적이고 솔직하며 단호하고 통솔력이 있다. ㅇ 대중 연설과 같이 추리와 지적 담화가 요구되는 일이라면 어떤 것이든 능하다. ㅇ 정보에 밝고 지식에 대한 관심과 욕구가 많다. 때로는 실제의 자신보다 더 긍정적이거나 자신 있는 듯한 사람으로 비칠 때도 있다.

지각하지 않기

"지각하지 않기란

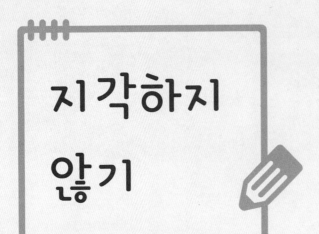

학교 등교 시간에 늦지 않도록 집에서 미리 출발하는 것입니다."

"지각하지 않기란

____ 입니다."

관련 덕목 : 약속, 질서, 시간 관리

1. 지각하지 않기

[1] 지각하지 않기의 필요성

경수는 학급 지각 대장이다. 학기 초 1주일 정도는 그런대로 지각하지 않았지만 그 뒤로부터는 1주일에 2-3일 정도는 기본적으로 지각을 한다. 담임선생님은 경수에게 지각비를 내게 하거나 방과 후 별도의 벌 청소를 시켰다. 지각비도 지각 횟수가 많아지다 보니 점차 목돈이 되어 경수의 용돈으로 내기 힘든 수준까지 올라갔다. 그래서 담임선생님이 지각비 대신에 벌 청소를 시켰는데, 방과 후 대충 청소를 하고 집에 갈 수 있다 보니 경수 입장에서는 그런대로 할 만 했다. 경수가 학교에 자주 지각을 하는 이유는 다른 친구들보다 늦게 잠이 든 경우가 많기 때문이다. 중학생이 되고 나서 친구들끼리 PC방을 자주 다니게 되었는데, 그 덕에 한참 온라인 게임에 푹 빠졌다. 늦은 밤까지 온라인 게임을 하다가 2-3시쯤 잠을 자는 경우가 많다보니 자연스럽게 지각하는 일이 많아졌다. 시계 알람을 맞추어도 아침에 알람 소리를 잘 듣지 못하고 잠을 깨지 못하는 일이 생겼다.

지각하지 않기는 시간 관리에 있어서 기본이라고 할 수 있습니다. 시간 관리를 하는 것은 자기 생활 관리를 하는 것입니다. 몸이 아파서 지각하거나 어쩔 수 없는 상황에서 지각은 누구나 인정할 수 있는 것입니다. 그런데 자기 관리를 잘 하지 못해서 상습적으로 지각하는 것은 올바른 생활 습관 세우기 차원에서 해결해 나가야합니다. 예를 들어 밤늦게까지 게임을 하다가 늦게 일어나서 지각이 자주 일어난다면 지각의 행위에 따라 벌칙으로 해결되기 힘든 부분이 있습니다. 지각의 원인을 찾아 근본 원인을 해결해야만 지각 문제를 해결할 수 있을 것입니다.

또한 지각은 자신의 생활 관리를 제대로 못하게 하는 것일 뿐 아니라 다른 학생들에게 피해를 줄 수도 있습니다. 일상 학교생활에서 지각하는 경우, 수업에 제대로 참여하지 못하거나 학교생활의 정보를 충분히 이해하기 힘들 수 있습니다. 특히 수학여행이나 야외 체험학습 활동을 하는데 있어서 지각을 하게 되면 학급 전체 학생들에게 피해를 줄 수 있습니다.

[2] 지각하지 않기의 활용 방안 및 유의사항

- 지각하지 않기를 지각 그 자체에 초점을 두기보다 시간 관리 및 생활 관리 측면에서 접근하는 것이 좋으며, 교사가 학생들에게 시간 관리의 중요성을 이야기하면서 지각 문제를 다루는 것이 좋습니다.

- 지각하지 않기가 잘 이루지게 되면 학급 질서가 유지되는 데 도움이 되고 바른 학생 습관 태도를 내면화할 수 있습니다.

- 지각하지 않기는 학기 초 수업 규칙 안에서 다루어지는 것이 좋은데, 지각을 하게 되면 어떻게 되는지에 대한 명료한 기준이 제시되면 좋습니다. 지각한 경우, 벌금을 내거나 벌칙을 정해 수행하게 합니다. (벌칙으로는 운동하기, 시 외우기, 늦은 만큼 집에 늦게 귀가하기, 지각하지 않기 피케팅 활동 등) 지각에 따른 벌칙을 만들 때에는 학생들의 의견을 모아 결정하는 것이 좋습니다. 자율적인 생활 관리 측면에서 학생들이 스스로 규칙을 정할 수 있도록 하면 더욱 효과적입니다.

- 교사가 지각 문제를 다 관리하기는 쉽지 않으므로, 지각을 관리하는 학생을 교실에서 한 명 정하여 체크리스트 및 지각비를 관리할 수 있으면 좋습니다.

[3] 사회적 기술 센터

- 이렇게 말해요

  "일찍 자고 일찍 일어나자.", "지각하지 말아야지.",
  "아침 일찍 친구를 보니 기분이 좋아."

- 이렇게 행동해요

  시계 알람 맞추고 잠자기, 알람 소리를 듣고 한 번에 일어나기,
  부모님에게 도움 요청하기, 일찍 잠자기

2. 지각하지 않기 활동

[1] 시간 지킴이

"시간 지킴이 학생이 지각 학생들의 명단을 관리하는 것입니다."

1. 진행단계

① 교사가 학기 초 질서 지킴이 학생을 직접 선정하거나 학생들의 추천을 통해 지킴이 학생을 선출한다.

② 시간 지킴이 학생이 지각생들의 명단을 관리한다.

③ 지각 횟수에 따라 학기 초 정해진 교실 규칙에 따라 지도한다.

2. 준비물

지각 점검 체크리스트

3. 유의사항 및 기타

- 지각을 하지 말아야 할 이유를 시간 관리 측면에서 교사가 학생들에게 이야기한다.
- 시간 지킴이 학생이 자기 역할을 잘 할 수 있도록 교사가 칭찬과 격려를 한다.
- 교사가 일관성 있게 지각생들을 잘 관리할 수 있도록 지도해야 한다.

4. 참고 자료

최두진, 협동학습 저널, '시스템학급경영'

[2] 꿀벌(지각벌) 뽑기

"지각을 했을 때 받을 벌칙을 학급 회의를 통해 자율적으로 정하고, 다양한 벌칙 중 한 가지를 무작위로 선택하여 수행하는 것입니다."

1. 진행단계

① 지각한 학생들에 대한 벌칙에 대한 의견을 모아 의사결정을 한다.

② 지각생들에게 줄 수 있는 다양한 벌을 쪽지에 기록하여 보관함에 모두 넣어 둔다.

③ 지각생이 벌 쪽지가 담긴 함에서 무작위로 쪽지를 뽑는다.

④ 선택한 지각벌을 수행한다.

2. 준비물

보관함

3. 유의사항 및 기타

- 학생들이 왜 정해진 시간을 잘 지켜야 하는지 충분히 이해할 수 있도록 준비해야 한다.
- 학생들이 과도한 벌이나 장난스런 벌을 기록하지 않도록 한다. 쪽지 내용을 나중에 교사가 확인하여 무리한 벌이 들어가지 않도록 한다.
- 지각벌의 사례로서 시 외우기, 선생님과 함께 하교하기, 지각한 시간의 5배만큼 늦게 집으로 돌아가기, 좋은 글을 베껴 쓰기 등을 할 수 있다.

4. 참고 자료

한국협동학습연구회(2012), 협동학습3, 한국협동학습센터

[3] 모닝 벨 울려주기

"친구들이 지각을 자주 하는 친구에게 아침에 전화를 해주는 것입니다."

1. 진행단계

① 자주 지각하는 학생을 선정한다.

② 해당 학생과 친한 친구들에게 모닝콜을 부탁한다.

③ 모닝콜을 했는데도 불구하고 지각한 경우,
다른 지각에 비해 벌을 줄 때 가중 패널티를 제공한다.

2. 유의사항 및 기타

- 친한 친구 대신에 담임교사가 직접 모닝콜 전화를 할 수도 있다.
- 벌만으로는 지각 행위를 온전히 해결할 수 없다. 지각하는 원인에 대하여 상담을 통해 찾아내서 근본적인 원인에 대한 해결책을 제시하고 노력하는 것이 좋다.

자기 감정 다루기

"자기 감정 다루기란

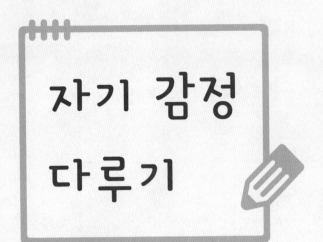

내가 화가 났을 때 이를 알아차리고 호흡을 가다듬으면서 화가 가라앉을 때까지 기다리는 것이고 내가 우울할 때 기분 전환을 위해 음악을 감상하는 것입니다."

"자기 감정 다루기란

____ 입니다."

관련 덕목 : 용기, 결의, 평온함, 인내

1. 자기 감정 다루기

[1] 자기 감정 다루기의 필요성

> 오늘 아침에도 나는 엄마에게 혼이 났다. 엄마는 항상 내가 핸드폰만 보고 산다며 오늘도 아침부터 나에게 잔소리를 하셨다. 난 친구들과 만나는 시간을 아껴가면서 숙제도 물어보고 잠시 잠깐 휴식을 취하는 것인데 엄마는 그런 것도 못마땅하신가 보다. 그리고 핸드폰만 잡고 있으면 앞으로 압수해서 엄마가 관리할 거라는 엄포를 놓으셨다. 나는 그런 엄마의 말에 짜증이 났다. 그래서 아침밥도 먹지 않고, 현관문을 꽝 닫고 나와 버렸다. 학교 끝나고 나서도 집에 들어가기가 싫다. 도무지 엄마하고는 얘기가 되질 않는다. 항상 내가 하는 모든 것이 못마땅한 듯 쳐다보는 엄마의 눈빛도 보기 싫고, 나를 이해주는 가족들이 없어서 난 항상 집에서 외롭다.

우리는 어제의 느낌과 오늘의 느낌이 다르고 또 내일이 되면 새로운 느낌으로 또 하루가 시작될 것입니다. 이러한 나의 느낌과 감정은 환경에 지배를 많이 받습니다.

이런 내 감정에 매일 또 가장 직접적으로 관여하는 대상은 다름 아닌 친구이거나 가족일 것입니다. 그런데 우리는 상대방에게 자신의 감정을 말하지 않고서도 능히 내 감정 상태를 알아주기를 바랄 때가 많이 있습니다. 눈빛, 표정, 몸짓만 봐도 알 수 있을 것 같은데 어떤 사람에게는 이것이 매우 힘든 일일 수 있습니다. 따라서 가장 좋은 방법은 자신의 감정을 솔직하게 말하는 것이며, 상대방이 기분 나빠하지 않게 내 감정 상태를 잘 표현하는 방법을 익히는 것이 우선되어야 합니다.

[2] 자기 감정 다루기의 활용 방안 및 유의사항

- 내가 느끼는 감정만큼 상대방의 감정도 중요하다는 것은 알 수 있게 활동합니다.
- 상대방의 말과 행동에 집착하여 반응하지 않고 이면의 느낌과 욕구를 알아차릴 수 있도록 침착하게 기다려주고 행동하는 연습이 필요합니다.

[3] 사회적 기술 센터

- 이렇게 말해요

  "아~하 그런 점이 있었구나.", "너 정말 힘들었겠구나"

- 이렇게 행동해요

  엄지 세워 올리기, 어깨를 토닥여 주기

2. 자기 감정 다루기 활동

[1] 네 마음을 보여줘~

"나의 감정을 있는 그대로 자연스럽게 표현하는 활동입니다."

1. 진행단계

① 책걸상을 교실 뒤로 밀어 놓고 둥글게 큰 원을 만들어 안을 보고 선다.

② 8절지를 각자 한 장씩 나누어 받고 자신의 기분을 상황에 맞게 세 가지를 쓰도록 한다. (조금 전- 지금- 기대되는)

③ 옆 사람과 짝이 되어 서로의 기분에 대해 묻고 답한다.

④ 시간을 10분 정도 주고 다른 친구들과도 자유롭게 이야기하게 한다.

⑤ 전체가 앉은 상태에서 돌아가면서 발표한다.

2. 준비물

8절지 색지, 필기도구

3. 유의사항 및 기타

- 친한 친구에게만 다가가 이야기하지 않도록 하고, 우리 모둠이 아닌 친구들과 더 많이 이야기 해 볼 수 있는 기회를 갖도록 한다.

4. 참고 자료

강태심 외(2004), 우리 반 집단상담, 우리교육

[2] 불만풍선 터트리기

"평소에 쌓였던 불만을 풍선에 적고 터트려봄으로써 이를 해소하는 활동 입니다."

1. 진행단계

① 둘씩 짝을 이루어 한 사람이 교사에게 와서 풍선을 받아간다.

② 풍선을 머리 크기만큼 분 다음, 3분 동안 평소에 쌓였던 감정을 마구잡이로 쓴다.

③ 한사람씩 번갈아가면서 풍선을 잡고 있고,
잡지 않는 상대방은 풍선을 두 주먹을 쥐고 마구 때린다.
번갈아가면 실시한 후, 같이 동시에 때린다.

④ 마지막으로 활동이 모두 끝나면 불만풍선을 짝과 함께 사정없이 터트려본다.

⑤ 활동을 통해 각자가 느꼈던 부분을 서로 나눠본다.

2. 준비물

풍선, 색깔 매직펜

3. 유의사항 및 기타

- 풍선에다 불만을 쓸 때 욕설이나 상대방을 모욕하는 말들이 나오는 것은 주의를 주고, 사전에 약속을 하고 시작하며 내 감정이나 상황이 중심되게 한다.
- 신문지를 구기거나 찢는 작업으로 대체할 수 있다.

4. 개발자

오정화(2013)

[3] 종이눈 싸움

"학급 전체를 두 그룹으로 나누고 학생들에게 종이를 구겨서 종이 눈덩이를 만들어 눈싸움을 하게 하는 활동입니다."

1. 진행단계

① 교사가 학생들에게 종이 한 장을 나누어 준다.

② 학생들은 자기 종이를 구겨서 종이눈덩이 형태로 만든다.

③ 전체 학생들을 두 그룹으로 나누고 가운데 선을 긋는다.

④ 교사의 지시에 따라 종이눈싸움을 한다.

⑤ 제한 시간이 지나면 자기 지역 안에 종이눈이 적게 떨어진 그룹에게 보상한다.

2. 준비물

A4 이면지, 필기도구

3. 유의사항 및 기타

- 단순한 백지보다 백지 안에 자기가 버려야 할 생활 습관 등을 기록하여 종이눈싸움 활동으로 연결하면 좋다.
- 체육 시간에 신체 놀이로 활용할 수 있다.
- 규칙을 잘 지킬 수 있도록 지도한다. 규칙을 어기는 그룹은 반칙패를 선언한다.
- 활동 이후 청소를 실시하여 깔끔하게 교실 정리를 할 수 있도록 한다.
- 그룹 안에서 단결을 다질 수 있고, 신체적 능력을 향상시킬 수 있다.

4. 개발자 및 참고 자료

케이건(1998), 협동학습, 디모데

[4] 감정 스피드 퀴즈

"감정을 얼굴 표정이나 행동을 통해 표현하고 알아맞히는 게임 활동입니다."

1. 진행단계

① 모둠(팀)을 구성한다.

② 모둠 대표가 나와서 감정 단어들을 보고 얼굴 표정이나 행동으로 표현한다.

③ 모둠원들이 표현하는 감정 단어를 알아 맞힌다.

④ 퀴즈 게임 점수를 통해 모둠별로 보상한다.

2. 준비물

마음카드 (협동학습 그림카드)

3. 유의사항 및 기타

- 감정 단어를 표정이나 행동으로 잘 표현할 수 있도록 한다.
- 감정 단어를 PPT 자료나 마음카드(대형)을 준비하여 사용한다.
- 단어 수준의 난이도를 고려하여 배치한다.
- 게임 활동이 재미위주로만 흘러가지 않도록 주의를 준다. 이번 활동의 목적이 상대방의 감정을 알아차리는 것임을 강조하여 이야기한다.

4. 개발자

김성경(2013)

감정 단어 카드

꿀꿀하다	기쁘다
슬프다	울적하다
우울하다	비통하다
멍하다	두렵다
화난다	짜증난다
싫다	혐오스럽다
호감이 있다	차분하다
당황스럽다	당당하다
걱정스럽다	명랑하다
허전하다	인정받는다

감정 단어 목록

착한 벗 심리상담센터 - www.withgf.co.kr

욕구가 충족되었을 때

감동받은, 뭉클한, 감격스런, 벅찬, 환희에 찬, 황홀한, 충만한, 고마운, 감사한, 즐거운, 유쾌한, 통쾌한, 흔쾌한, 기쁜, 반가운, 행복한, 따뜻한, 감미로운, 포근한, 푸근한, 사랑하는, 훈훈한, 정겨운, 정을 느끼는, 친근한, 뿌듯한, 산뜻한, 만족스런, 상쾌한, 흡족한, 개운한, 후련한, 든든한, 흐뭇한, 홀가분한, 편안한, 느긋한, 담담한, 친밀한, 친근한, 긴장이 풀리는, 차분한, 안심이 되는, 가벼운, 평화로운, 누그러지는, 고요한, 여유로운, 진정되는, 잠잠해진, 평온한, 흥미로운, 매혹된, 재미있는, 끌리는 활기찬, 짜릿한, 신나는, 용기 나는, 기력이 넘치는, 기운이 나는, 당당한, 살아있는, 생기가 도는, 원기가 왕성한, 자신감 있는, 흥분된, 두근거리는, 기대에 부푼, 들뜬, 희망에 찬, 긍지를 느끼는

욕구가 충족되지 않았을 때

걱정되는, 까마득한, 암담한, 염려되는, 근심하는, 신경 쓰이는, 뒤숭숭한, 무서운, 섬뜩한, 오싹한, 간담이 서늘해지는, 겁나는, 두려운, 진땀나는, 주눅 든, 불안한, 조바심 나는, 긴장한, 떨리는, 안절부절 못하는, 조마조마한, 초조한, 불편한, 거북한, 겸연쩍은, 곤혹스러운, 멋쩍은, 쑥스러운, 언짢은, 괴로운, 난처한, 답답한, 갑갑한, 서먹한, 어색한, 찝찝한, 슬픈, 구슬픈, 그리운, 목이 메는, 서글픈, 서러운, 쓰라린, 애끓는, 울적한, 참담한, 처참한, 한스러운, 비참한, 안타까운, 처연한, 서운한, 김빠진, 애석한, 야속한, 낙담한, 냉담한, 섭섭한, 외로운, 고독한, 공허한, 허전한, 허탈한, 막막한, 쓸쓸한, 허한, 우울한, 무력한, 무기력한, 침울한, 꿀꿀한, 피곤한, 고단한, 노곤한, 따분한, 맥 빠진, 귀찮은, 지겨운, 절망스러운, 좌절한, 힘든, 무료한, 성가신, 지친, 심심한, 혐오스런, 밥맛 떨어지는, 질린, 정떨어지는, 멍한, 혼란스러운, 창피한, 놀란, 민망한, 당혹스런, 부끄러운, 화나는, 끓어오르는, 속상한, 약 오르는, 분한, 울화가 치미는, 분개한, 억울한, 열 받는

“

분노와 관련된 감정 용어

화난, 불행한, 괴팍한, 불쾌한, 불만족스러운, 격앙한, 격분한, 좌절한, 노발대발한, 격노한, 흥분한, 성난, 신경질이 난, 시샘하는, 눈이 뒤집힌, 기분 상한, 분개한, 열 받는, 당혹스런, 당황한

경멸과 관련된 감정 용어

질색인, 신랄한, 얕보는, 멸시하는, 불경의, 비열한, 비난하는, 기분 상한, 하찮은, 천박한

미움과 관련된 감정 용어

아연실색한, 반감이 가는, 싫어하는, 마음이 내키지 않는, 불쾌한, 지겨워진, 메스꺼운

두려움과 관련된 감정 용어

무서운, 걱정하는, 우려하는, 근심하는, 불안한, 공포의, 겁에 질린, 안절부절 못 하는, 두려운, 소심한, 염려스러운

슬픔과 관련된 감정 용어

우울한, 낙심한, 풀이 죽은, 절망한, 의기소침한, 낙담한, 실망한, 기력이 없는, 울적한, 침울한, 상심한, 비참한, 후회하는, 유감스러운, 불행한

행복과 관련된 감정 용어

아주 좋아하는, 애정 어린, 인정받는, 하나라고 느끼는, 즐거운, 환호의, 만족스러운, 매우 기쁜, 희열에 넘친, 고무된, 고맙게 여기는, 만족한, 유쾌한, 기쁨에 넘치는, 사랑하는, 기분 좋게 놀란, 자랑스러운

관심과 관련된 감정 용어

명랑한, 기대하는, 주의 깊은, 경외감을 가진, 간절히 하고 싶어 하는, 집중하는, 흥분된, 매혹적인, 열중하는, 기대하는, 자극된

[5] 이야기 감정 읽기

"문제 상황이나 이야기를 제시하고 그 주인공이 느꼈을 것 같은 감정을 이야기해보는 활동입니다."

1. 진행단계

① 교사가 문제 상황을 이야기하고 해당 활동지를 배부한다.

② 학생들이 이야기 속 주인공이 느꼈을 것 같은 감정을 분석하여 기록한다.

③ 모둠별로 감정을 분석하여 토의한다.

④ 모둠별로 학급 전체에서 발표한다.

2. 준비물

이야기 활동지

3. 유의사항 및 기타

- 이야기를 구성하고 선택할 때 학생들이 쉽게 접하거나 공감할 수 있도록 한다.
- 주인공뿐 아니라 그 이야기 속에 등장하는 다양한 인물 입장에서 각각 느꼈을 것 같은 감정을 분석하면 더욱 풍성해 질 것이다.
- 감정 목록을 활용하면 좋다.

이야기 속 인물 감정 분석하기

아무도 미워하지 않는 자의 죽음.

넬슨 만델라가 세상을 떠났다. 살아 있는 위인으로 살다가 95살로 떠났다. 그리하여 마침내 저항과 투쟁의 20세기가 저물었다고 누구는 생각할 것이다. 남아프리카공화국의 아파르트헤이트(인종차별제도)에 저항하다 반역죄로 27년 옥고를 치렀다. 그가 묶인 섬은 물개들의 서식지였다. 고립도 의지를 바꾸지 못했다. 인고 끝에 마침내 자신이 저항한 체제를 바꾼 사나이, 그는 지구촌 민중의 노래 〈우리 승리하리라〉(We Shall overcome)의 살아 있는 증거였다. 감옥을 나선 71살 만델라는 보복과 응징이 아니라 진실과 화해를 말했다.

1994년 남아공 대통령 취임식 연설이 끝나고 그가 소개한 인물은 감옥에서 그를 감시하던 교도관이었다. "여러분, 이 세 분이 지난 27년의 감옥생활 동안 내가 용기를 가지고 목숨을 지킬 수 있도록 도와준 분들입니다." 물론 그들이 수인을 돕기만 하지는 않았을 것이다. 또 다른 화해의 순간은 다음해 럭비경기장. 1995년 남아공 럭비월드컵 결승전, 6만3천여 관중은 백인 일색이었다. 럭비는 백인들의 스포츠였고, 그들의 초록 유니폼은 증오의 상징이었다. 결승에서 남아공이 뉴질랜드를 꺾었다. 초록 유니폼을 입은 만델라는 백인 주장에게 우승컵을 건넸다. 주장은 "우리는 오늘 6만3천여 명이 아닌 4200만 명의 응원 속에 경기했다"고 말했다. 만델라는 그를 껴안았다. 상징적 장면은 화해의 제도로 이어졌다.

남아공 '진실과 화해 위원회'는 부끄러운 과거를 가진 나라들의 모델이 되었다. 진실을 고백하면 처벌하지 않는다, 정신은 참회의 물결로 이어졌다. 위원회 출범 뒤 5년, 스스로 과거를 고백한 이가 7천여 명에 이르렀다. "나는 일생 동안 백인이 지배하는 사회에도, 흑인이 지배하는 사회에도 맞서 싸웠다. 모든 사람이 평등한 기회를 갖고 함께 살아가는 사회를 건설하고자 했다." 이것은 대통령 만델라가 아니라 수인 만델라의 1964년 법정 최후진술이다.

그리고 내려놓았다. 만델라는 1999년 대통령직을 타보 음베키에게 넘겼다. 재임이 가능했지만 단임으로 끝냈다. 그러나 만델라의 투쟁은 끝나지 않았다. 만델라재단 등을 통해 빈곤과 에이즈에 맞서 싸웠다. 오프라 윈프리 같은 부자 흑인들이 그를 지원하는 친구였다. 빌 클린턴 같은 백인 리버럴도 그의 열렬한 지지자였다. 미국, 특히 자유주의자들의 그에 대한 사랑은 각별하고 각별했다. 이렇게 아름다운 마무리를 통해 그는 남아공뿐 아니라 지구촌의 '마디바'(어르신)가 되었다.

그의 의지는 세상을 향했지만, 그의 눈길은 내면을 떠나지 않았다. "27년 동안의 옥살이가 나에게 도움이 된 것이 있다면 고독의 고요함을 통해 소중한 말과 진심 어린 연설이 인생에 얼마나 좋은 영향을 미쳤는지 깨닫게 했다는 점이다."

– 한겨레21 2013.12.16

1. 만델라 죽음에 대하여 남아공 국민들은 어떠한 감정을 느꼈는가?

2. 만델라를 핍박한 백인들이 만델라의 용서와 관용적 태도에 대하여 어떠한 감정을 느꼈는가?

3. 만델라 죽음을 통해 내가 느낀 점은 무엇인가?

[6] 감정 일기 쓰기

“내 주변에서 일어난 사건이나 이야기를 기술하고 그 사건과 이야기 속에 들어있는 복잡한 나의 감정을 분석하여 기록하는 활동입니다.”

1. 진행단계

① 교사가 감정 일기를 쓰는 이유에 대하여 설명한다.

② 학생들이 자기가 직접 경험했던 사건이나 이야기를 기술하고 그 속의 내 감정을 분석하여 기록한다.

③ 모둠 안에서 감정 일기를 이야기한다.

④ 일기 내용에 대하여 적극적인 반응을 보인다.

2. 준비물

감정 일기장

3. 유의사항 및 기타

- 감정 목록을 활용하여 사건이나 이야기 속 다양한 감정을 분석할 수 있도록 한다.
- 모둠 안에서 일기 내용을 발표할 때 다른 모둠원들이 적극적으로 긍정적인 반응을 하게 한다.

감정 일기장

학년 반 번 이름 :

년 월 일	[감정을 기록하기]

Social
Skill

사회적 기술의 실제

秋

가을.

13. 과제 수행하기

14. 힘든 친구 격려하기

15. 경청 / 공감하기

16. 분노 다스리기

17. 의사결정하기

18. 소곤소곤 이야기하기

과제 수행하기

"과제 수행하기란

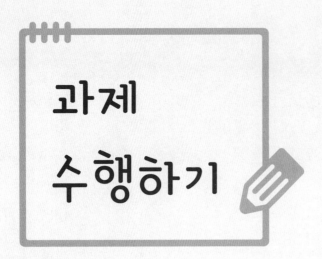

정해진 시간 안에 학습 과제를 만들어 선생님에게 제출하는 것입니다."

"과제 수행하기란

______________________________ 입니다."

관련 덕목 : 성실, 책임, 근면, 시간 관리

1. 과제 수행하기

[1] 과제 수행하기의 필요성

> 형석이네 모둠은 다른 모둠에 비해 학습 과제 속도가 느린 편이다. 그 이유는 모둠 이끔이 역할을 맡고 있는 형석이부터 모둠 이끔이 역할을 하고 싶지 않은데, 선생님이 시켜서 마지못해 하게 되었다. 게다가 우리 반에서 장난꾸러기 학생들이 상대적으로 형석이네 모둠에 많이 몰렸다. 그러다 보니 모둠 활동 시 다른 모둠에 비해 학습 활동이 잘 이루어지지 않는다. 아이들끼리 장난치거나 잡담을 하는 경우가 많고, 결국 모둠 활동 시 주어진 학습 과제를 완성하지 못하는 경우가 많았다. 형석이네 모둠원들은 수행 평가나 성적에 그리 신경을 쓰지 않기 때문에 과제 수행을 다하지 못해도 그것을 심각하게 생각하지 않았다. 형석이도 주어진 시간 안에 모둠 과제를 수행하고 싶지만 모둠원들이 협조적이지 않으니까 결국 포기하고 말았다. 그러다보니 선생님에 따라서 무서운 선생님인 경우에는 대충 과제를 완성하지만 착한(?) 선생님인 경우에는 제대로 모둠 과제를 하지 않고 넘어가는 경우가 많다.

과제 수행하기는 학습에 있어서 기본적인 규칙이라고 할 수 있습니다. 특히 정해진 시간 안에 과제를 수행하는 것은 습관화될 수 있어야 합니다. 시간적인 여유가 있다고 생각해서 대충 과제를 수행하다 보면 정해진 시간 안에서 과제를 완성하기 힘들어질 수 있습니다. 과제가 밀리기 시작하면 다음 시간에 해야 할 과제까지 쌓이게 되어 나중에는 과제 수행 자체를 포기할 수 있습니다.

수행 평가 시 교사가 과제를 완성하지 못한 경우, 낮은 점수를 부여하는 것으로 그 역할을 그치는 경우가 많습니다. 점수 부여도 중요하지만 그보다는 학생들이 주어진 과제를 미루지 않고 부지런하게 과제를 완성할 수 있는 습관을 기를 수 있도록 지도하는 것이 더 중요합니다. 과제 수행하기는 책임감과 근면(부지런함)의 맥락에서 지도가 꾸준히 이루어져야 합니다. 과제 수행하기가 잘 이루어지지 않는 개별 학생이나 특정 모둠의 경우에는 그 원인을 파악해서 그에 맞는 지도를 실시해야 합니다.

[2] 과제 수행하기의 활용 방안 및 유의사항

- 과제 수행하기는 수업 시간에 지켜야 할 기본적인 규칙이긴 하지만 현실적으로 꾸준히 잘 지키지 못하는 경우가 많으므로, 교사가 일관성을 가지고 지도해야만 합니다. 일관성 있게 지도하지 않으면 쉽게 무너지기 때문입니다.

- 주어진 시간 안에 과제를 완성하지 못한 경우, 그 이유를 냉철하게 진단하고 다음 행동을 취하는 것이 좋습니다. 예를 들어 학습 시간이 절대적으로 부족하거나 과제 분량이 너무 많은 경우, 다음 수업 시간에 할 수 있도록 하거나 과제를 부여할 수 있습니다. 하지만 과제 난이도가 높지 않고 주어진 시간 안에 충분히 수행할 수 있음에도 불구하고 과제 수행 집중도가 떨어져서 과제를 완성하지 못했다면 책임감 측면에서 접근해야 할 것입니다.

[3] 사회적 기술 센터

- 이렇게 말해요

  "이번 시간 안에 과제를 완성하자.", "열심히 해보자.", "오늘 일은 오늘 안에 마치자.", "네가 주어진 시간 안에 과제를 완성했다니 정말 대단해."

- 이렇게 행동해요

  정해진 시간 안에 과제를 완성한 경우 : 엄지 세워 올리기, 손으로 물결 치며 와우라고 외치기, 박수치기

  정해진 시간 안에서 과제를 완성하지 못한 경우 : 쉬는 시간, 점심시간, 방과 후 시간에 나머지를 완성하기, 수행 평가 점수 페널티 적용하기

2. 과제 수행하기 활동

[1] 스스로 과제 완성하기

"스스로 과제를 완성할 수 있도록 계획을 세우고 점검하는 활동입니다."

1. 진행단계

① 교사가 스스로 과제 완성하기의 중요성에 대하여 이야기한다.

② 아침 자습 시간을 통해 오늘 해야 할 일을 노트나 수첩, 플래너 등에 기록할 수 있는 시간을 부여한다.

③ 종례 시간을 통해 오늘 해야 할 일을 잘 했는지 아침에 기록한 것을 보고 점검한다.

④ 스스로 과제를 잘 완성한 학생들을 자리에서 일어나게 한 다음 나머지 학생들이 박수나 칭찬 신호를 보내도록 한다.

2. 준비물 노트 (수첩, 플래너)

3. 유의사항 및 기타

- 스스로 과제를 완성하기 습관을 학생들이 가질 수 있도록 꾸준히 지도하는 것이 필요하다.
- 칭찬과 격려를 통해 스스로 과제를 완성할 수 있도록 동기 부여하는 것이 필요하다.
- 교사가 먼저 자기가 직접 실천하는 것이 필요하다. 아침에 출근해서 오늘 해야 할 일을 메모하고 퇴근할 무렵 오늘 해야 할 일을 제대로 했는지 점검하는 습관이 필요하다. 교사가 먼저 실천해야 학생들에게 실천할 수 있도록 동기 부여할 수 있다.

4. 참고 자료 김현섭 외(2012), 협동학습3, 한국협동학습센터

[2] 과제물 함 만들기

"교무실 앞쪽이나 교실 안에 과제물 함을 만들어 두고, 매일 꾸준히 학습 과제를 점검할 수 있도록 하는 것입니다."

1. 진행단계

① 교사가 수업 시간에 활용하는 워크북을 배부한다.

② 종례 시간 이전까지 그날 작성한 워크북을 교무실이나 교실 안에 비치된 과제물 제출함에 넣고 간다.

③ 교사가 워크북 내용을 확인하고 확인 도장이나 사인을 한다. 그리고 과제물 제출함에 워크북을 넣는다.

④ 다음날 아침 학생들이 자기 워크북을 과제물 함에서 찾아간다.

2. 준비물 과제물 함

3. 유의사항 및 기타

- 영어와 수학 등 매일 꾸준히 공부해야 할 과목을 중심으로 추진한다.
- 초등학교의 경우, 자기 교실에 설치하면 좋고, 중등학교 중 교과 교실제를 실시하는 경우, 교사가 관리하는 교과교실 안에서 과제물 함을 설치하면 좋다. 일반 중등학교에서는 교무실 출입구 쪽에 과제물 함을 설치하면 좋다.
- 과제물 함에 넣어둔 워크북이 분실되지 않도록 관리를 잘해야 한다.

소명중고등학교 과제물함

[3] 반응 대가

"수업 시간 안에 과제를 수행하지 못한 경우, 쉬는 시간이나 방과 후에 나머지 과제를 수행할 수 있도록 하는 것입니다."

1. 진행단계

① 교사가 수업 시간에 학습 과제를 부여한다.

② 수업 시간 안에 과제를 수행하지 못한 개인이나 모둠은 쉬는 시간이나 방과 후에 교실에 남아서 과제를 다 수행할 수 있도록 한다.

2. 유의사항 및 기타

- 정해진 시간 안에 과제를 완성하지 못했다고 야단치는 방식보다는 완성하지 못한 과제를 끝까지 할 수 있도록 시간을 주고 점검하는 것이 좋다.
- 정해진 시간 안에 학습 과제를 수행할 수 있도록 과제 수행 활동 전에 이야기를 한다.
- 일부 학생들의 경우, 과제 점검을 꾸준히 하지 않으면 과제를 성실하게 제출하지 않는 경우가 있다. 그러므로 교사가 관심을 가지고 꾸준히 지도할 수 있어야 한다.
- 나머지 과제 수행 공간을 교무실보다는 특별 교실이나 별도의 교실에서 실시하도록 하면 좋다. 교사가 옆에서 함께 하는 것이 좋다.

3. 참고 자료

김현섭 외(2012), 협동학습1, 한국협동학습센터

[4] 개인 역할 기여도에 따른 차등 평가

"모둠 과제 수행 시 개인 역할 기여도에 따라 다르게 점수를 부여하는 하는 것입니다."

1. 진행단계

① 교사가 모둠 과제 부여 시 모둠 과제 수행 요령 및 수행 평가 채점 기준에 대하여 제시한다.

② 학생들이 모둠 과제를 수행한다.

③ 학생들의 모둠 과제 수행 결과를 채점한다.

④ 개인별 학생 인터뷰를 통해 개인 역할 기여도를 확인하고 이에 따라 점수를 차등하여 점수를 부여한다. 다른 학생들보다 많은 기여를 했으면 1-2등급을 올려주고, 원래 역할대로 수행했으면 원 점수 그대로, 다른 학생들에 비해 소극적으로 참여했으면 1-2 등급을 감점한다. 수행 평가 활동 미 참여 시 0점 처리를 한다.다.

2. 준비물 모둠과제 수행평가 점검지, 모둠 프로젝트 수행평가 채점 기준표

3. 유의사항 및 기타

- 수행평가 부여 시 수행 평가 기준과 개인역할 기여도에 따른 점수 부여 원칙에 대하여 충분히 설명한다.
- 개인 역할 기여도 측정 시 정직이라는 원칙을 강조하여 실시한다. 개인 역할 기여도 측정 시 구체적으로 개인이 한 역할을 직접 확인하고 상호 과제 수행 정도를 모둠별로 맞추어본다. 그리고 해당 과제 수행 방식에 대하여 구체적으로 질문하여 부정행위가 일어나지 않도록 주의한다. 부정행위 시 점수 감점 등 원칙에 따라 엄격하게 처리한다.

3. 참고 자료

김현섭 외(2012), 협동학습1, 한국협동학습센터

활동지

모둠과제 수행평가 점검지

학년　　반　　번　이름 :

나를 평가하기

모둠 내 나의 역할 (이끔이, 칭찬이, 기록이, 지킴이 등)	
원래 내가 맡기로 한 역할	
실제 내가 수행한 내용	
과제 수행 시 좋았던 점	
과제 수행 시 아쉬웠던 점	

친구를 평가하기

(　　) 친구 (　　　)에 대한 역할 및 평가	☆☆☆☆☆
(　　) 친구 (　　　)에 대한 역할 및 평가	☆☆☆☆☆
(　　) 친구 (　　　)에 대한 역할 및 평가	☆☆☆☆☆
(　　) 친구 (　　　)에 대한 역할 및 평가	☆☆☆☆☆
(　　) 친구 (　　　)에 대한 역할 및 평가	☆☆☆☆☆

기타 선생님께 건의하고 싶거나 하고 싶은 말이 있나요?

힘든 친구 격려하기

"힘든 친구 격려하기란

친구가 힘들어 할 때 가만히 옆에 앉아서

친구의 이야기를 들어주는 것입니다."

"힘든 친구 격려하기란

____________________ 입니다."

관련 덕목 : 이해, 우의, 친절, 너그러움

1. 힘든 친구 격려하기

[1] 힘든 친구 격려하기의 필요성

영식이와 나는 아주 친한 친구이다. 평소에 장난도 잘 치며 둘도 없는 단짝이다. 그런데 어느 날 영식이가 연락도 없이 며칠 동안 학교에 나오지 않았다. 담임선생님은 영식이가 개인적인 집안 사정으로 학교에 잠시 오지 못할 거라고 했다. 걱정이 돼서 전화도 해봤지만 전화도 받지 않았다. 그리고서 며칠 후 영식이가 학교에 왔다. 평소와는 다르게 내가 다가가도 장난도 치지 않으며 어색하게 웃음 짓고 있는 것 같았다. 분명 영식이가 힘들어 보이는데 나는 무엇을 어떻게 영식에게 물어봐야 할지, 그리고 어떤 말로 영식에게 힘이 되어줘야 하는지 잘 모르겠다.

우리는 생활하면서 주위의 수많은 기쁜 일들이나 슬픈 일들을 직접적 혹은 간접적으로 체험하며 살아갑니다. 그런데 상대방에게 기쁜 일이 생기거나 나에게 좋은 일들이 생겼을 때 축하의 말은 자연스럽고 또 쉽게 할 수 있지만, 상대방에게 좋지 못한 일들이나 나의 불행 앞에서는 할 말을 잃고 맙니다. 그러나 나 또는 상대방이 힘이 들 때 옆에서 위로가 되어 주는 말이나 행동이 얼마나 필요한 지는 더 잘 알 수 있습니다. 말없이 조용히 다가와 힘든 자신을 안아 주는 것만으로도 다시 일어날 힘이 생기곤 합니다. 누구에게나 인생에 있어서 힘든 일은 마치 소나기처럼 불현듯 잠시 왔다가 갈 수 있습니다. '기쁨은 나누면 배가 되고, 슬픔은 나누면 반이 된다' 는 말처럼 우리가 서로에게 잠시 동안 편안하게 기댈 수 있는 사람이 되었으면 합니다.

[2] 힘든 친구 격려하기의 활용 방안 및 유의사항

- 친구가 힘들어 할 때 바로 다가갈 수 있는 용기도 많은 연습을 통해 자연스러워진다는 것을 알고 스스로 뿌듯한 경험을 많이 쌓을 수 있도록 노력합니다.

- 천사일지를 쓰는 활동 중간 중간에 정말 감동받았던 사례가 있으면 소개하여 학생들에게 더 많은 동기부여가 될 수 있도록 합니다.

- 가급적 상대방이 알지 못하게 쉽게 할 수 있는 천사 활동부터 하고 같은 활동을 똑같이 반복하지 않도록 해야 합니다.

[3] 사회적 기술 센터

- 이렇게 말해요
  "네가 그래서 마음이 아팠구나.", "이제 괜찮을 거야"

- 이렇게 행동해요
  손으로 하트를 만들어 주기, 어깨를 토닥여 주기, 안아주기

2. 힘든 친구 격려하기 활동

[1] 내 마음을 알아줘

"내가 힘들 때 친구들이 해줬으면 하는 말들을 알아가는 활동입니다."

1. 진행단계

① 학생들에게 지금까지 살아오면서 가장 힘들었을 때를 떠올려 보라고 한다.

② 그 때 내 주위에서 나를 위로해 줬던 말이나 행동 중에 아직까지 기억에 남는 것이 있다면 간단히 모둠원들에게 소개하는 시간을 갖는다.

③ 내가 들었던 말들을 제외하고 힘들 때 가장 듣고 싶은 말들을 분절된 종이에 2가지를 쓴다. 반면에 별로 듣고 싶지 않는 말들도 2가지 쓴다.

④ 칠판을 반으로 나눠서
듣고 싶은 말과, 듣고 싶지 않은 말들을 분류해서 붙여본다.

⑤ 가장 많이 나온 말/행동들을 뽑아서, 옆 친구에게 실제 상황처럼 연습해 본다.

2. 준비물

A4색지, 싸인펜, 활동지

3. 유의사항 및 기타

- 실제 내가 힘들었던 경험을 떠올리며 진심이 전해지는 활동을 할 수 있도록 한다.
- 선한 행동도 많은 연습이 필요함을 알고, 실제 상황처럼 진지하게 연습해 본다.

이렇게 해줄래?

이런 말이 듣고 싶어~	이렇게 말하지 말아줘~
(예시) "괜찮아?" "무슨 일 있어?"	(예시) "뭐 그런 일로 그래?" "야 심각하게 그러지마"
이런 행동을 해줘~	**이런 행동 하지 말아줘~**
(예시) 가만히 어깨를 토닥여준다. 급식을 대신 받아준다.	(예시) 옆에서 웃고 떠든다. 툭툭 치며 계속 장난친다.

1. 가장 듣고 싶은 말이나 행동을 뽑아서 적어보자.

Best 말	Best 행동
1	1
2	2
3	3

2. 별로 듣고 싶지 않은 말이나 행동을 뽑아서 적어보자.

Worst 말	Worst 행동
1	1
2	2
3	3

[2] 돌아가며 격려하기

"힘들었던 상황을 나누었을 때, 경청하고 서로가 공감해주며 격려의 말을 해 주는 활동입니다."

1. 진행단계

① 자신을 힘들게 했던 사건을 하나 떠올려 본다.
그 사건을 활동지에 적는다.

② 그 때 내가 정말 듣고 싶었던 말(격려)과 정말 듣고 싶지 않았던 말(비난, 비아냥)을 생각하면서 2~3가지 적는다.

③ 1번 학생이 자기가 힘들었던 이야기를 말한다. (이야기하기)

④ 2번 학생이 1번 학생의 이야기를 요약하여 다시 말한다. (다시 말하기)

⑤ 3번 학생이 1번 학생의 이야기에 대하여 그 속에 담긴 감정을 읽어준다. (감정 읽기)

⑥ 4번 학생이 1번 학생에게 1번 학생이 듣고 싶었던 격려의 말과 함께 4번 학생이 힘이 될 수 있는 격려의 말을 더한다. (격려하기)

⑦ 2번 학생이 이야기의 주인공이 되고 위와 같은 방식으로 돌아가며 격려를 한다.

2. 준비물 활동지

3. 유의사항 및 기타

- 실제 내가 힘들었던 경험을 떠올리며 진심이 전해지는 활동을 할 수 있도록 한다.
- 무엇보다 경청하고 공감하는 자세가 중요하다.
- 이야기를 들을 때 메모를 하면서 들으면 좀 더 집중이 되어 다시 말하기 때 좀 수월할 수 있다.
- 자신의 이야기를 할 수 있는 수용적인 분위기 조성이 중요하다.

4. 참고 자료 김현섭 (2013)

[3] 나는야~ 숨은 천사!!

"친구가 힘들어 할 때 가장 먼저 다가가 도움을 주는 활동입니다."

1. 진행단계

① 오늘 우리 반이나 학교 친구 중에서 힘들어 하는 친구가 있는지 살핀다.

② 그 친구에게 가장 먼저 다가가 친구의 마음을 알아준다.

③ 천사일지에 누구에게, 언제, 어떻게, 그 때 기분 등을 자유롭게 간단히 적는다.

④ 무슨 일을 하면 좋을지 생각하고 매 회마다 용기를 갖고 자연스럽게 행동한다

2. 준비물

친구를 기꺼이 돕고자 하는 마음, 망설여지더라도 한번 해보려는 용기

3. 유의사항 및 기타

- 내가 선행을 행할 때 상대방이 알지 못하도록 자연스럽게 행동한다.
- 억지로 하는 듯한 행동으로 상대에게 더 깊은 상처를 주지 않도록 유의한다.

천사 일지

1번째

2번째

3번째

4번째

5번째

6번째

7번째

8번째

9번째

1. 지난주에 나는 언제 어떻게 친구를 도왔나요? 가장 기억에 남은 일이 있나요?

2. 나의 행동에 가장 기뻐했던 대상이 있었나요?

3. 누군가를 도왔을 때 내 기분은 어떤가요?

경청 · 공감하기

"경청 / 공감하기란

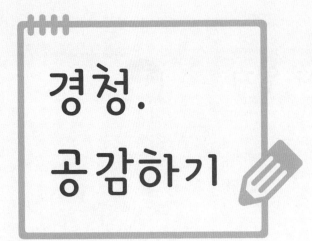

상대방이 이야기할 때 딴 짓하지 않고 상대방의 눈을 바라보며

집중하여 들어주고 이야기 내용 뿐 아니라 이야기 속에 감추어진

감정까지 알아차리는 것입니다."

"경청 / 공감하기란

____ 입니다."

관련 덕목 : 겸손, 사려, 이해, 존중

1. 경청 / 공감 하기

[1] 경청 / 공감하기의 필요성

> 2교시 수업이 시작되었다. 수업이 시작되었으나 먹을 것을 들고 있거나 친구와 장난을 하거나 아직 들어오지 않은 아이들이 있어 정신이 없다. 좀 정돈을 하고 수업을 하고 있는데 성진이가 형철이에게 물 좀 달라고 큰 소리를 친다. 수영이와 아름이는 소곤소곤하며 자신들의 이야기를 하느라 바쁘다. 교과서의 학습활동 문제를 풀고 경희가 발표를 하고 있는데 여기저기서 소곤거리는 소리가 신경에 거슬린다. 그래서 선생님이 조용해질 때까지 가만히 있으니 그때서야 눈치를 챘는지 경희의 발표를 듣는다. 이 분위기에서 아이들이 선생님과 친구들의 말을 귀 기울여 듣기란 쉽지가 않다.

자기중심적이거나 이기적인 사람의 경우 다른 사람의 입장을 헤아리지 못하고 자신의 입장만을 고집하게 됩니다. 서로의 감정이나 의견, 생각이 다를 수 있다는 것을 받아들이고 서로의 존재를 존중하기 위해서 다른 사람의 감정, 의견, 생각에 귀 기울일 수 있어야 합니다. 그리할 때 존재와 존재의 만남으로 각자의 입장을 지지하고 공유해 주며 성숙한 인격을 소유하게 되고 원만하면서도 친밀한 인간관계를 맺게 되고 삶의 만족도도 높아질 것입니다.

이런 소통은 서로의 마음과 생각이 통하는 것으로 그것은 경청을 전제로 합니다. 듣지 않고 각자의 이야기만 하고 있다면 쌍방향적 의사소통이 아닌 일방적 의사소통으로 의미 있는 대화는 이뤄지기 힘듭니다. 이야기할 때 몸과 마음으로 잘 들어주고 이해하면서 자신의 의견도 이야기하고 상대방의 말도 잘 들어주면서 의미 있는 상호작용으로 소통이 잘 이뤄지도록 하는 것이 필요합니다.

사람들은 누구나 존재 자체로서 인정받고 사랑받길 원하는 마음이 있는데 그것을 언어적, 비언어적으로 표현하고 이해하고 싶어 합니다. 그 과정에서 서로가 언어적, 비언어적 표현을 잘 들어주면 깊이 있고 친밀한 소통이 이뤄지면서 관계도 잘 맺게 되고 일도 즐겁게 하게 됩니다. 경청이 잘 이뤄지면 활동 할 때 집중력과 몰입도가 높아지고 상호 작용도 활발히 이뤄집니다. 그런 과정을 통해 사고력도 향상되고 존재 간의 만남으로 이어지며 공동체 안에서 안정감과 소속감을 갖게 됩니다.

학생들은 다른 사람의 말에 귀 기울여 경청하는 것을 힘들어 하기에 수업 시간에 산만해지고 집중력이 떨어지게 됩니다. 그리하여 학생들 간, 교사와 학생 간 상호작용이 힘들고 집중하는 분위기를 조성하는 데 많은 시간을 사용하게 되거나 아니면 포기하고 소란하고 산만한 상태로 진행하게 됩니다. 그렇게 때문에 경청하기라는 사회적 기술 훈련을 통해 서로를 존중하고 수업에 집중하고 몰입하는 수업 문화를 만들어 가야 합니다.

[2] 경청하기의 활용 방안 및 유의사항

- 교사가 본을 보입니다. 교사가 학생들의 말을 잘 듣지 못하면 학생들도 그것을 보고 배우게 됩니다. 학생 개개인의 말에 귀 기울여 주어 스쳐 지나가는 말이라도 반응을 해 줍니다. 혹 놓친 말이 있거나 시간이 촉박해 들어줄 수 없다면 양해를 구하거나 미안하다고 표현을 합니다. 학생들의 말에 하나하나 귀 기울이고 있다는 표현으로 책상 가까이 다가가서 듣거나 학생들 눈높이에서 듣는 모습을 보여 줍니다.

- 경청의 자세에 대해 구체적으로 안내하고 실천하게 합니다. 경청이라는 것이 추상적일 수 있습니다. 물론 마음으로 듣는 것도 중요하지만 몸으로 듣는 것도 연습이 필요합니다. 예를 들면 말하는 사람을 향해서 몸을 돌리기, 눈을 마주치기, 고개 끄덕끄덕하기 등의 구체적인 경청의 자세를 연습해 보도록 하면서 마음의 중요성도 함께 강조해 나가면 될 것입니다.

- 경청하지 않으면 멈추어야 합니다. 산만하고 소란한 분위기면 일단은 멈추고 경청할 때까지 기다려야 합니다. 만일 교사가 그냥 지나치면 학생들은 그래도 되는 줄 알고 더 경청을 하지 않게 됩니다. 무엇보다

일관성 있게 경청을 중요시하고 서로의 말에 귀 기울이도록 지속적으로 훈련하는 것이 중요합니다.

- 경청하기에 대한 학급의 의견을 모아 실천해 봅니다. 교사가 일방적으로 경청하라고 말하는 것보다는 학급 회의를 통해 경청하기의 구체적인 모습과 좋은 점에 대해서 말해보며 의견을 수렴하는 것이 좋습니다. 학급 내에서 나온 의견을 가지고 구체적인 경청의 모습을 써서 교실에 게시하고 학생들에게 상기시켜 주고 잘 지켜지고 있나 서로가 확인해 줄 수 있습니다.

[3] 사회적 기술 센터

- 이렇게 말해요

  "~ 이런 말이니? "
  "아! , 오! , 음, 그렇구나! 그래."

- 이렇게 행동해요

  고개 끄덕이기, 말하는 사람을 향해 몸을 돌리기, 눈을 마주치기,
  자신이 하던 말을 멈추기

2. 경청 /공감하기 활동

[1] 다시 말하기 카드

"내 이야기를 하기 전 앞에서 이야기한 친구의 이야기를 다시 말한 다음에 자기 이야기를 하는 것입니다."

1. 진행단계

① 교사가 모둠별 토의 주제를 제시한다.

② 모둠별로 돌아가면서 말한다. 이 때 자기 순서 앞에서 말한 친구의 의견을 요약하여 말한 뒤 자기가 하고 싶은 말을 한다.

2. 준비물

다시 말하기 OX (협동학습연구회 교구)

3. 유의사항 및 기타

- 다시 말하기 OX를 활용하면 좋다. 개인별로 카드(다시 말하기 OX, 말하기 OX)를 2장을 주고 다시 말하기 OX를 내려놓고 앞 사람 이야기를 요약하여 다시 말하고 말하기 OX를 내려놓으며 자기 이야기를 한다. 마이크를 사용하면 사용하지 않을 때보다 활동이 잘 진행된다.
- 규칙대로 토의가 진행될 수 있도록 교사가 지도한다.
- 모둠 토의 시 활용하거나 수업 마무리 단계에서 복습 활동으로 활용할 수 있다.

4. 참고 자료

케이건(1998), 협동학습, 디모데

활동 예시

※ 토의 주제 : 경청을 잘하기 위한 방법

- 수연 : 경청을 잘하기 위해서는 말하는 사람의 눈을 바라보며 들으면 돼.
- 선아 : 수연이는 경청을 잘하기 위해서 말하는 사람의 눈을 바라보며 들으면 된다는 말이지.(다시 말하기 OX 사용) 나는 경청을 잘하기 위해서는 다른 사람이 말할 때 메모를 하면서 들으면 집중해서 잘 들을 수 있더라.(말하기 OX 사용)

말하기, 다시 말하기 카드 자료 예시

[2] 듣고 그리기

"한 사람이 그림에 대하여 설명하면 나머지 모둠원들이 들은 내용을 토대로 그림을 그리는 것입니다."

1. 진행단계

① 교사가 모둠 대표 학생에게 한 장의 이미지(그림이나 사진, 도표 그래프 등) 종이를 나누어 준다.

② 모둠 대표 학생이 이미지에 대하여 말로만 설명한다.

③ 나머지 모둠원들이 들은 내용을 토대로 이미지를 그린다.

④ 원래 이미지를 공개 비교하여 원래 이미지와 비슷하게 그린 모둠에게 교사가 모둠 보상을 한다.

2. 준비물 이미지(그림이나 사진, 도표 그래프 등), 펜, 종이

3. 유의사항 및 기타

- 설명하는 과정에서 다른 모둠원들이 질문을 하지 않도록 한다. 오로지 설명을 들은 내용으로만 이미지를 그리도록 한다.
- 듣고 그리기는 일방통행이지만 쌍방통행 방식으로도 활용할 수 있다. 쌍방통행이란 모둠원들이 모둠 대표 학생에게 말로써 질문이나 확인을 하도록 하는 것이다.
- 일방통행에 비해 복잡한 이미지를 활용할 때 좋은 방법이다.
- 구체적으로 묘사하기와 상상하기 등의 능력과 의사소통 기술을 증진시킬 수 있다.
- 모둠 세우기 활동을 할 때 활용할 수 있다.

4. 참고 자료 케이건(1998), 협동학습, 디모데

활동지

듣고 그리기 이미지(예시)

일방통행

쌍방통행

[3] 짝 대신 말하기

"어떤 주제에 대하여 짝끼리 번갈아 이야기한 다음 교사의 질문에 대하여 짝을 대신하여 말하는 것입니다."

1. 진행단계

① 교사가 학생들에게 학습과제나 질문을 던진다.

② 학습과제에 대하여 짝끼리 이야기를 나눈다.

③ 교사가 학급 전체를 대상으로 특정 학생을 무작위로 선택하여 질문을 던진다.

④ 선택된 학생이 자신의 의견이 아니라 짝의 의견을 정리하여 학급 전체에서 발표한다.

2. 준비물 학습 과제나 질문 거리, 질문 공

3. 유의사항 및 기타

- 질문 공을 함께 사용하면 좋다.
- 3단계 인터뷰의 변형이라고 생각할 수 있다. 3단계 인터뷰는 모둠 안에서 이루어지는 활동이라면 짝 대신 말하기는 학급 전체 차원에서 활용할 수 있는 활동이다.
- 개별 학생에게 효과적으로 질문을 던지려고 할 때나 경청하기를 강조한 질문법을 사용하려고 할 때 좋다.
- 교사가 한 학생을 선택하여 그 학생의 답변을 이끌어내는 것보다 손쉽게 답변을 이끌어낼 수 있다. 자기 이야기를 말하는 것보다 남의 이야기를 말하는 것이 부담이 적기 때문이다.

Tip **활동 예시**

※ 학습 과제 : 자기 소개하기

- 짝끼리 이야기를 나눈 후, 학급 전체를 대상으로 특정 학생이 무작위로 선택되어 발표를 할 경우 자기소개를 하는 것이 아니라 짝에게 들은 내용을 소개한다.

4. 참고 자료 제이콥스 외(2011), 아하 협동학습, 시그마프레스

내 마음 창문열기

학년　　　반　　　번　이름 :

1. 별칭 :

2. 나를 표현할 수 있는 말 세 가지:

3. 내가 좋아하는 것들 :

4. 요즘 나의 고민과 그 이유 :

5. 선생님께 바라는 점 :

학년　　　반　　　번　이름 :

1. 별칭 :

2. 나를 표현할 수 있는 말 세 가지:

3. 내가 좋아하는 것들 :

4. 요즘 나의 고민과 그 이유 :

5. 선생님께 바라는 점 :

[4] 3단계 인터뷰

"짝의 이야기를 적극적으로 경청하고 다른 모둠원들에게 짝의 이야기를 대신하여 이야기하는 것입니다."

1. 진행단계

① 모둠 안에서 두 명씩 학생들끼리 짝을 지어준다.

② 짝끼리 주어진 주제에 대하여 번갈아 이야기한다.

③ 짝을 대신하여 다른 모둠원들에게 대신하여 이야기를 해 준다.

2. 준비물

말하기 OX (협동학습연구회 교구)

3. 유의사항 및 기타

- 인터뷰 단계를 보다 세분화한 4단계 내지 6단계 인터뷰 방법도 있다.
- 경청하기가 얼마나 중요한지 학생들에게 이야기해 준다.
- 마이크 모형을 만들어 활용하면 더욱 효과적으로 활용할 수 있다.
- 2인칭으로 짝을 소개하지 않고 1인칭으로 소개하는 것도 좋다.
  즉, 내가 짝이 되어서 자신을 소개하듯이 짝을 소개하는 것이다.
- 어떤 질문이든지 모둠 내에서 서로 묻고 답변할 뿐만 아니라
  다른 듣지 못한 사람에게 전달한다는 점에서 상호작용을 만들어 낸다.
- 학습지에 인터뷰한 내용을 기록하는 것도 좋은 방법이다.
- 모둠 세우기 활동 시 서로 소개할 때, 경청하기에 대한
  사회적 기술 훈련이 필요할 때, 모둠 안에서 토의를 할 때 좋다.

4. 참고 자료

케이건(1998), 협동학습, 디모데

Tip

※ **interviwer**(면접관) : 인터뷰하는 사람

※ **interviwee**(응시자) : 인터뷰 당하는 사람

Tip

활동 예시

※ 학습 과제 : 오늘 수업을 통해 배운 것은?

-1단계 : 수연이와 선아가 짝이라면 먼저 수연이가 선아에게 "오늘 수업을 통해 배운 것이 무엇이니?"라고 묻고 선아가 그에 대해 답변을 한다.

-2단계 : 이제는 바꿔서 선아가 수연이에게 "오늘 수업을 통해 배운 것은 무엇이니?"라고 묻고 수연이가 그에 대해 답변을 한다.

-3단계 : 짝 활동을 마치면 모둠에서 오늘 수업을 통해 배운 것에 대한 주제로 돌아가며 이야기를 나눌 때 수연이는 선아가 이야기한 것을, 선아는 수연이가 이야기한 것을 말한다. 이 때 짝은 자신의 답변이 잘 전달되는지 살펴보고 정정할 사항은 정정한다.

3단계에서는 전달식이므로 전 활동 과정에서 경청이 매우 중요하다.

[5] 모둠 점검

"어떤 주제에 대하여 모둠 토의를 하고 학급 전체를 대상으로 발표하는 경우, 마무리 단계에서 교사가 무작위로 모둠을 선택하여 다른 모둠이 발표한 내용을 다시 말하게 하는 것입니다."

1. 진행단계

① 교사가 학생들에게 학습과제나 질문을 던진다.

② 학습과제에 대하여 모둠끼리 이야기를 나눈다.

③ 모둠에서 나온 이야기를 학급 전체에게 발표한다.

④ 마무리 단계에서 교사가 학급 전체를 대상으로 무작위로 모둠을 선택하여 다른 모둠이 발표한 내용을 다시 말하게 한다.

2. 준비물

랜덤(무작위 선택) 프로그램, 모둠/개인 격려스티커

3. 유의사항 및 기타

- 랜덤 프로그램을 활용하면 더 흥미롭게 진행할 수 있다.
- 지명을 받은 학생이 발표를 잘하면 모둠 스티커 등을 활용하여 보상을 하고 그렇지 못한 경우에는 간단한 벌칙을 부여할 수도 있다.
- 교사가 다른 모둠의 발표 내용 중 일부를 퀴즈로 만들어 다른 모둠들이 모둠 칠판을 사용하여 맞추도록 할 수도 있다.
- 전체 모둠을 대상으로 한다.

4. 참고 자료

케이건(1998), 협동학습, 디모데

[6] 이야기 대화법(Story-crafting)

"말하는 사람은 이야깃거리만 생각하고, 듣는 사람은 열린 태도만 갖추고 있는 그대로 들어주기 위해 기록하고 수정하는 활동입니다."

1. 진행단계

① "하고 싶은 이야기를 하세요. 그럼 제가 그대로 받아 적을 것입니다. 이야기가 끝나면 제가 큰 소리로 읽겠습니다. 그러고 나서 원하면 그 이야기를 변경할 수 있답니다." 라고 상대방에게 말해 준다.

② 말하는 사람이 이야기를 한다.

③ 듣는 사람은 말하는 대로 받아 적는다.

④ 듣는 사람이 써 놓은 이야기를 한 사람에게 읽어준다.

⑤ 말하는 이가 보충해야 할 것이나 잘 못 들었다는 내용이 있으면 말하는 이가 원하는 대로 수정한다.

2. 준비물

종이, 펜

3. 유의사항 및 기타

- 듣는 사람은 말하는 도중에 끼어들거나 이야기 내용을 예단해서는 안 된다.
- 듣는 사람은 성급하게 반응하는 것을 방지하고, 말의 내용에 집중하도록 한다.
- 말하는 사람은 스스로 무엇을 이야기할지 결정하고, 할 이야기와 하지 말아야 할 이야기를 결정할 수 있어야 한다.

4. 참고 자료

모니까 리이헬래(2010), 핀란드가 말하는 핀란드 경쟁력 100, 비아북

[7] 경청 역할극

"경청해 줄 때와 경청해 주지 않을 때의 느낌이 어떤지 의도적인 상황을 설정해 역할극을 해 보며 경청의 중요성을 생각해 보게 하는 활동입니다."

1. 진행단계

① 두 사람이 짝이 되어 말하는 사람과 듣는 사람의 역할을 정한다.

② 진행자가 말할 주제를 준다.

③ 말하는 사람이 이야기할 때 처음에는 듣는 사람이 잘 들어주다가 진행자가 딴 짓을 하라고 하면 잘 들어주지 않는 의도적인 행동을 한다.

④ 역할을 바꾸어서 해 본다.

⑤ 활동을 하고 난 후의 잘 들어줄 때와 들어주지 않을 때의 느낌을 나눈다.

2. 준비물

이야기 할 주제

3. 유의사항 및 기타

- 진행자가 이야기 할 주제를 준비한다.
- 잘 들어주다가 안 들어주는 시점에서 진행자가 지시를 해 준다.
- 의도적인 상황을 만들어 보는 것이기 때문에 역할에 몰입하여 과장되게 안 듣는 모습을 보여 주게 한다.

[8] 사실과 느낌의 말 카드로 경청하기

"사실의 말과 느낌의 말 카드를 가지고 상대방의 말을 들어주는 활동입니다."

1. 진행단계

① 각자가 이야기하고 싶은 것을 사실의 말과 느낌의 말로 생각하거나 쓴다.
(예 : 사실의 말-"나는 100점을 맞았어.", 느낌의 말-"그래서 매우 기뻐.")

② 말하는 사람이 사실의 말을 할 때는 사실의 말 카드를, 느낌의 말을 할 때는 느낌의 말 카드를 듣는 사람에게 내려놓으며 이야기한다.

③ 듣는 사람은 말하는 사람의 이야기를 사실의 말을 할 때는 사실의 말 카드를 집어 들며, 느낌의 말을 할 때는 느낌카드를 집어 들며 말한 사람이 이야기한 것을 받아준다.

④ 역할을 바꾸어 해 본다.

2. 준비물

사실의 말 카드와 느낌의 말 카드, 활동지

3. 유의사항 및 기타

- 진행자가 먼저 시범을 보여 헷갈리지 않도록 명확하게 안내해 준다.
- 사실과 느낌의 말이 드러나는 이야기 거리를 선정한다.
- 사실과 느낌을 잘 구분하여 이야기하도록 한다.
- 짝 활동만이 아닌 모둠활동으로 해도 된다.

Tip 사실의 말, 느낌의 말 카드 자료 예시

공감적 경청 실습

1. 공감적 경청 실습 ('~구나' 용법)

1) **사실 인정** (상대방의 사실적인 말의 끝에 '구나'를 붙여서 그대로 인정해 준다.)

2) **상대방 마음 알아주기** (사실적인 말에 들어 있는 상대방의 마음을 헤아려 준다.)

3) 예를 들면?

> 혜영: 이번 시험에서 저 국어를 100점 맞았어요.
> ① 사실 인정: 혜영이가 이번 시험에서 국어를 100점 맞았구나.
> ② 상대방 마음 알아주기: 그래서 기쁘겠구나.

4) '구나'용법을 적용하여 다음 대화에 적절한 표현을 해 보세요.

제시문 1: 혜정이가 "제겐 수학이 너무 어려워요."
① 사실 인정 :
② 상대방 마음 알아주기 :

제시문 2:
① 사실 인정 :
② 상대방 마음 알아주기 :

2. 공감적 경청 실습 (카드를 이용한 공감적 경청)

1) 사실의 말을 할 때는 사실 카드를, 느낌의 말을 할 때는 느낌 카드를 들고 이야기한다.

2) **사실의 말** (어제 이사했어, 학원에 갔어, 책을 읽었어 등)

3) **느낌의 말** (기쁘다, 슬프다, 즐겁다, 쓸쓸하다, 우울하다, 외롭다 등)

4) 예를 들면?

> 혜영: 발표를 앞두고 있어서 불안하고 초조해요.
> 선영: 혜영이가 발표를 앞두고 있어서 불안하고 초조하구나.
> 그 마음 공감하고 나는 어제 오랜만에 친한 친구를 만나서 즐거웠어.

5) 자신의 상황에서 사실의 말과 느낌의 말을 적어 보세요.

사실의 말:
느낌의 말:

3. 다음 대본을 공감적 경청 방법을 이용하여 고쳐 보세요.

〈공감적 경청이 이루어지지 않은 역할극 대본〉

근영이는 외동딸이다. 집안에 아이들이 없어 늘 홀로 지내다가 시골에서 사촌 언니가 방학이 되어 놀러 왔다. 둘이서 재미있게 놀다가 언니가 떠나야 할 날이 왔다. 그날 근영이가 어머니에게 다가와서 하는 말이다.

근　영: (시무룩한 표정으로) 언니가 가버리면 난 또 외톨이가 될 거야.
어머니: 뭘 걱정이니? 너 친구도 많고 또 다른 친구들과 사귀면 될 거 아니냐?
근　영: 소용없어! 난 또 외로울 거야.
어머니: 좀 지나면 괜찮을 테니 걱정하지 마.
근　영: 엄마는 몰라! 내 마음을 모른단 말이야.(흐느껴 울기 시작한다.)
어머니: 넌 다 큰 아이가…… 어린애 같이 울긴 왜 울어.
근　영: (어머니를 못마땅한 눈으로 쳐다보며 자기 방으로 들어가 문을 꽝 닫아 버린다.)

〈공감적 경청이 이루어진 역할극 대본〉

근영이는 외동딸이다. 집안에 아이들이 없어 늘 홀로 지내다가 시골에서 사촌 언니가 방학이 되어 놀러 왔다. 둘이서 재미있게 놀다가 언니가 떠나야 할 날이 왔다. 그날 근영이가 어머니에게 다가와서 하는 말이다.

근　영: (시무룩한 표정으로)언니가 가버리면 난 또 외톨이가 될 거야.
(어머니: 　　　　　　　　　　　　　　　　　　　　　　　　　　　　　)
근　영: 그래. 엄마! 그동안 언니가 와서 참 재미있었는데…….
(어머니: 　　　　　　　　　　　　　　　　　　　　　　　　　　　　　)
근　영: 나도 동생이나 언니가 있었으면 좋겠다.
(어머니: 　　　　　　　　　　　　　　　　　　　　　　　　　　　　　)
근　영: 정말 그래, 엄마! 가끔 쓸쓸할 때가 있어.
(어머니: 　　　　　　　　　　　　　　　　　　　　　　　　　　　　　)
근　영: (엄마 어깨에 손을 얹으면서) 엄마! 우리 다음 주에 외갓집에 갈까?
(어머니: 　　　　　　　　　　　　　　　　　　　　　　　　　　　　　)
근　영: 야! 신난다. 엄마 나 숙제할래.

4. 이번 시간을 통해서 배운 것을 결심 문장으로 표현해 봅시다.

나는 과거에 말하고 들을 때 ______________________________

앞으로는 ______________________________ 해보겠습니다.

[9] 경청 신문 만들기

"경청의 중요성이나 구체적 방법 등에 관하여 개인이나 모둠이 신문을 만들어 보는 활동입니다."

1. 진행단계

① 경청 책을 읽거나 경청에 관한 영상 등의 자료를 본다.

② 진행자가 경청 신문에 들어갈 내용들을 제시해 준다.

③ 개인이나 모둠이 경청에 관한 다양한 주제를 가지고 신문을 만든다.

④ 만든 신문을 발표해 보고, 학급에 게시한다.

2. 준비물

『경청』(조신영, 2007, 위즈덤하우스), 머메이드지(B4), A4지, 색종이, 가위, 자, 풀, 색연필, 사인펜, 볼펜, 사진, 그림

3. 유의사항 및 기타

- 경청 책을 몰입하여 읽을 수 있는 분위기를 조성한다.
- 여건이 되면 한 반이 모두 읽을 수 있도록 경청 책을 학교 도서실에 구입해 둔다.
- 책을 구입하기 힘들 경우 내용을 요약해 주거나, 경청에 관한 영상을 보여 주는 등 다른 자료들을 준비해 경청에 대한 배경 지식을 갖도록 한다.
- 신문에 들어갈 자료와 꾸밀 재료를 준비해 오도록 한다.
- 경청 신문은 개인이나 모둠으로 만들 수 있다.
- 신문의 형태만이 아닌 미니북 등 다양한 형태로 만들어도 좋다.
- 모둠으로 할 경우 모둠원 각각 기사 내용을 나누는 등 역할 분담을 해서 하나의 공동 작품으로 만든다.

4. 개발자 박준영(2013)

경청 신문 만들기

1. 학습 목표

① '경청'책을 읽고 줄거리를 요약해 보고, 내용을 이해한다.
② '경청'책을 읽고 삶에 로그인해 보고 삶 속에서 실천한다.
③ '경청'책을 읽고 다양한 주제로 신문을 만들어 본다.
④ '경청'책을 읽고 내용을 이해하고, 분석하여 나름대로 종합할 수 있는 내면화 능력과 창의력, 사고력을 기른다.

2. 신문 이름 : ____________________

3. 기사 내용의 예

- '경청'책을 읽고 소감문, 줄거리 쓰기나 내용 요약, 등장인물과 가상 인터뷰, 등장인물에게 편지쓰기, 이 책을 소개하거나 추천하고 싶은 사람에게 편지쓰기, 책을 읽고 나에게 편지쓰기
- 책을 읽고 좋았거나 인상 깊은 말들 모음집 만들기, 결말 바꿔 쓰기, '경청'책 독서 퀴즈, '경청'책으로 삼행시 짓기, 낱말(핵심어) 퍼즐 만들기, '경청'책 광고문이나 홍보문 만들기, 경청운동 정리해 보기
- 자신이 경청했던 경험, 경청을 받아서 기분 좋았던 경험, 남이 경청을 해주지 않아서 섭섭했던 경험, '경청'에 대한 나의 생각이나 의견, 내가 삶 속에서 경청을 실천할 수 있는 부분, 나만의 경청운동 만들기
- 그림 그리기, 만화 그리기, 경청에 관한 사진이나 그림 붙이기, 경청에 관한 포스터 그리기, 경청에 관한 시나 소설, 수필(나의 이야기)쓰기, 경청에 관한 좋은 글, 경청에 관한 다른 사람들의 의견이나 생각 등

4. 수업 계획

차시	내 용	준비물 및 세부 활동	비 고
4차시	계획 세우기 및 자료 찾기 / 기사 작성	신문명, 지면 계획서 작성, 필기도구 준비한 자료를 바탕으로 세부 기사 작성	학습지/ 자료
	신문 만들기	머메이드지(B4), A4지, 색종이, 가위, 자, 풀, 색연필, 싸인펜, 볼펜, 사진, 그림 등 다양한 준비물 구비	자료/각종 준비물

5. 계획서

지면 계획-신문 지면에 들어 갈 중심 내용이나 꾸밀 모양 등을 정리하며, 지면을 더 늘려도 되고, 신문 모양도 자유롭게 창의적으로 만들어도 된다.

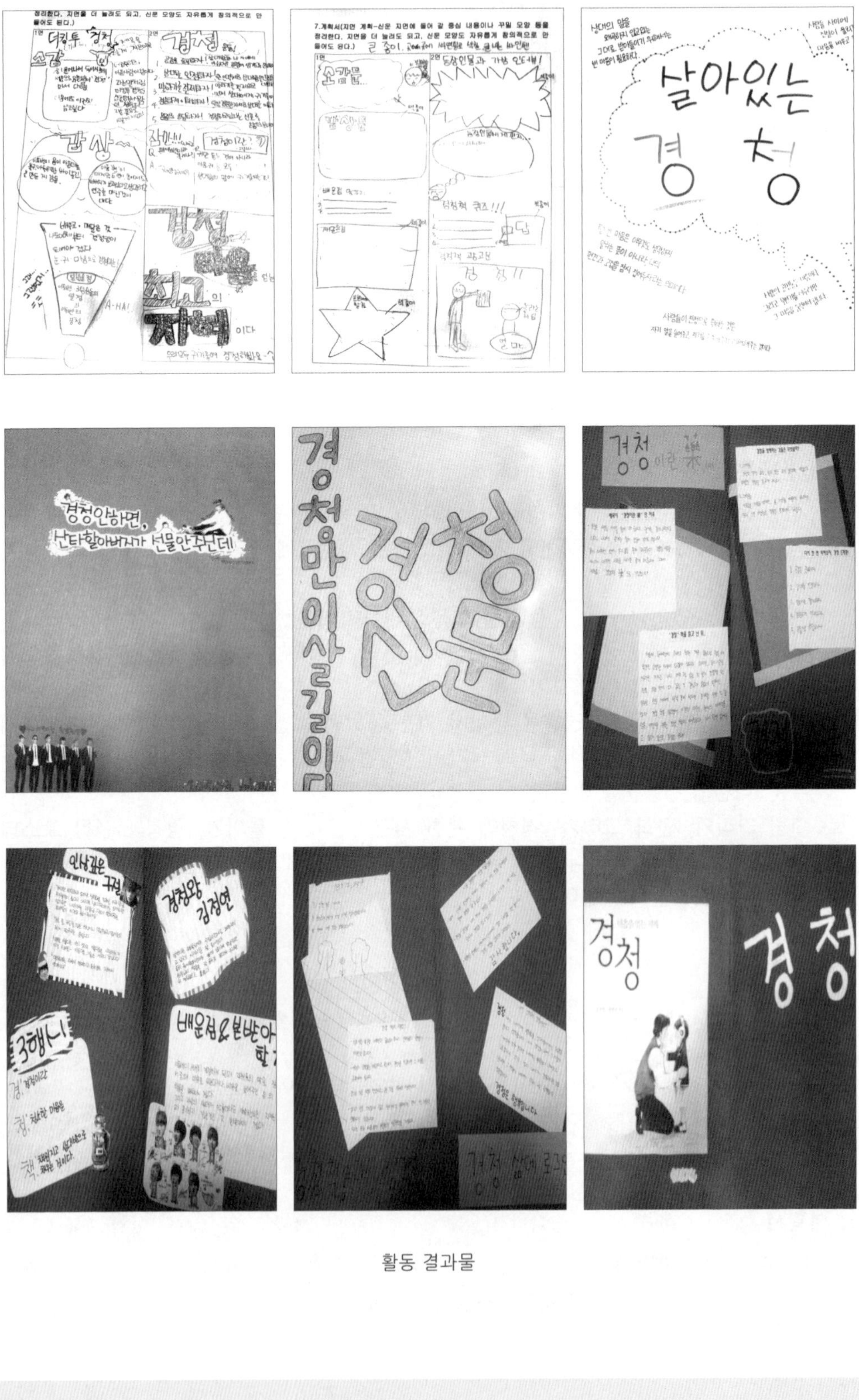

활동 결과물

분노 다스리기

"분노 다스리기란

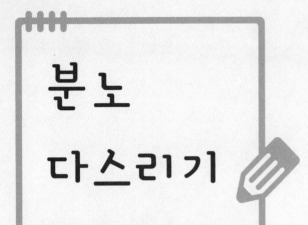

친구가 내 그림에 실수로 물을 엎질렀을 때

바로 소리를 지르지 않는 것입니다."

"분노 다스리기란

______________________________ 입니다."

관련 덕목 : 절제, 사랑, 배려, 공감, 온유, 인내, 화평, 이해, 정의

1. 분노 다스리기

[1] 분노 다스리기의 필요성

> 여민이랑 잡기 놀이 하고 있었어요. 여민이가 먼저 나를 잡고 그 다음 내 차례가 되어 여민이를 잡으려고 하는데 갑자기 해성이가 끼어들어 자기도 하겠다며 내 실내화 한 짝을 뺏어 들어 달리는 거예요. 화가 나서 내놓으라고 소리치며 뛰어가다가 모퉁이에서 나오는 한문선생님과 부딪혔어요. 제가 너무 빨리 달려서 한문선생님이 나오시는 걸 못 봤어요. 그런데 한문선생님은 저한테 자꾸 뭐라고 하는 거예요. 해성이가 내 실내화를 뺏어서 갔다고요. 내 잘못이 아니잖아요. 정말 너무 열받아요. 그래서 나도 모르게 소리를 지르게 된 거예요.

빠르게 급변하는 현대 사회에서 사람들은 대부분 빨리 빨리에 익숙해져 무언가 자신이 원하는 방향으로 되지 않았을 경우 그것의 원인을 해석하고 이해하려는 노력보다는 그 상황자체에 분노하여 그 분노를 쏟아낼 상대를 찾고 그 상대에게 자신이 가진 분노를 그대로 다 쏟아냅니다.

분노의 감정은 사랑이나 슬픔, 기쁨과 같이 지극히 정상적인 감정이지만 분노가 일어나는 상황을 제대로 분별하지 못하고 순간적인 판단으로 쉽게 행동하는 것은 개개인의 성격 문제이며 이는 사회 문제로까지 이어집니다. 많은 사람들은 자신의 분노의 감정을 잘 알고 있음에도 불구하고 그것을 어떻게 조절해야 하는지 알지 못하고 있으며 또한 자신의 분노의 감정을 잘 정화시키기 위해 어떤 노력을 해야 하는지 알지 못합니다. 그러다보니 화가 나는 상황이 될 때 어떻게 해야 할지 몰라 공격적으로 변하거나 회피하여 우울증에 빠지기도 합니다.

특히 청소년들은 학업 등으로 받는 스트레스로 인해 작은 일에도 분노를 느끼며 이를 쉽게 표출하다보니 이 분노의 감정은 사춘기 시절 교우 관계, 부모와의 관계, 혹 그 이외의 관계에서의 갈등의 주원인이 됩니다.

여기에서는 쉽게 분노하는 자신을 돌아보고 분노하는 상황에서 어떻게 자신의 분노를 다스릴 수 있는지에 대해 모둠원과 이야기를 나눠봄으로써 자신에게 맞는 분노조절 방법을 스스로 터득할 수 있도록 도움을 주는 몇 가지 방법을 소개하겠습니다.

[2] 분노 다스리기의 활용 방안 및 유의사항

- 분노의 감정을 생각하고 표현하는 것이 쉽지 않을 수 있으므로 교사가 자신의 사례를 들어주는 것이 좋습니다.
- 분노 다스리기 수업을 하는 중 분노하는 상황이 발견될 경우 즉시 그 자리에서 숨쉬기 등의 간단한 활동을 하게하고, 그 느낌을 수업 사례로 연결하면 학생들에게 전시 효과가 좋습니다.
- 활동 시 상대방을 최대한 배려할 수 있도록 언행에 주의를 줍니다.

[3] 사회적 기술 센터

- 이렇게 말해요

  "잠깐만, 조금 이따가 이야기하자."

  "난 네가 ○○○ 했으면 좋겠어."

- 이렇게 행동해요

  하나, 둘, 셋, 넷 … 숫자를 세기, 크게 숨을 쉬기, 좋아하는 음악을 듣기, 축구를 하기, 좋아하는 악기를 연주하기, 실내야구장에서 야구를 하기

2. 분노 다스리기 활동

[1] 감정 풍선

"지금 느껴지는 감정(기쁨, 분노, 우울, 슬픔 등)의 크기를 풍선을 통해 불어보고 풍선에 표정을 그려 자신의 마음을 표현하는 활동입니다."

1. 진행단계

① 지금 자신의 마음속에 느껴지는 감정을 적는다.

② 그 감정을 1-10까지의 숫자로 표시하게 한 후 가장 크게 차지하는 감정을 고른다.

③ 교사는 각 모둠원의 숫자에 맞게 풍선을 나눠준다.

④ 받은 풍선을 불어 그 감정의 크기를 표현한다.

⑤ 풍선에 자신의 감정을 표정으로 그린다.

⑥ 모둠원들과 그 풍선에 대해 이야기 한다.

2. 준비물 풍선, 싸인펜 혹은 네임펜

3. 유의사항 및 기타

- ①, ② 단계는 교사의 재량으로 생략할 수 있다.
- 사인펜을 사용할 경우 그림이 번지거나 옷에 묻을 수 있으므로 주의한다.
- 모둠원이 원하는 색깔의 풍선을 가질 수 있도록 최대한 배려한다.
- 풍선에 자신이 생각한 감정의 크기를 나타내는 숫자를 표시하도록 할 수 있다.

4. 개발자 오정화(2013)

[2] 괴물말 흉내 내기

"화가 난 마음이 담긴 문장을 읽으면 그 문장을 그대로 흉내내어 따라 읽는 것입니다."

1. 진행단계

① 같은 분노의 상황을 담은 분노의 말 카드를 모둠에 2장씩 나눠준다.

② 두 명씩 짝을 정한 후 한 명은 분노의 말 카드 상황을 읽고, 다른 한 명은 괴물말을 자기 감정처럼 읽는다.

③ 역할을 반대로 하여 한 번 더 반복한다.

④ 같은 상황을 내가 겪었을 때 어떻게 말하는 것이 분노의 감정을 다스리기에 더 좋은지 짝과 함께 의논해보고 빈 칸에 문장으로 작성하여 천사말을 완성한다.

⑤ ②단계를 반복하되, 한 명은 분노의 말 카드 상황을 읽고, 다른 한 명은 천사말을 자기 감정처럼 읽는다.

⑥ 역할을 반대로 하여 한 번 더 반복한 후, 다른 모둠원과 카드를 교환하여 다른 모둠원이 생각한 천사말을 흉내 낸다.

2. 준비물

분노의 말 카드

3. 유의사항 및 기타

- 괴물말을 흉내 내는 학생은 괴물말을 한 사람의 억양과 목소리 크기, 톤에 최대한 비슷하게 흉내 낸다.
- 장난스럽게 하지 않도록 주의를 준다.
- 분노하는 상황에서 하는 말투와 억양은 평소에 들을 때에도 기분이 좋지 않아짐을 알게 하고 분노의 말을 조금 더 완화된 표현으로 바꾸거나 어떻게 하면 그 상황에서 분노하지 않을지에 대해 이야기해 보는 시간을 갖는다.

- 분노의 말 카드를 2가지 형태로 제시하였다.

  [활동지1]은 한 장의 카드를 세 부분으로 접을 수 있게 되어 있는데, 상황 카드면을 먼저 보여준 후 괴물말 카드 면을 펼쳐 보여주고 마지막으로 나머지 한 면을 펼쳐 천사말로 바꿔보게 한 후 삼각명패처럼 세울 수 있게 하였다. 이 때 보이는 두 면이 상황 카드면과 천사말 카드면으로 한다.

  [활동지2]는 5장의 카드를 잘라서 사용할 수 있게 되어 있는데, 두꺼운 종이에 붙여서 카드 형태로 만들어 활용할 수 있도록 하였다. 두 가지 형태의 활동지 중에 선택하여 사용할 수 있다.

4. 개발자

오정화(2013)

활동지 1

분노의 말 카드 (상황/괴물말) 예시

괴물말

나더러 어쩌란 말이야.
학원숙제도 해야하는데
깜지를 왜 써야 해?
아이씨. 짜증나.

7교시 수업이 있는 날인데 지각을 해서
청소 후 교실에 남아 깜지 5장을 써야한다.
5시까지 영어학원에 가야 하는데
영어 학원 숙제도 오늘 수업 끝나면 하려고 조금 덜했다.

천사말

풀칠 하세요

괴물말

천사말

풀칠 하세요

활동지 2

분노의 말 카드 (상황/괴물말) 예시

상황	급식시간 내가 좋아하는 닭튀김이 나왔는데 하나만 더 달라고 했더니 안 된다고 했다.
괴물말	니가 뭔데, 안 돼? 웃기는 놈이야. 빨리 줘.
천사말로 바꿔보기	

상황	체육시간에 멀리뛰기 연습을 하고 있는 데 실수로 미끄러지면서 엉덩방아를 찧었는데 한 친구가 재미있다고 웃고 있었다.
괴물말	재수 없어, 뭐가 웃기냐? 이게 웃기냐. ㅁ친 ㄴ!!
천사말로 바꿔보기	

상황	수학시간 문제를 풀고 있는데 공부를 못하는 진희가 자꾸 내 등을 찌르며 지우개를 빌려달라고 한다.
괴물말	짜증나, 찌르지 말라고. 뭘 지워, 어차피 틀릴 텐데. 그냥 해.
천사말로 바꿔보기	

상황	필기를 하다 수정펜이 필요해서 앞에 앉은 여민이에게 수정펜을 빌려 달라고 했는데 대답이 없다.
괴물말	김여민. 내 말 안 들려? 너 나 무시 하냐. 왜 대답을 안 해.
천사말로 바꿔보기	

상황	게임에서 지고 있는데 동생이 방에 들어와 음악을 크게 틀어 놓았다.
괴물말	야, 저리 꺼져. 내가 게임하고 있는 거 안 보여.
천사말로 바꿔보기	

[3] 분노의 숨쉬기

"분노의 감정이 생겼을 때를 생각하며 숨쉬기를 해보고 분노를 다스리기 위해 어떻게 숨 쉬어야 할지를 생각해보는 활동입니다."

1. 진행단계

① 최근에 분노한 상황을 떠올리며 각 모둠원이 돌아가며 그 상황을 모둠원에게 말한다.

② 그 중 모둠원 모두가 공감하는 분노 상황을 하나 정해 문장으로 표현한다.

③ 그 때의 상황을 떠올리며 분노가 생겼을 때 거칠게 숨쉬기를 해 본다.

④ 지금의 감정을 생각하게 한다.

⑤ 분노를 다스리기 위해 어떻게 숨 쉬어야 할지를 생각한 후 모둠원이 각자 돌아가며 숨쉬기를 한다. 필요한 경우 간단하게 모둠원에게 설명하도록 한다.

⑥ 공통의 분노 다스리기 숨쉬기를 학급 전체에 알려준다.

2. 유의사항 및 기타

- ② 단계에서 숨쉬기와 함께 노려보는 눈이나 어깨를 들썩이는 동작 등이 같이 표현되면 더 좋다.
- 분노의 감정이 생겼을 때 숨쉬기를 바꿔주는 것만으로도 그 감정이 조금 다스려짐을 알게 하는데 도움이 된다.

3. 개발자

오정화(2013)

[4] 낙서한판

"자기가 원하는 색깔 펜으로 분노의 감정을 종이위에 원하는 대로 낙서를 해보는 활동입니다."

1. 진행단계

① 학급 구성원 모두에게 신문지나 흰 종이, 이면지등을 한 장씩 나눠준다.

② 자신을 분노하게 하는 감정을 한 두 문장으로 쓴다.

③ 화가 나는 상황을 생각하며 종이에 낙서한다. 원하는 만큼, 분노하는 감정을 적은 문장이 보이지 않을 정도로 마구 낙서한다.

④ 새까맣게 되도록 한 후 낙서가 된 종이를 팍팍 구겨 쓰레기통에 골인한다.

2. 준비물

종이, 볼펜

3. 유의사항 및 기타

- 화가 난 상황을 글로 쓰거나 낙서를 하는 과정을 통해 스트레스 해소에 도움이 된다.
- ② 단계에서 하나 혹은 여러 개 적어도 상관없다.

4. 개발자

오정화(2013)

의사결정하기

"의사결정하기란

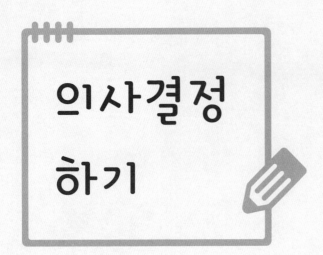

지금 이 순간에 할 수 있는 최선의 선택을 하는 것입니다."

"의사결정하기란

______________________________ 입니다."

관련 덕목 : 배려, 유연성, 용기, 인정

1. 의사결정하기

[1] 의사결정하기의 필요성

고등학교 3학년인 진수는 앞으로 어떤 대학을 가야하나 고민하고 있다. 평소 진수는 사소한 결정을 할 때도 머뭇거리고 남의 말에 지나치게 신경을 쓰는 자신이 싫었다. 어떻게 보면 지금 자신의 인생에서 정말 중요한 결정을 내려야하는 순간에도 어떻게 할지 몰라 마음이 불안하다. 담임선생님은 무엇보다 결정에 앞서 자신의 관심과 가치, 목표를 먼저 생각해보라고 하셨다. 그리고 현재 자신의 점수를 객관적으로 보고 갈 수 있는 대학의 리스트를 만들어보라고 제안하셨다. 말은 쉬운데 어떻게 합리적으로 결정해야할지 몰라 어렵게만 느껴진다.

인간은 삶을 살아가는 중에 수많은 선택의 갈림길에서 어디로 갈까 결정을 내려야합니다. 오늘 점심은 무엇을 먹을까 선택하는 작은 문제에서부터 이 사람과 결혼을 해야 할지 말아야할지 결정해야 하는 중요한 문제까지 우리는 크고 작은 선택과 끊임없이 만나고 있습니다. 훌륭한 의사결정은 합리성에 근거를 둡니다. 왜냐하면 개인의 경험이나 감정상태보다는 논리적이고 분석적인 탐색을 통해 의사 결정하는 것이 더 좋은 결과를 가져오기 때문입니다. [08]

08 스티븐 로빈(2008), 성공을 부르는 결정의 힘

사회의 축소판인 교실 역시 현대 사회의 특징처럼 다양한 가치와 생활방식이 존재하는 곳입니다. 다양하다는 것은 다르다는 것을 말하는데, 학생들은 서로의 다름을 어떻게 극복하고 통합해야 구성원 전체가 인정하는 합리적인 결정을 내릴 수 있는지 여러 기회를 통해 배워야 합니다.

[2] 의사결정하기의 활용 방안 및 유의사항

- 어떤 간식을 먹을까, 어디로 소풍을 갈까, 학급행사로 어떤 것을 할까 등과 같이 학생들의 직접적인 필요를 소재로 합리적인 의사결정을 하는 방법을 연습할 수 있습니다.

- 의사결정을 함에 있어 가장 기본적인 요소 중 하나가 지식인데, 현명한 결정을 위해서 바른 지식을 활용하는 것이 중요함을 경험할 수 있습니다.

- 의사결정에 있어 구성원의 합의를 끌어내기 위해서는 바른 지식과 설득이 필요하다는 것을 알 수 있습니다.

[3] 사회적 기술 센터

- 이렇게 말해요

  "이번 결정은 완전 최고야.",
  "우리 모두가 만족할 수 있는 방안을 무엇이지? ",
  "이렇게 해보자."

- 이렇게 행동해요

  엄지 세워 올리기, 가볍게 어깨를 두드려주기

2. 의사결정하기 활동

[1] 매트릭스 (의사결정 좌표, Matrix)

"의사결정을 해야 하는 가상적인 실험 상황을 제시하여 각각의 접근 방식을 통해 학생들 간의 상호작용과 합리적인 의사 결정을 해 보는 활동입니다."

1. 진행단계

① 모둠마다 의사결정 시나리오를 주고 지시에 따르게 한다.

② 교사가 어떤 문제를 해결하기 위한 기준을 2가지 뽑아낸다.

③ 모둠별로 매트릭스 그림 안에 해당되는 아이디어를 기준에 따라 적절한 위치에 기록한다.

④ 모둠별로 가장 합리적인 의사 결정을 내린다.

⑤ 모둠별로 결정한 의사를 학급 전체에서 이야기한다.

2. 준비물 활동지

3. 유의사항 및 기타

- 모둠 안에서 합리적인 의사결정을 할 때 사용할 수 있다.
- 매트릭스 안의 아이디어 위치는 모둠마다 다르게 표시할 수 있다.
- 가장 좋은 아이디어를 낸 모둠에게 모둠 토큰을 보상을 하면 좋다.
- 판단 기준이 3가지 이상일 때에는 활용하기 쉽지 않다.
- 민주적이고 합리적인 의사 결정을 할 수 있다.

2. 참고 자료

박정훈, 권진하 외(2001), 교회 협동학습2, 예찬사

활동지

+

⇧

간
식
의
맛

⇩

−

새우깡

− ⇦ 간식의 가격 ⇨ +

[2] 사막에서 살아남기

"사막에서 비행기 사고가 난 사건에 대해 자세히 들려준 다음 사막에서 살아남으려면 어떤 물건이 필요한지 개인적인 순위와 모둠의 순위를 비교해 봄으로써 모둠이 함께 의사 결정하는 과정이 훨씬 시너지 효과를 가져 올 수 있음을 경험하는 활동입니다."

1. 진행단계

① 사막에서 살아남기 활동지를 배부한 다음, 함께 보면서 상황을 설명한다.

② 먼저 개인적인 우선순위를 먼저 정한다. 각자 개인적으로 각 항목에 순위를 매긴다. 개인적으로 순위를 매기는 것을 마칠 때까지 문제나 상황에 대해 토의해서는 안 된다. 토의를 한 다음에는 순위를 바꿀 수 없다.

③ 개인적으로 순위를 매기는 활동이 마치면 모둠 차원에서 순위를 정한다.

④ 모둠 순위까지 정하고 나면, 생존 전문가의 선택 활동지를 배부하고 그 순위를 정답순위에 기재한다.

⑤ 개인의 순위와 정답순위를 비교하여 생기는 점수 차이를 〈정답 비교1〉란에 기재하고, 같은 방법으로 모둠 순위와 정답 순위를 비교하여 생기는 점수 차이를 〈정답 비교2〉란에 기재한 다음, 점수 차이의 합계를 구한다.

⑥ 모둠별로 개인 순위의 정답비교의 합과 모둠 순위의 정답비교의 합을 비교한 결과물을 칠판에 붙인 후, 다른 모둠의 결과를 보면서 어떤 결론을 얻을 수 있는지 생각해보도록 한다.

2. 준비물 활동지

3. 유의사항 및 기타

- 개인 순위를 매길 때에는 절대 토의를 할 수 없다.
- 모둠 순위를 매길 때에는 서로 토의를 하면서 공동의 순위를 정할 수 있다.

4. 참고 자료 케이건(1998), 협동학습, 디모데

사막에서 살아남기

7월 중순 어느 날 오전 10시쯤 여러분은 어느 사막에 불시착했다. 엔진과 기체는 모두 불타버리고, 단지 형체만 남아 있을 뿐이다. 다행히 다친 사람은 아무도 없었다. 조종사는 사고 지점이 어디인지 알지 못했다. 그러나 땅에 떨어지기 전에 본 바에 의하면 항로에서 65마일 정도 이탈한 것 같다고 한다. 그래서 조종사는 사람이 살고 있지 않은 것으로 알려진 광산으로부터 약 70마일 정도 떨어진 곳에 불시착한 것으로 짐작된다고 한다.

인접한 지점은 평지이며, 별다른 장애물도 없어 보였다. 선인장도 있었다. 그리고 최근의 기상예보는 온도가 화씨 110도 정도까지 올라갈 것이라고 예보했다. 이것은 발이 맨바닥에 닿았을 때는 화씨 130도까지 느껴질 수 있다는 것을 의미한다. 여러분은 모두 가벼운 옷차림이었다. 짧은 티셔츠, 짧은 바지, 양말과 구두를 신고 있었다. 그리고 모두 손수건을 가지고 있었다. 주머니에는 동전이 2달러 83센트, 지폐가 85달러 있었고, 볼펜이 있었다.

문제 비행기가 불에 타기 전에 여러분 모둠은 15가지 항목을 가지고 나올 수 있다. 이제부터 생존에 필요한 순서에 따라 15가지 항목 중 가장 중요한 것에는 1 가장 중요하지 않은 것에는 15라고 순위를 정해보라. 생존자수는 모둠의 수와 같다고 가정하고 함께 행동하는 것을 동의하는 것을 전제로 한다.

1단계 : <u>그냥 있기 또는 가기</u>

불시착 지점에 남아 있을 것인지 아니면 도움을 청하러 갈 것인지 모둠이 결정한다.

2단계 : <u>개인적인 우선순위 정하기</u>

각 모둠원은 개인적으로 각 항목에 순위를 매긴다. 개인적으로 순위를 매기는 것을 마칠 때까지 문제나 상황에 대해 토의해서는 안 된다. 토의를 한 다음에는 순위를 바꿀 수 없다.

3단계 : <u>모둠 순위 정하기</u>

모둠원 개인마다 순위 매기기가 끝나면, 모둠 차원에서 순위를 정한다.

사막에서 살아남기

	개인순위	정답비교1	모둠순위	정답비교2	정답순위
장전된 권총					
책 '사막에서 먹을 수 있는 동물'					
소금병					
1인당 물 1리터					
빨간/흰 낙하산					
압박붕대					
180도수 보드카					
항공 지도					
손전등					
잭나이프					
1인당 코트 한 벌					
우비					
선글라스 2개씩					
손거울					
나침반					
차이 합계					

활동지 2

생존 전문가의 선택

1. **손거울** : 태양빛을 받으면 거울은 그 빛을 반사시켜 몇 마일 밖에서도 볼 수 있다.

2. **1인당 코트 한 벌** : 가장 중요한 것은 수분 증발을 막기 위해 공기 흐름을 차단하는 것이다.

3. **1인당 물 1리터** : 잠시 동안 정도는 편안하게 해줄 수 있다. 그러나 이 정도 물 가지고는 생존 가능한 시간이 길지 않다.

4. **손전등** : 해가 저문 다음 구조대를 돕는데 유용하다. 배터리를 빼면 용기로 사용할 수 있다.

5. **낙하산** : 기체에 낙하산을 펼침으로써 그늘을 만들 수 있다.

6. **잭나이프** : 선인장은 유용하게 사용할 수 있다. 키 큰 선인장을 잘라두면 물방울이 생긴다.

7. **우비** : 칼과 우비로 비닐 용기를 만들 수 있다.

8. **장전된 총** : 위험하긴 해도 생존자 가운데 생길 수 있는 물리적 감정적 긴장 때문에 필요할 수 있다.

9. **선글라스 2개씩**

10. **압박붕대** : 상처 입은 사람이 없다면 필요 없다.

11. **나침반** : 추락 지점에서 이동하지 않는다면 필요 없다.

12. **항공 지도** : 추락 지점에서 이동하지 않는다면 필요 없다.

13. **책 '사막에서 먹을 수 있는 동물'** : 사냥하기 위해 추락 지점을 떠나면서까지 체력을 소모할 필요는 없다.

14. **180도수 보드카** : 술을 마시면 인체가 그 술을 흡수하기 위해 물을 낭비하기 때문에 거의 필요 없다.

15. **소금병** : 인체의 수분을 완전히 빼앗아간다.

[3] 만약 내가 주인공이라면? (예화를 활용한 의사결정모형)

“만약 이야기 속 주인공이 나라면 과연 어떠한 선택과 행동을 했을지 고민할 수 있도록 하는 활동입니다.”

1. 진행단계

① 교사가 문제 상황이 들어있는 이야기를 들려준다.
② 학생이 만약 그 이야기 속 주인공이라면 어떠한 선택과 행동을 했을지 고민하여 학습지에 기록하게 한다.
③ 모둠 안에서 자기의 입장을 발표한다.
④ 모둠별로 토의하고 이를 토대로 한 가지 입장을 정한다.
⑤ 학급 전체에서 자기 모둠의 의견을 발표한다.
⑥ 교사가 마무리 이야기를 한다.

2. 준비물 활동지

3. 유의사항 및 기타

- 단순한 이야기보다는 일종의 딜레마(갈등) 상황을 제시하면 좋다.
- 이야기는 역사 속 예화나 신문 기사, 우화 등 수업 목표에 따라 다양한 소재를 활용하여 선택하면 좋다.
- 모둠 내 토의 시 다수결로 간단히 입장을 정하는 것보다 토의과정을 통해 서로의 입장을 이야기하고 의미 있는 합의를 이루어나갈 수 있도록 지도해야 한다.
- 모둠별 의견을 학급 전체에서 발표할 때 모둠 칠판을 활용하여 칠판 나누기 활동으로 진행하면 짧은 시간에 효과적으로 모든 모둠들이 발표할 수 있다.
- 교사가 마무리 이야기를 어떻게 풀어나갈 것인가가 중요하다. 이야기 소재와 수업 목표에 따라 마무리 방식이 달라질 수 있다. 상대주의적 관점에서 접근할 때에는 모둠별 의견을 정리하는 방식으로 마무리할 수 있다. 하지만 특정한 입장에 대하여 지지하거나 유도하고자 할 때에는 충분한 근거를 가지고 이끌어가는 것이 필요하다. 교사가 어떻게 마무리를 할 것인가에 대한 고민이 매우 중요하다.

4. 개발자 Stahl(1994)

5. 참고 자료 정문성(2006), 협동학습의 이해와 실천, 교육과학사

내가 성진이라면?

성진이는 ○○구청 건설 허가 관련 실무 업무를 담당하고 있다. 어떤 대기업 건설회사에서 아파트 공장을 지으려고 하였는데, 해당 부지가 여러 가지 이유로 인하여 허가 받기 힘든 상황이었다. 실무자로서 성진이가 해당 부지에 가서 답사를 했는데, 아파트 공장을 짓기에는 민원 소지가 있었고 인근 교통 문제가 번잡한 편이라 쉽지 않은 상황이었다. 그래서 실무 답사 보고서를 작성하여 구청장에게 보고를 했는데, 특별한 이유 없이 허가하라는 결정이 내려왔다. 그래서 해당 건설 업체가 본격적으로 아파트 공장 건설을 추진하게 되었다.

나중에 알고 보니 원래 구청에서 추진하기로 예정되었던 인근 도로 확장 공사를 해당 건설 업체가 기증 형태로 진행하게 되었다는 것을 알게 되었다. 성진이가 생각하기에는 이번 사업 추진과 관련하여 실무 업무를 담당하면서 그 사실을 잘 알고 있었기에 왠지 찜찜한 기분이 들었다.

부서 회식 자리에서 다른 날보다 고급 음식점에서 가서 식사를 하게 되었고 2차, 3차까지 가서 고급 주점까지 들르게 되었다. 알고 보니 해당 업체에서 부서 회식비를 내준 것이었다. 상관인 국장에게 아파트 공장 추진 문제에 대하여 이야기를 하니까 건설 업체에서 구청장에게 별도의 사례까지 하게 되었다는 사실까지 알게 되었다. 평소 '정직해야 한다'는 신조를 가지고 살아온 성진이로서는 이 사실을 알고 어떻게 행동해야 할 것인지 난감해졌다.

성진이가 생각하기에 이러한 결정은 부정직하고 불공정한 일이라고 생각하였다. 하지만 그렇다고 이미 뇌물을 주고 아파트 공장 건설이 추진되고 있는 상태에서 이 사실을 공개적으로 다른 사람에게 알리게 되면 문제가 더 커질 것일 것이다. 해당 업체 뿐 아니라 구청장 그리고 건설 업무를 담당하고 있는 공무원들에게도 책임을 묻게 되거나 감사를 받게 될 것이다. 국장이 나중에 문제가 생겨도 구청장이 책임을 질 것이기 때문에 실무자들에게 돌아갈 책임을 적을 것이고 나 혼자 알고 조용히 넘어가면 이 문제는 그대로 묻힐 수 있는 상황이다. 만약 문제가 발생하면 성진이도 이 문제로 인하여 구청에서 인사적 불이익을 당할지도 모른다. 결혼을 앞두고 있는 성진이로서는 불미스러운 일로 휩쓸리고 쉽지 않고 어렵게 공무원이 된 만큼 공무원을 그만두기도 힘든 상황이다.

과연 내가 성진이라면 이 문제를 어떻게 해결해야 할 것인가?

1. 내가 만약 성진이라면 어떠한 행동을 할 것인지 입장과 그 이유를 쓰시오.

2. 우리 모둠 입장에서 내가 성진이라면 어떻게 행동을 선택할 것인지 논의해 보시오. 만장일치제를 통해 모둠 입장을 정리하고 그 입장과 그 이유를 쓰시오.

소곤소곤 이야기하기

"소곤소곤 이야기하기란

모둠 토의를 할 때 다른 모둠에게 방해되지 않도록

목소리를 낮추어 말하는 것입니다."

"소곤소곤 이야기하기란

____ 입니다."

관련 덕목 : 절제, 배려, 이해, 중용, 자주, 공동체, 존경

1. 소곤소곤 이야기하기

[1] 소곤소곤 이야기하기의 필요성

체육 필기수업이 있는 날이었다. 교과서에 나온 내용을 선생님께서 직접 시범을 보여주시며 "이 동작에서 중요한 포인트는 바로 여기야. 이 부분을 잘 기억해야해." 라고 말씀하셨다. 그때 갑자기 준하가 옆 분단에 앉은 제일 친한 하온이에게 "야, 빨간색 볼펜 좀 줘." 하며 말을 했다. 수업시간이었는데 큰 소리로 말을 해 그 순간 정적이 흘렀다.

요즘 학생들은 수업시간과 쉬는 시간의 구분이 모호한 행동을 할 때가 있습니다. 자기가 하고 싶은 말을 수업시간임에도 불구하고 평소의 목소리 크기로 말을 하기도 하고 모둠 활동 시 다른 모둠을 신경 쓰지 않고 점점 더 큰 소리를 내어 결국 반 전체의 소리가 커져 우리 반 활동이 다른 반에 피해를 줄때도 있습니다.

수업시간에 조용히 수업에 참여하고 활동 시 소곤소곤 이야기를 한다는 것은 수업을 이끌어 가시는 선생님에 대한 존경의 또 다른 표현이며 함께 수업하는 친구들에 대한 깊은 배려입니다.

여기에서는 조용히 이야기하는 것으로도 충분히 수업활동을 할 수 있음은 물론 말을 하지 않은 상태에서도 모둠원들과 공통된 의견을 내고 충분한 활동 결과물을 낼 수 있을 경험할 수 있도록 도움을 주는 몇 가지 방법을 소개하겠습니다.

[2] 소곤소곤 이야기하기의 활용 방안 및 유의사항

- 도미노 칩과 색깔 신호등은 한 번 준비한 것으로 계속 활용이 가능합니다.
- 소곤소곤 이야기하는 것도 학창시절 우리가 배우고 익혀야 할 중요한 기술 중 하나임을 학생들에게 이해시켜야 합니다.
- 활동 시 소음 제어가 잘 되지 않을 경우 X자를 표시한 마스크를 준비하여 착용하게 할 수 있습니다.

[3] 사회적 기술 센터

- 이렇게 말해요

  "쉿!", "우리 조금 작게 말하자.", "더 가까이 모이자.", "조용조용^^"

- 이렇게 행동해요

  앉은 자세에서 모둠원과 최대한 가까이하기, 소음조절기 사용하기

2. 소곤소곤 이야기하기 활동

[1] 귓속말 미션수행

"교사가 제시한 문장을 귓속말로 모둠원에게 차례로 정확하게 전달하는 활동입니다."

1. 진행단계

① 교사가 모둠원 한명에게 문장을 제시한다.

② 문장을 본 모둠원은 다른 모둠원에게 그 문장을 귓속말로 전달한다.

③ 전달받은 모둠원은 또 다른 모둠원에게 그 문장을 귓속말로 전달한다.

④ 마지막 전달받은 모둠원은 교사에게로 와 귓속말로 전달받은 문장을 말한다.

2. 유의사항 및 기타

- 마지막 전달받은 모둠원이 달려 나와 소란스럽게 되지 않도록 미리 주의를 주되 선착순으로 진행하지 않는다.
- 마지막 전달받은 모둠원들이 모두 칠판 앞으로 나오게 한 후 차례대로 발표하는 형식으로 진행할 수 있다.

3. 개발자

오정화(2009)

[2] 거리별 대화

"거리를 달리 해 교사가 제시한 주제 혹은 문장을 이야기 하는 것입니다."

1. 진행단계

① 모둠원들은 10cm 거리를 두고 얼굴을 맞대어 교사가 제시한 주제에 대해 이야기 한다.

② 50cm 거리를 두고 교사가 제시한 주제에 대해 이야기한다.

③ 모둠 이야기를 종합하여 모둠원 한 명이 옆 모둠에게 모둠이야기를 한다. 이때 각자 자기 모둠, 자기 자리에 앉은 채로 이야기한다.

④ 옆 모둠에게 들은 이야기를 모둠칠판에 간단하게 정리한다.

2. 유의사항 및 기타

- 어제 본 TV 프로그램, 주말에 했던 일 등 간단하게 이야기 할 수 있는 주제를 정하도록 한다.
- 10cm는 운동선수들이 코치와 이야기할 때와 같은, 50cm는 평소 모둠책상에 앉은 자세에서 말하는 것과 같은 거리이다. 2m는 옆 모둠과 이야기 하는 것과 거리가 같다.

3. 개발자

오정화(2009)

[3] 텔레파시 숑숑숑

"교사가 제시한 주제에 맞춰 모둠원 중 한 명이 생각한 단어를 나머지 모둠원들이 눈빛 교환만으로 맞추는 활동입니다."

1. 진행단계

① 텔레파시를 보낼 학생을 각 모둠에서 한 명씩 정하면 교사가 주제를 제시한다. (예: 1-10까지의 숫자, 과일 이름, 연예인 이름, 오늘 배운 수업 중요 단어 중 하나)

② 텔레파시를 보낼 학생은 교사가 제시한 주제에 맞게 자신의 메모지에 작성한다.

③ 다 작성한 후 교사의 신호에 따라 약 10초간 모둠원들에게 텔레파시를 보낸다.

④ 모둠원들은 각자 생각한 내용을 자신의 메모지에 작성한다.

⑤ 텔레파시를 보낸 학생의 메모지와 비교한다.

2. 준비물 메모지

3. 유의사항 및 기타

- 첫 활동 시 주제의 폭을 좁게 하여 학생들이 쉽게 맞출 수 있도록 한다.
- 수업 마무리 활동으로 할 경우 보상을 통해
  수업의 집중도를 높일 수 있다.

4. 개발자

오정화(2008)

[4] 소음 조절기

"교실 내 소음 정도를 신호등 불빛 색깔로 표시하여 학생들 스스로 소음을 조절하도록 하는 것입니다."

1. 진행단계

① 교사는 학생들에게 초록색카드와 노란색카드, 빨간색카드의 의미를 설명한다.

② 학생들 누구나 볼 수 있도록 칠판 한 곳에 공간을 정한 후 그곳에 신호카드를 붙인다.

③ 수업을 하면서 소음을 조절할 필요가 있을 때마다 초록색에서 노란색으로, 노란색에서 빨간색으로 색깔을 바꾼다.

2. 준비물 신호카드

3. 유의사항 및 기타

- 신호를 학생들에게 설명할 때 다음과 같이 약속할 수 있다.

색깔로 표시할 경우

초록색카드	초록색카드	초록색카드	소음정도가 적절한 수준이다.
노란색카드	노란색카드	노란색카드	소음정도가 다른 모둠에 방해가 되는 수준이다.
빨간색카드	빨간색카드	빨간색카드	소음정도가 다른 반에 방해가 되는 수준이다.

기호로 표시할 경우

○	○	○	소음정도가 적절한 수준이다.
△	△	△	소음정도가 다른 모둠에 방해가 되는 수준이다.
X	X	X	소음정도가 다른 반에 방해가 되는 수준이다.

- 신호카드는 교사 임의로 제작할 수도 있고 분필로 숫자나 별 등 임의의 기호를 표시하는 것으로 할 수도 있다. 가령, 학생들에게 X 표시가 많아질수록 소음의 세기가 큰 것이라는 것을 알려준 후 수업을 진행하면서 소음정도에 따라 X 개수를 칠판(정해진 곳)에 표시하는 것이다.
- 빨간색 카드가 나왔을 경우 어떻게 할 것인지를 학생들과 미리 약속하는 것이 좋다.

4. 개발자 오정화(2013)

[5] 침묵 도미노

"말을 하지 않은 상태에서 모둠원들과 협동하여 주제에 맞게 도미노를 완성하는 것입니다."

1. 진행단계

① 각 모둠별로 40-50여개의 도미노 칩을 나눠준다.

② 모둠원끼리 도미노 칩을 배분한다.

③ 교사는 주제를 제시하고 모둠원들은 한 명씩 돌아가며 도미노 칩을 쌓는다.

④ 말없이 잘 활동한 모둠에게 보상한다.

2. 준비물

도미노 칩

3. 유의사항 및 기타

- 도미노 칩은 가능한 한 사람이 8개에서 10개 정도 배분되도록 한다.
- 도미노 칩을 색깔별로 모둠구성원에 분배하여 개인의 책임성을 높이도록 한다.
- 모둠활동이 끝난 후 학급전체로 그 활동을 확대할 수 있다.
- ③단계에서 모둠원은 정해진 순서대로 도미노 칩을 내 놓아야 하며 제시된 주제와 관련하여 어떤 식으로 진행할지 상의하지 않은 상태에서 아무 말 없이 활동이 이루어진다.
- 주제 예시 : 〈쌓기〉 〈높이 쌓기〉 〈세우기〉 〈길게 세우기〉 〈모양 만들기〉 등

4. 개발자

오정화(2007)

Social
Skill

사회적 기술의 실제

겨울.

19. 상대방을 배려하기

20. 긍정적으로 표현하기

21. 갈등 해결하기

22. 자기의 역할을 책임 있게 수행하기

23. 나를 돌아보기

상대방을 배려하기

"상대방을 배려하기란

천둥 치는 날 무서워하는 친구와 함께 화장실에 같이 가는 것입니다."

"상대방을 배려하기란

____________________________________ 입니다."

관련 덕목 : 배려, 정의, 공동체, 협동, 사랑, 친절, 인정

1. 상대방을 배려하기

[1] 상대방을 배려하기의 필요성

> 엄마와 같이 저녁식사거리를 사러 마트에 갔다. 생선과 채소들을 산 후 엄마는 이제 곧 막내이모 첫 아기의 돌잔치가 있다며 선물을 사러 장난감 코너에 갔다. 장난감 코너는 어린 아이들로 북적였고 아이들은 자전거와 자동차, 미끄럼틀 주위에 많이 모여 있었다. 그런데 가장 큰 미끄럼틀이 있는 곳에서 시끄럽게 떠들고 있는 내 친구 또래의 학생 2명이 보였다. 큰 미끄럼틀과 연결되어 있는 의자에 앉아 미끄럼틀을 화장대 삼아 화장품을 펼쳐 놓고 마스카라를 올리며 어제 본 TV프로그램의 좋아하는 아이돌 이야기를 하고 있는 것이다. 그리고 그 친구들 주변에서 어린 아이들이 미끄럼틀을 탈까말까 망설이는 모습이 계속 보였다.

배려는 다른 사람을 있는 그대로 존중해주는 것입니다. 배려를 받는 사람은 기분이 좋아집니다. 하지만 다른 사람을 배려하는 것은 생각처럼 쉬운 일이 아닙니다. 경쟁시대에 살고 있는 우리는 다른 사람을 이해하고 배려하는 모습이 낯설기도 합니다. 학생들은 때때로 배려하는 것이 손해를 보는 것이라고 생각할 때가 있습니다. 혹은 배려를 할 경우 자신이 경쟁에서 불리하게 될 수도 있다고 생각하기도 합니다. 하지만 배려를 한다는 것은 상대방의 입장을 이해하는 것이고 이는 곧 공동체를 생각하는 행동이기도 합니다. 사회공동체 속에서 살아가고 있는 우리에게 배려란 공기와 같이 살아가는 힘의 원천이며 원동력이 될 수 있습니다.

여기에서는 학생 자신이 어느 정도 배려의 기본을 갖추고 있는지 점검해 보고 일상생활 속에서 배려를 손쉽게 실천해 볼 수 있도록 도움을 주는 몇 가지 방법을 소개하고자 합니다.

[2] 상대방을 배려하기의 활용 방안 및 유의사항

- 체크리스트가 절대 기준은 아니므로 각 학교와 학급의 상황에 맞게 가감하거나 항목을 수정 또는 변경해서 활용하는 것이 좋습니다.
- 꾸준한 활동이 이루어질 수 있도록 지속적인 관심과 확인이 필요합니다.

[3] 사회적 기술 센터

- 이렇게 말해요
  "내가 도와줄게.", "이거 빌려줄게."
- 이렇게 행동해요
  따뜻한 눈빛으로 바라보기, 손 먼저 내밀기, 환하게 웃어주기, 먼저 인사하기

2. 상대방을 배려하기 활동

[1] 미션맨

"특정 학생을 미션맨으로 선택하여 과제를 수행할 수 있도록 하는 활동입니다."

1. 진행단계

① 반별로 일일 미션맨을 순서대로 정한다.

② 교사는 미션맨에서 일일 수행할 미션과제를 준다.

③ 그날 하루 동안 일일 미션맨은 미션과제를 수행하며 활동지에 표시한다.

④ 종례시간을 이용하여 미션맨을 포함한 학급원 전체가 오늘의 미션맨을 평가하며 칭찬한다.

⑤ 주 단위로 한주간의 미션맨을 칭찬하며 상장을 수여한다.

2. 준비물 활동지

3. 유의사항 및 기타

- 미션맨은 누구나 알 수 있게 배지를 만들어서 달거나 리본을 다는 등 표시를 하는 것이 좋다.
- 처음 활동을 시도할 경우 미션맨의 수행과제는 부담스러워하지 않을 정도의 과제를 정한다.
- 학급원 모두가 공통으로 수행할 과제 3-4개 정도와 해당 일일 미션맨에게 필요한 맞춤식 수행과제를 1개 정도정하는 것이 좋다.
- 순서와 미션맨의 공통수행과제를 학급회의를 통해 결정할 경우 학생들의 관심이 높아질 수 있다.
- 미션맨의 개인 맞춤식 수행과제의 경우 교사가 해당 학생의 특성에 맞게 임의로 정하거나 해당학생이 수행하고 싶은 미션 과제를 스스로 생각하게 한 후 교사와 상의 후 정하도록 한다.
- 한 주간의 미션맨을 칭찬하는 상장은 그 주에 미션을 수행한 모든 학생에게 주도록 한다.
- 미션맨의 공통수행과제는 다음과 정할 수 있다.
  - 아침에 마주치는 친구들에게 먼저 인사하기
  - 점심시간 짝이 점심을 다 먹을 때 같이 있어주기
  - 필요한 친구에게 준비물(필기도구 등) 빌려주기
  - 화장실에서 나보다 급한 친구에게 양보하기
  - 친구의 발표가 끝난 후 박수로 칭찬하기
- 미션맨의 개인수행과제는 다음과 같이 정할 수 있다.
  - 5교시 종이 울리기 전 축구를 끝내고 교실에 들어와 자기 자리에 앉기
  - ○○과목 수업시간 발표 1회 하기
  - 체육활동 후 실내화 갈아 신고 교실에 들어오기

4. 개발자 오정화(2006)

미션맨

미션1. 아침에 마주치는 친구들에게 먼저 인사하기					
횟수	1	2	3	4	5
언제 누구에게 어디서					

미션2. 점심시간 짝이 점심을 다 먹을 때 까지 같이 있어 주기	
대상자	

미션3. 필요한 친구에게 준비물(필기도구 등) 빌려 주기					
횟수	1	2	3	4	5
언제 누구에게 무엇을					

미션4. 화장실에서 나보다 급한 친구에게 양보하기	
대상자	

미션5.

월 일 학년 반의 일일 미션맨인 나 은/는
오늘의 5가지 미션을 성실하게 수행할 것을
반 친구들과 담임선생님, 그리고 나 자신 앞에 맹세합니다.

미션맨 : ________________ (서명)

상 장

성실 미션맨　　　　　　　　이름 :

위 사람은　　월　　일,　　학년　　반의
일일 미션맨으로서 오늘의 미션을 성실히 잘
수행하였기에 학급 전체의 마음을 담아 칭찬하며
이 상장을 수여합니다.

201　　년　　월　　일

학년　반 일동

교사　　　　　　(인)

[2] 배려 실천 달력

"모둠원과 평소 실천 가능한 배려 항목을 정해 달력에 표시하며 서로를 격려하는 활동입니다."

1. 진행단계

① 개인별로 배려 체크리스트 활동지를 나눠 준다.
② 학생들은 체크리스트를 확인하고 자신의 평소 모습을 점검한다.
③ 체크리스트 마지막 칸은 본인이 생각하는 배려의 모습을 직접 작성하게 한다.
④ 자신이 실천하고 있거나 실천할 수 있는 배려 항목을 2-4개 정도 체크리스트에서 선택한 후 모둠 안에서 순서를 정해 돌아가며 말한다.
⑤ ④의 내용 중 모둠원 모두가 실천 가능한 항목 5개를 정한 후 A4종이에 작성한다.
⑥ 배려 실천 달력을 만든다.

2. 준비물 체크리스트, B4종이

3. 유의사항 및 기타

- ⑥에서 배려 실천 달력은 모둠별로 작은 달력을 준비해 오거나 교사가 달력이 프린트된 종이를 나눠 주고 활동할 수도 있다.
- 배려실천달력을 만들기가 여의치 않을 경우 ⑤에서 작성한 모둠별 배려 항목 활동지를 교실게시판에 부착하여 항상 확인하고 수시로 체크할 수 있도록 할 수 있다.
- 배려 실천 달력은 교실게시판에 부착하여 날짜별로 배려 항목을 지킨 사람은 자기 색깔 펜으로 이름과 항목을 표시하게 한다. 수업시간 마무리시간 혹은 종례시간 중 모둠별로 체크할 수 있는 시간을 줄 수 있다.

수	목	금	토
22 정아 2 해송 2, 5 하울 1, 3, 4	23 해송 1, 2, 3 하울 1, 3, 4 정아 1, 4, 5	24 정아 2 하울 2, 5 해송 2, 3, 4, 5	25 하울 1, 3, 4 정아 2 해송 2, 5

4. 개발자 오정화(2013)

5. 참고 자료 박수경 · 윤선(2009), 더불어 살아가는 지혜 배려, 지식채널

배려 왕 체크리스트

1	나는 다른 사람의 생일을 잘 챙겨 준다.	☐
2	나는 다른 사람의 숙제나 준비물을 잘 챙겨 준다.	☐
3	나는 친구의 고민을 잘 듣고 해결해 주는 경우가 많다.	☐
4	나는 심심할 때 같이 놀 친구가 많다.	☐
5	나에게 무슨 일이 생기면 도와줄 사람이 10명은 넘는다.	☐
6	다른 사람의 말을 끝까지 잘 듣는다.	☐
7	나와 생각이 다른 경우에도 그럴 수 있다고 인정해 준다.	☐
8	내가 원하는 것이 있어도 상대방을 위해서 기다릴 줄 안다.	☐
9	아픈 친구를 위해서 가방을 들어주거나 점심을 챙겨 준 적이 있다.	☐
10	곤란한 상황에 빠진 사람의 편에 선 적이 있다.	☐
11	버스나 지하철에서 다른 사람에게 자리를 양보한 적이 있다.	☐
12	떨어져 있는 쓰레기를 주워서 쓰레기통에 버린 적이 있다.	☐
13	나는 욕을 하지 않는다.	☐
14	침을 함부로 뱉지 않는다.	☐
15	버스나 지하철에서 친구들과 시끄럽게 수다를 떨지 않는다.	☐
16	집에서 밤늦게 쿵쾅거리며 뛰어다니지 않는다.	☐
17	새치기를 하지 않고 반드시 줄을 서서 기다린다.	☐
18	인터넷 악플을 남긴 적이 없다.	☐
19	엄마, 아빠를 위해서 집안일을 한 적이 있다.	☐
20	우산을 안 가져온 친구에게 우산을 씌워 준 적이 있다	☐
21	준비물을 안 챙겨온 친구에게 준비물을 빌려 준 적이 있다.	☐
22	동생이나 친구의 공부를 도와 준 적이 있다.	☐
23	기침을 할 때 사람이 없는 곳으로 얼굴을 돌리고, 입을 가리고 한다.	☐

17개 이상	훌륭해! 다른 사람을 아주 잘 배려하는 친구로구나! 남을 배려하고 위하는 게 쉬운 일은 아니지만 그 만큼 나를 향한 주변의 시선이 따뜻해지는 걸 느끼고 있지? 지금처럼만 지내면 훌륭한 배려왕이 될 거야!
15개 이상	내 맘대로 하면 몸은 편하지만 다른 사람 눈치가 보이고, 다른 사람을 배려하자니 칭찬받아 좋지만 내가 손해 보는 것 같다는 생각이 들 때도 있지? 지금 이래야 하나 저래야 하나 갈등하고 있는 게 보이네. 조금만 더 노력하면 배려를 잘하는 친구로 소문이 나서 친구들이 늘 너와 함께 하려고 할 거야! 배려 잘하는 친구는 인기도 많거든.
8개 미만	흠. 아직은 다른 사람보다는 내가 중요한 친구로구나! 물론 '나'도 중요하지만 함께 행복하게 살아가기 위해서는 '남'을 좀 더 생각하는 게 어떨까? 그러면 그만큼 나도 배려 받고 존중받을 수 있을 거야.

나는 (   )점

월 배려실천 달력

우리 모둠에서 실천하는 배려항목

1.
2.
3.
4.
5.

일	월	화	수	목	금	토

모둠이름 : **모둠원 :**

[3] 배려를 사물로 표현하기

"배려의 의미를 생각해 보고 그 의미와 가장 부합되는 사물을 하나 정해 그 의미를 친구들에게 설명하는 활동입니다."

1. 진행단계

① 목발, 지우개, 우산, 컵 등의 임의의 사물을 모둠 수 만큼 정한다.

② 사물의 이름을 종이에 적어 접은 후 각 모둠 대표가 나와 아무 것이나 하나 집어 든다.

③ 모둠으로 돌아가서 종이를 펼쳐 적혀진 사물을 확인하고 그 사물을 쓰임새와 활용장소 등을 생각하며 배려의 의미를 한 문장으로 표현한다.

④ 각 모둠별로 일어나 배려의 의미를 발표한다.

2. 준비물

A4 종이, 비유카드 중 사물카드 (협동학습연구회 교구)

3. 유의사항 및 기타

- 임의의 사물을 교사가 정해서 제시할 수도 있고 학급에서 즉석에서 아무것이나 말하게 하여 칠판에 적으며 정할 수도 있다.
- 단순히 배려를 정의하라고 하는 것이 아니라 사물과 연결해서 배려를 정의할 경우 여러 경험담이 나올 수 있다.

4. 개발자

오정화(2013)

[4] 비밀 천사 (수호천사)

"제비뽑기 등을 하여 지정된 친구의 비밀 천사가 되어 정한 기간에 몰래 도와주도록 하는 활동입니다."

1. 진행단계

① 학생들의 이름을 종이에 써서 상자에 넣고 학생들이 제비를 뽑아 이름을 확인한다.

② 지정된 친구의 비밀 천사가 되어 몰래 친구에게 선물, 편지 등을 주거나 친구의 힘든 일 등을 도와준다.

③ 비밀 천사가 되어 도와주는 정해진 기간이 마치면 서로 누가 비밀 천사였는지 공개한다.

④ 친구의 도움을 받고, 친구에게 도움을 주었던 소감을 나누고, 특히 비밀 천사의 역할을 잘했던 학생은 칭찬을 해 준다.

2. 준비물 제비뽑기 종이, 상자

3. 유의사항 및 기타

- 비밀 천사가 누구였는지 공개 전에는 비밀로 하도록 한다.
- 비밀 천사 역할을 잘한 학생을 칭찬해 준다.
- 비밀 천사로서 친구를 도와주는 방법으로는 선물이나 쪽지, 편지 주기, 문자나 메일 보내기, 안아주기, 칭찬하기, 물건 들어주기, 안마해 주기, 전화하기, 숙제 도와주기, 청소 도와주기, 모르는 것 알려주기 등 다양함을 알려준다.
- 학급에 한 상자를 마련하여 그 속에 주고 싶은 것들이 있다면 넣어 놓아 담임선생님이나 비밀 천사 행사 담당자가 배달해 줄 수도 있다.
- 선물에 대해서는 학급에서 가능한 액수를 정해 그 액수 이상은 넘지 않게 하여 아이들의 부담을 덜어 준다.
- 비밀 천사가 되어 친구에게 도움을 주면서 어떤 느낌을 받았는지, 비밀 천사를 몰랐지만 누군가에게 도움을 받으면서 느낌은 어땠는지 이야기를 나눈다. 이런 나눔의 시간을 통해 도움을 주고받을 때의 기분 좋은 느낌을 공유하며 서로 돕는 문화가 자리 잡아가게 한다.

[5] 선행 미션 수행하기

"친구, 선생님, 가족 등으로 그룹을 나누어 그들을 위해 도울 수 있는 구체적인 선행 미션을 정하고 실천하도록 하는 활동입니다."

1. 진행단계

① 뭉뚱그려 다른 사람을 돕기보다 친구, 선생님, 가족 등 구체적인 그룹을 정하여 친구 돕기 주간, 선생님 돕기 주간, 가족 돕기 주간을 마련하여 돕도록 한다.

② 친구, 선생님, 가족 돕기 주간에 도울 사람을 정하여 각 사람에게 할 수 있는 선행 미션을 구체적으로 마련한다.

③ 돕기 주간에 자신이 정한 선행 미션을 충실히 실천하도록 한다.

④ 어떤 선행 미션을 수행했는지 말해보고, 실천하고 난 소감을 공유하도록 한다.

2. 준비물 선행 미션 주간, 다양한 선행 미션 목록

3. 유의사항 및 기타

- 선행 미션을 구체적으로 어떻게 정할지 모르는 학생들을 위해 다양한 선행 미션 사례를 제공한다.
- 학급에서 어떤 선행 미션들을 실천할 수 있는지 회의를 해서 선행 미션 목록을 만들어 본다.
- 서로의 선행 미션을 공유하며 다양한 선행 미션이 있음을 알게 한다.
- 선행 미션 일지를 써서 어떤 선행 미션을 수행했고, 도움을 받은 사람의 반응은 어땠는지, 선행 미션을 수행할 때의 소감은 어땠는지 기록해 볼 수도 있다.
- 선행 미션 수행한 것을 사진으로 인증샷을 찍어 기록으로 남겨 본다.
- 선행 미션 주간에 선행 미션을 실천하고 난 후의 소감을 나눔으로써 선행을 강화하도록 한다.
- 선행 미션 주간이 끝났더라도 다양한 선행 미션 목록을 학급에 게시하여 계속적으로 실천하게 한다.

[6] 도움 벼룩시장

"자신이 도움을 줄 수 있는 것과 도움을 받고 싶은 것을 학급에 게시하고, 도움을 줄 수 있는 것은 주도록 하고 도움을 받고 싶은 것은 받도록 하는 활동입니다."

1. 진행단계

① 자신이 다른 사람에게 도움을 줄 수 있는 목록을 포스트잇에 적는다.

② 자신이 다른 사람으로부터 도움을 받고 싶은 목록을 포스트잇에 적는다.

③ 도움을 줄 수 있는 것과 도움을 받고 싶은 것을 분류하여 학급에 게시한다.

④ 도움을 줄 수 있는 것에 적힌 것을 보고 도움을 받고 싶은 사람이 이름을 적어 놓는다.

⑤ 도움을 받고 싶은 것에 적힌 것을 보고 도움을 줄 수 있는 사람이 이름을 적어 놓는다.

⑥ 도움을 주고받는 날인, 도움 벼룩시장의 날이나 주간을 정하여 실시한다.

2. 준비물

포스트잇, 홍보지, 도움 게시판

3. 유의사항 및 기타

- 자신이 도움을 줄 수 있는 것과 도움을 받고 싶은 것이 무엇인지 잘 생각해 보도록 한다.
- 장난으로 하지 않도록 동기부여를 잘하고, 한 곳에 몰리지 않고 서로 연결이 잘 되도록 진행자가 조정해 줄 수 있다.
- 재능 기부 홍보지를 만들어 학급에 게시하여 도움 벼룩시장의 날이나 주간을 통해 학급 축제 분위기가 나게 할 수도 있다.

4. 참고 자료

모떠꿈 워크숍 Local Energy Trading System

[7] 착한 쿠폰

“학급에서 실천할 수 있는 선행 목록을 만들어 선행을 실천하였을 경우 교사가 착한 쿠폰을 발행하여 일정 기간이 지나면 선물 등으로 보상해 주는 활동입니다.”

1. 진행단계

① 학급 회의를 통해 학급에서 실천할 수 있는 선행 목록을 구체적으로 선정한다.

② 선행을 실천하였을 경우 교사가 착한 쿠폰을 준다.

③ 일정 기간 동안 착한 쿠폰을 모아서 정한 개수를 채우거나 많이 모은 학생에게 매점 이용권, 학용품 등으로 교환해 준다.

2. 준비물

착한 쿠폰, 매점 이용권, 학용품

3. 유의사항 및 기타

- 기간은 너무 길지도 짧지도 않도록 한 달 정도로 하면 적당하다.
- 학급회의 때 친구들로부터 도움을 받았던 경험을 서로 나누면서 착한 쿠폰을 발행할 수 있는 선행 목록을 학급에서 정한다.
- 공정하게 진행되도록 규칙을 잘 정해 놓는다.

Tip **착한 쿠폰 예시**

긍정적으로 표현하기

"긍정적으로 표현하기란

단점에는 두 눈을 감고, 장점에는 두 눈을 뜨는 것입니다."

"긍정적으로 표현하기란

____ 입니다."

관련 덕목 : 관용, 유연성, 창의성, 너그러움

1. 긍정적으로 표현하기

[1] 긍정적으로 표현하기의 필요성

> 학급 회의를 거쳐 반 단합과 추억을 만들기 위해서 학급 야영을 하기로 했다. 고기도 구워 먹고 레크리에이션도 하고 담력 훈련도 하기로 했다. 다섯 명의 학급 야영 준비위원들이 열심히 준비했다. 드디어 학급 야영의 날이 되어 고기를 구워 먹고 준비위원들의 사회로 레크리에이션을 했다. 여러 놀이를 하고 있는데 아름이가 "야, 너무 재미없어. 누가 준비했냐?"라고 말했다. 준비위원들의 얼굴이 어두워진다. 아름이는 평소에도 친구들을 비꼬는 편이다. 누가 새 휴대폰을 사면 "그거 배터리가 빨리 닳는다던데." 하면서 김을 빼놓기도 하고, 누가 어떤 가수가 좋다고 하면 "걔, 안 좋은 소문이 났던데." 하면서 찬물을 끼얹기도 한다. 아름이의 말로 상처를 받는 아이들이 많다. 어떻게 할 수 없을까?

사물은 거기 그대로 있습니다. 의미 부여를 하는 것은 사람입니다. 똑같은 사물에 대해서도 사람마다 판단이 다릅니다. 문제는 사람의 관점인 것입니다. 사물을 있는 그대로 좋게 바라보는 것이 행복의 비결이다. 최악의 상황 가운데서도 최선의 것을 발견할 수 있는 관점을 갖는 것이야말로 천금을 얻는 것보다 귀합니다. 그것은 특히 사람을 보는 관점에 있어 더욱 중요합니다. 사람의 존재 그 자체를 존중하고 좋게 보는 것이야말로 인간관계를 맺는 데 있어 가장 기초적인 덕목입니다. 또 자신의 내면의 평화를 누리는 데 있어서도 매우 중요합니다. 자신을 있는 그대로 바라보지 못하고 자신을 판단하는 데서 문제가 생깁니다. 사물과 사람에 대해서 있는 그대로 좋은 점을 발견하는 관점을 갖추는 것은 내면의 평화와 인간관계를 위해서 매우 중요한 자세입니다.

부정적인 표현은 전염성이 강합니다. 부정적인 표현은 학급 공동체의 분위기를 일순간에 망칠 수 있습니다. 부정적인 표현을 줄이기 위해 적극적으로 긍정적인 표현을 하도록 연습하는 것이 필요합니다.

[2] 긍정적으로 표현하기의 활용 방안 및 유의사항

- 동기 부여를 위해 단점이라고 생각하는 것이 장점이 될 수 있다는 사례를 설명함으로써 대상을 바라보는 관점에 따라 대상에 대한 평가가 달라질 수 있다는 것을 납득시키는 것이 중요합니다. 예를 들면 냉장고가 꽉 차서 넣을 곳이 없는 것을 불평할 수도 있지만 먹을 것이 없는 사람의 입장에서 보면 너무나 부러운 것이라는 점을 상기시킬 수도 있습니다. 지금 불행이라고 생각하는 것이 불행이 아닐 수 있다는 점을 깨우쳐 줄 수도 있습니다. 각자가 자신의 경험 중에서 당시에는 불행이라고 생각했지만 지나고 보면 유익했다는 것을 깨달은 사례가 있다면 나누어 보도록 하는 것도 좋습니다. 또한 이야기를 이끌어 내기 위해 아이들에게 익숙한 새옹지마의 이야기를 들려줄 수도 있습니다.
- 긍정적으로 표현하기는 일순간에 이뤄지는 것이 아니라 계속적인 훈련을 통해 이뤄질 수 있습니다. 생각이 말로 표현되기도 하지만 말로 인해 생각이 바뀌기도 하는데, 긍정적인 말을 계속적으로 훈련하면 생각의 변화를 가져올 수도 있다는 것을 알려 줍니다.
- 긍정적으로 표현하기는 무엇보다 교사의 모범이 중요합니다. 아이들을 바라보는 관점을 긍정적으로 바꾸고 평소에 아이들에게 긍정적인 메시지를 전달하는 것이 필요합니다.

[3] 사회적 기술 센터

- 이렇게 말해요

  "넌 잘하는 게 많구나.", "넌 이런 게 장점이야.", "참 좋은 생각이야.", "네 말이 옳아.", " 준비해 줘서 고마워.", " 네가 함께 해서 기뻐.", "잘 해냈어."

- 이렇게 행동해요

  어깨 두드려 주기, 박수 쳐주기, 장점 말해 주기, 미소 지어 주기, 칭찬해 주기

2. 긍정적으로 표현하기 활동

[1] 장점 카드

“각자가 자신의 단점을 써서 내 놓고 모둠원들이 돌아가며 그 단점 카드를 장점으로 바꿔보는 활동입니다.”

1. 진행단계

① 각자가 자신의 단점이라고 생각하는 것을 각각의 카드에 두 개 정도씩 적는다.

② 각자 쓴 것을 한 군데로 모은다.

③ 모은 것을 순서대로 돌아가면서 하나씩 뽑는다.

④ 뽑은 단점 카드를 한 명씩 돌아가며 장점으로 말해 준다.

⑤ 계속 돌아가면서 위의 방법을 사용한다.

⑥ 활동을 한 소감을 돌아가면서 이야기한다.

2. 준비물 카드, 펜, 상자

3. 유의사항 및 기타

- 한 카드에 자신의 단점을 다 쓰지 말고 한 카드에 하나의 단점을 적도록 한다.
- 모두 다 돌아가면서 단점을 장점으로 이야기하게 하여 긍정적 표현을 연습하게 한다.
- 장점카드 활동을 변형하여 자신에게 일어난 힘들었거나 불평스런 일들, 친구나 가족, 선생님, 이웃에 대한 불만스럽거나 안 좋은 점을 긍정적으로 바꾸어 생각해 보는 활동도 할 수 있다.
- 활동을 마친 후, 소감을 이야기 하게하고 마무리하여 의미를 부여한다.

활동지

장점 카드 예시

단점 카드		장점 카드
돈을 많이 쓴다	➔	인색하지 않다 가지고 싶은 것을 가질 수 있다 등
화를 잘 낸다	➔	관심이 많다 에너지가 넘친다 등
말이 없다	➔	깊이가 있다 잘 들어준다 등
게으르다	➔	여유롭다 느긋하다 등

활동지

힘든 일을 긍정적으로 바라보기 예시

나에게 일어난 힘든 일이나 불평스런 일을 긍정적으로 바라보기

***나에게 힘든 일 :** 과제가 많아서 힘들다

***긍정적으로 바라보기**

책을 많이 읽게 되었다
공부를 많이 하게 되었다
모둠과제를 하며 친구들과 친해지고 협동심이 길러졌다
보고서 쓰는 방법을 배우게 되었다
모르는 낱말을 찾아보며 어휘 실력이 늘었다
안 가던 도서관을 갔다
발표 실력이 늘었다

[2] 긍정 통역기

“사람의 다양한 성격 특성을 제시하고 바라보는 관점에 따라 부정적 혹은 긍정적으로도 볼 수 있음을 알아가는 활동입니다.”

1. 진행단계

① 사람의 다양한 성격 특성을 제시한다.

② 성격 특성과 그것을 부정적으로 보는 관점을 제시하고 긍정적인 관점으로 바꿔보도록 한다.

③ 모둠이나 개인이 한 것을 발표하고 하고 교사가 제시하는 성격특성의 부정적 측면과 긍정적 측면을 비교해 보게 한다.

2. 준비물 활동지

3. 유의사항 및 기타

- 먼저 개인이 활동지를 채운 후 모둠활동을 하게 하거나 시간이 부족할 경우에는 모둠활동을 바로 해도 된다.
- 긍정적 측면으로 바꾸기 어려워하는 경우에는 예시를 보여주거나 들려주어서 쉽게 하도록 도와준다.
- 성격 특성을 제시하고 부정적 측면과 긍정적 측면을 다 써 보도록 해도 좋다.
- 활동지에 나와 있는 성격 특성을 다 해 봐도 되고 학생들이 어려워할 경우 관심 가는 몇 개를 선택해서 할 수도 있다.
- 활동을 변형하여 활동지에 없는 성격 특성을 적어도 좋고, 자신의 성격 특성에 표시를 해 보고 그것을 긍정적으로 표현해 보도록 한다.
- 성격이라는 것이 정해진 것이 아니라 어떤 관점으로 보느냐에 따라 긍정적, 부정적으로 볼 수 있음을 알고 자신이나 타인을 긍정적 관점으로 보는 훈련을 하도록 한다..

4. 참고 자료 배경숙(2006), 집단상담, 우리교육

긍정 통역기 예시

부정적 측면	성격 특성	긍정적 측면
나서기 좋아하는, 설치는	공격적	
독불장군식인, 자기중심적인	독립적인	
수다스러운, 잔소리가 많은	말이 많은	
따지는, 냉정한, 이해타산적인, 평가적인	이성적인	
눈치 보는, 거만한, 오만한	예의바른	
공부밖에 모르는, 과욕적인	목표지향적인	
줏대가 없는, 아부하는, 우유부단한	지지하는	
고집불통인, 독재적인, 독선적인	지배적	
비현실적인, 공상적인	종교적	
설치는, 나서는	활동적	
수동적인, 의타적인	복종적	
따지는, 챙기는	논리적	
변덕이 심한, 신경질적인	감수성 있는	
설치는, 투쟁적인, 공격적인	경쟁적	
마음이 잘 바뀌는, 소심한, 불안한, 신경질적인	불안정한	
허황된 욕심꾼, 수단을 안 가리는	야망이 있는	
독선적인, 남의 이야기를 안 듣는	주관적인	
마음이 약한, 복종적인, 의타적인	의존적	
가벼운, 경솔한	의사결정이 빠른	
나서기 좋아하는, 자기본위적인	자신감 있는	
복종적인, 의존적인	수동적인	
교만한, 의도적인	집단을 이끄는	
약삭빠른, 간사한, 모방 잘하는	재치 있는	

부정적 측면	성격 특성	긍정적 측면
나서기 좋아하는, 설치는	공격적	적극적인, 의욕적인
독불장군식인, 자기중심적인	독립적인	소신 있는, 자립심이 강한, 개성적인
수다스러운, 잔소리가 많은	말이 많은	언변이 좋은, 활동적인, 표현이 자유로운
따지는, 냉정한, 타산적인, 평가적인	이성적인	합리적인, 논리적인, 객관적인
눈치 보는, 거만한, 오만한	예의바른	공손한, 매너 좋은
공부밖에 모르는, 과욕적인	목표지향적인	목표가 분명한, 미래지향적인
줏대가 없는, 아부하는, 우유부단한	지지하는	협조적인, 도우는, 수용적
고집불통인, 독재적인, 독선적인	지배적	소신 있는, 주관이 분명한, 신념 있는
비현실적인, 공상적인	종교적	안정된, 진실한, 믿음 있는
설치는, 나서는	활동적	의욕적인, 적극적인
수동적인, 의타적인	복종적	규범을 잘 지키는, 협조적인
따지는, 챙기는	논리적	이성적인, 객관적인
변덕이 심한, 신경질적인	감수성 있는	감정이 풍부한, 민감한
설치는, 투쟁적인, 공격적인	경쟁적	의욕적인, 적극적인, 진취적인
마음이 잘 바뀌는, 소심한, 불안한, 신경질적인	불안정한	정감이 풍부한, 감수성 풍부한
허황된 욕심꾼, 수단을 안 가리는	야망이 있는	꿈이 많은, 패기 있는
독선적인, 남의 이야기를 안 듣는	주관적인	소신 있는, 뚜렷한, 사고가 분명한
마음이 약한, 복종적인, 의타적인	의존적	적응력이 높은, 남의 이야기를 잘 듣는
가벼운, 경솔한	의사결정이 빠른	신속한, 정확한
나서기 좋아하는, 자기본위적인	자신감 있는	소신 있는, 자신만만한
복종적인, 의존적인	수동적인	규범을 잘 따르는
교만한, 의도적인	집단을 이끄는	리더십이 강한, 능력 있는
약삭빠른, 간사한, 모방 잘하는	재치 있는	감각이 좋은, 센스 있는

[3] 사물카드 게임

"사물카드를 골라 그것을 긍정적으로도 볼 수 있고, 부정적으로도 볼 수 있음을 알아보는 활동입니다."

1. 진행단계

① 모둠에서 사물카드 그림 중 두 가지 사물카드를 고른다.

② 두 가지 사물카드를 가지고 한 사물카드는 긍정적으로 표현하고 나머지 사물카드는 부정적으로 표현한다.
예를 들어 수박과 양파라는 사물카드를 받았으면 '좋은 친구란 수박이야. 왜냐하면 수박 속이 빨간 것처럼 열정이 있기 때문이야!' 그리고 '나쁜 친구란 양파야. 왜냐하면 속을 모르는 친구이기 때문이지.'라고 하는 것이다.

③ 옆 모둠으로 부정적으로 표현한 사물카드를 보낸다. 그 모둠에서는 부정적으로 표현한 사물카드를 긍정적으로 표현한다.
예를 들면 앞 모둠에서 양파를 나쁜 친구로 표현했다면 긍정적으로 '좋은 친구란 양파야. 왜냐하면 까면 깔수록 더 깊이가 있기 때문이야.'라고 하는 것이다.

④ 각 모둠이 표현한 것들을 전체에서 발표해 보고,
활동 후 소감도 이야기해 본다.

2. 준비물 사물카드

3. 유의사항 및 기타

- 긍정적인 관점을 가지고 표현해 보려는 마음의 중요성에 대해 의미 부여를 해 준다.
- 긍정적인 관점을 갖는다는 것이 마음만이 아닌 의도적인 훈련이 필요하기에 사물카드로 연습을 해보도록 한다.

4. 개발자 백선아(2013)

사물카드 예시

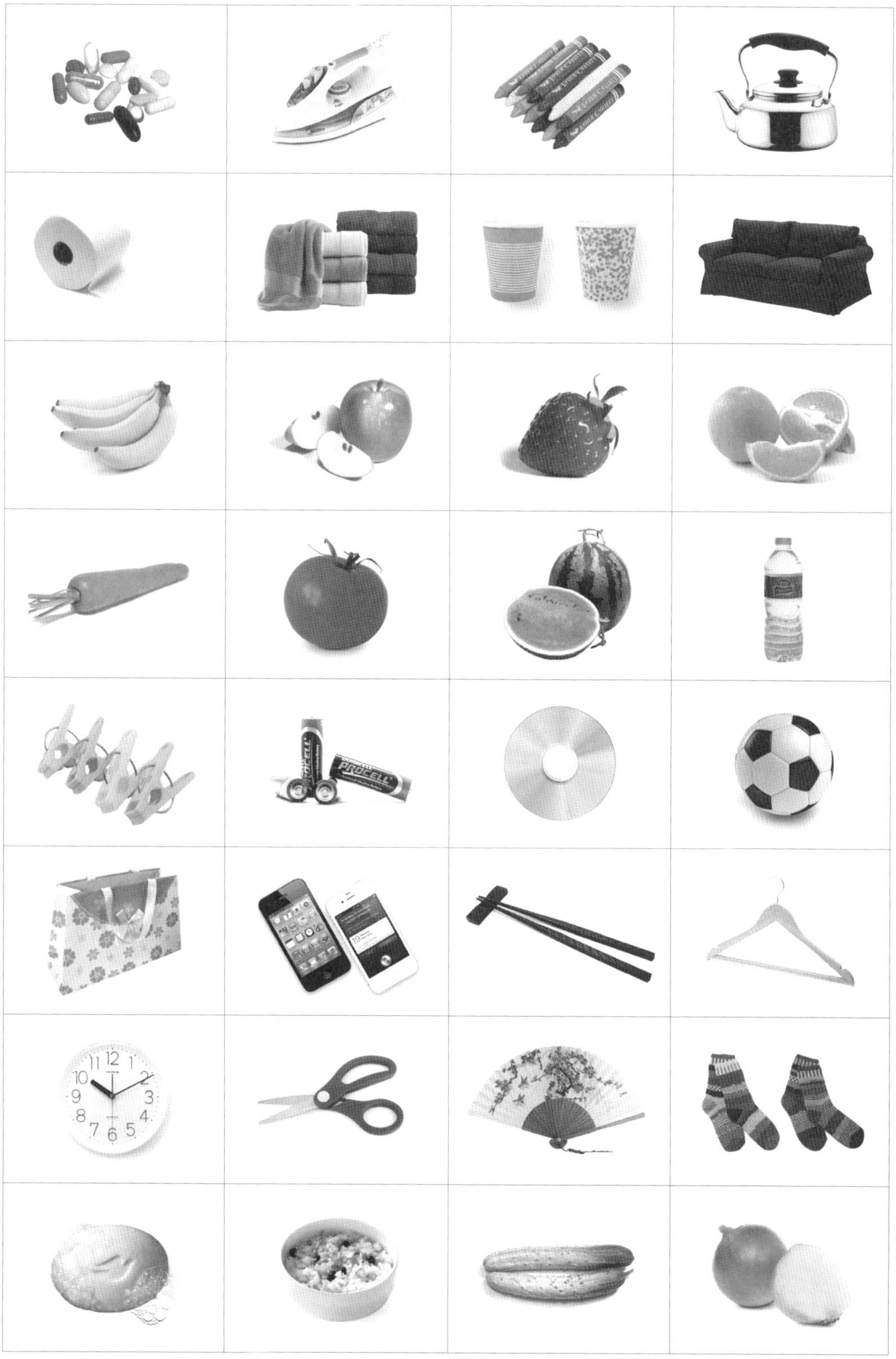

[4] 긍정은 나의 힘

"긍정적 관점을 가지고 살아가는 여러 사람들의 이야기와 긍정적으로 살아가면 좋은 점에 대한 과학적 근거가 들어 있는 동영상을 시청하고 소감문을 써보고 나누어 보는 활동입니다."

1. 진행단계

① 긍정적 사고와 행동의 중요성과 필요성이 잘 드러난 동영상을 시청한다.

② 활동지를 만들어 동영상을 시청하며 집중하도록 하고 질문에 답을 적으면서 보도록 한다.

③ 활동지에 각자가 쓴 것을 모둠에서 돌아가며 말하기나 생각-짝 나누기로 나누어 본다.

④ 모둠에서 나온 이야기를 전체적으로 공유한다.

2. 준비물

동영상, 활동지

3. 유의사항 및 기타

- 동영상을 집중해서 보도록 한다.
- 활동지를 만들어 동영상을 시청하며 내용을 정리해 보도록 한다.
- 동영상이 지루할 수도 있으므로 주요 내용만을 편집해서 보여 줄 수 있다.

4. 참고 자료

KBS, 생로병사의 비밀, '브레인가든', 393회(2011.11.26. 방영)

긍정은 나의 힘

1. 브레인 가든(뇌 정원)을 보며 내용 정리

(1) 뇌를 가꾼다는 의미는?

(2) 긍정의 힘으로 뇌를 가꾸어야 하는 이유는?

(3) 구두수선소를 운영하는 한대중님, 뜨개질방을 운영하시는 이점덕님, 경영컨설턴트 함광남님, 김치사업가 노광철님, 헤어디자이너 임은희님, 문용린 교수님의 인터뷰에서 인상적인 말과 그 이유는?

(4) 민현준군과 양세중씨의 삶이 변화할 수 있었던 구체적인 방법과 이유는?

(5) 브레인 짐이란?

(6) 음식은 뇌를 가꾸는 데 어떤 영향을 미치고, 어떤 음식이 좋은가?

(7) 김연아와 박태환에게 배울 수 있는 것은?

(8) 긍정의 힘을 키울 수 있는 방법으로 제시된 것들은?

2. 브레인 가든(뇌 정원)을 보고 삶에 로그인

(1) 가정에서 긍정적으로 지낼 수 있는 방법

가.

나.

다.

(2) 학교에서 긍정적으로 지낼 수 있는 방법

가.

나.

다.

3. 전체적인 소감

갈등 해결하기

"갈등 해결하기란

먼저 상대방 입장에서 생각해보고

갈등 속에 숨겨져 있는 이해관계를 찾아 조율하는 것입니다."

"갈등 해결하기란

____________________________________ 입니다."

관련 덕목 : 역지사지, 배려, 인정, 화목

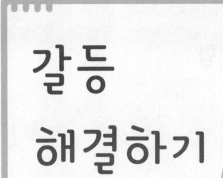

1. 갈등 해결하기

[1] 갈등 해결하기의 필요성

민수는 친구 정호에게 새로 산 산악자전거를 자랑하고 싶었다. 그래서 정호를 만날 때 일부러 새 자전거를 몰고 갔다. 정호는 민수의 새 자전거를 보고 부러워했다. 민수와 정호는 집에서 학교운동장까지 자전거를 타고 이동하였다. 민수가 중앙 현관 쪽 입구에 자전거를 세워놓고 교실에 들어가 교실에 놓아둔 공책을 가지러 갔다. 민수가 공책을 가지러 간 사이 정호가 자전거를 지켜줄 것이라고 생각했다.

하지만 정호는 운동장에서 농구하는 친구들의 경기를 보러 갔다. 민수가 돌아오자 정호는 그 자리에 없었고 세워진 자전거가 넘어져서 휘어지고 비틀어진 채 땅바닥에 내동댕이쳐져 있었다. 화가 난 민수는 농구 경기를 관람하고 있는 정호에게 가서 따졌다. "정호야, 내 자전거가 어떻게 된 거야", "무슨 일이 일어났는지 잘 몰라. 난 잠깐 자리를 비우고 다른 친구들의 농구 경기를 보고 있었을 뿐이야." "잠시 교실에 간 사이에 내 자전거를 봐줄 수 있었잖아. 그 짧은 시간조차 자전거를 지켜주지 못해." "무슨 소리야. 네가 그런 말을 한 적도 없었고, 자전거를 아무데나 놔 둔 네 잘못이지. 왜 나한테 원망을 해!" "특별히 내가 말을 하지는 않았지만 상황 상 내 자전거를 네게 맡긴 거잖아. 내 자전거 물어내. 이 자전거 얼마 주고 샀는지 알아?"

갈등은 사람이 사는 사회나 집단에서 흔히 발생하는 일입니다. 대개 갈등을 부정적인 것으로만 생각하는 경향이 있지만 사실 갈등이 가지고 있는 긍정적인 부분도 있습니다. 갈등을 통해서 우리는 나와 다른 사람의 차이점을 알 수 있습니다. 갈등은 힘이 넘칩니다. 신체적인 에너지와 강력한 심리적인 집중력을 촉발시킬 수 있습니다. 긍정적으로 갈등을 잘 해결하게 되면 사회가 성숙해지고 더욱 공고해질 수 있습니다.

그런데도 불구하고 한국 사회에서는 갈등 자체를 부정적으로만 여기는 경향이 있습니다. 그러다보니 갈등이 발생하면 갈등 자체를 인정하지 않거나 회피하는 경우가 생깁니다. 아니면 갈등이 일어났을 때 힘에 의존하여 싸워서 상대방을 이기는 것에만 초점을 두려고 합니다. 갈등을 어떻게 해결하느냐는 그 사회의 성숙도를 알려주는 척도이기도 합니다.

갈등을 해결하는 데 있어서 크게 세 가지 접근이 있습니다. 즉, 회피 유형, 공격 유형, 화해 유형이 있습니다. 회피 유형은 갈등이 없는 척 가장하거나 화해할 수 있는 일을 거부하는 부인, 자신의 행동에 책임을 지는 대신 그 문제에 대하여 다른 사람을 원망하거나 자신은 아무 잘못이 없다고 생각하는 비난, 갈등 당사자부터 도망가는 갈라짐이 있습니다. 공격 유형은 거친 말이나 잔인한 말로 상대를 공격하는 폭언, 상대방의 명예를 손상시키기 위해 등 뒤에서 험담하는 소문, 물리적인 힘을 사용해서 자신의 방식을 강요하는 몸싸움이 있습니다. 화해 유형은 상대방의 잘못을 용서하는 관용, 자신의 잘못을 고백하는 것과 친절하고 정중하게 상대의 잘못에 대해 말하는 대화, 둘이서 협상이 안 될 경우 도움을 얻어 결정하는 협상이 있습니다.

회피 유형은 당장 겉으로는 갈등이 표출되지 않지만 갈등을 내적으로 증폭시킵니다. 그래서 회피 유형이 지속되면 나중에 큰 공격 유형으로 표출됩니다. 사소한 갈등이 회피를 통해 나중에 큰 갈등으로 비화하기 쉬운데, 이 경우 갈등 해결하기가 쉽지 않습니다. 공격 유형은 공동체를 무너뜨리기 쉽고 갈등이 해결되었다 하더라도 또 다른 형태로 갈등이 나타나기 쉽고 서로에게 마음의 상처로 남습니다. 그러므로 가장 좋은 갈등 해결 방식은 화해 유형입니다. 그런데 우리가 화해 방식으로 갈등을 해결한 경험이 부족하기 때문에 말은 쉽지만 현실적으로는 화해가 잘 이루어지지 않는 경우가 많습니다.

갈등을 해결하는 데 있어서 갈등 당사자들이 겉으로 표현하는 말이나 논리에만 집중해서는 문제 해결이 쉽지 않습니다. 갈등 속에 숨겨진 갈등 당사자들의 욕구나 이해관계를 파악해야 합니다. 욕구와 이해관계가 해결되지 않으면 갈등을 해결하기 어렵기 때문입니다. 그러므로 갈등 속에 숨겨진 욕구와 이해관계 문제를 잘 파악하고 이를 해결할 수 있어야 원만하게 갈등을 해결할 수 있습니다.

[2] 갈등 해결하기의 활용 방안 및 유의사항

- 성숙하게 갈등을 해결하는 접근은 회피 유형이나 공격 유형이 아닙니다. 화해 유형으로 갈등을 해결할 수 있도록 갈등 해결의 다양한 방식을 학생들이 이해할 수 있게 지도해야 합니다.

- 학생들이 갈등 자체를 긍정적으로 이해할 수 있도록 해야 합니다.

- 다양한 갈등 사례를 다루고 구체적인 갈등 상황을 잘 해결할 수 있도록 지도해야 합니다. 이 경우, 갈등 속에 숨겨진 욕구나 이해관계를 냉철하게 분석할 수 있도록 합니다.

- 구체적인 갈등을 소재로 한 토의 토론 활동을 통해 학생들이 고민하면서 갈등을 해결할 수 있는 능력을 기를 수 있도록 해야 합니다.

[3] 사회적 기술 센터

- 이렇게 말해요

  "네가 하고 싶은 말을 먼저 이야기해 봐.",
  "네가 이러한 행동을 한 것은 ○○한 이유 때문이니? "

- 이렇게 행동해요

  상대방 입장에서 다시말하기, 서로의 차이점을 이해하고 존중하기,
  갈등 당사자의 숨겨진 욕구와 이해관계를 이해하기

2. 갈등 해결하기 활동

[1] 갈등 각도기

"갈등을 해결하는 다양한 방법을 이해하고 화해 유형으로 갈등을 해결할 수 있도록 도와주는 활동입니다."

1. 진행단계

① 교사가 갈등 해결 유형에 대하여 갈등 각도기 그림을 통해 설명한다.

② 교사가 갈등 상황을 제시한다.

③ 학생들이 갈등 상황에서의 다양한 해결 방안을 기록한다.

④ 모둠별로 갈등 해결 방안에 대하여 토의한다.

⑤ 학급 전체에서 자기 모둠의 해결 방안에 대하여 발표한다.

⑥ 교사가 마무리 이야기를 한다.

2. 준비물 활동지

3. 유의사항 및 기타

- 교사가 갈등 각도기 그림 설명을 통해 회피 유형과 공격 유형은 갈등을 성숙하게 해결하는 방법이 아니라는 것을 잘 설명할 수 있어야 한다.
- 갈등 해결 유형에 따른 세부적인 반응에 대하여 잘 정리할 수 있도록 한다.
- 갈등 각도기 활동을 통해 화해 방식이 가장 좋은 해결 방식임을 배울 수 있도록 지도한다.

4. 참고 자료

콜렛 산데(2001), 영 피스메이커 교사용, 국제개발원(IDI)

박정훈, 권진하 외(2001), 교회 협동학습2, 예찬사

갈등 각도기

민수는 친구 정호에게 새로 산 산악자전거를 자랑하고 싶었다. 그래서 정호를 만날 때 일부러 새 자전거를 몰고 갔다. 정호는 민수의 새 자전거를 보고 부러워했다. 민수와 정호는 집에서 학교운동장까지 자전거를 타고 이동하였다. 민수가 중앙현관 쪽 입구에 자전거를 세워놓고 교실에 들어가 교실에 놓아둔 공책을 가지러 갔다. 민수가 공책을 가지러 간 사이 정호가 자전거를 지켜줄 것이라고 생각했다.

하지만 정호는 운동장에서 농구하는 친구들의 경기를 보러 갔다. 민수가 돌아오자 정호는 그 자리에 없었고 세워진 자전거가 넘어져서 휘어지고 비틀어진 채 땅바닥에 내동댕이쳐져 있었다. 화가 난 민수는 농구 경기를 관람하고 있는 정호에게 가서 따졌다. "정호야, 내 자전거가 어떻게 된 거야", "무슨 일이 일어났는지 잘 몰라. 난 잠깐 자리를 비우고 다른 친구들의 농구 경기를 보고 있었을 뿐이야." "잠시 교실에 간 사이에 내 자전거를 봐줄 수 있었잖아. 그 짧은 시간조차 자전거를 지켜주지 못해." "무슨 소리야. 네가 그런 말을 한 적도 없었고, 자전거를 아무데나 놔 둔 네 잘못이지. 왜 나한테 원망을 해!" "특별히 내가 말을 하지는 않았지만 상황 상 내 자전거를 네게 맡긴 거잖아. 내 자전거 물어내. 이 자전거 얼마 주고 샀는지 알아?"

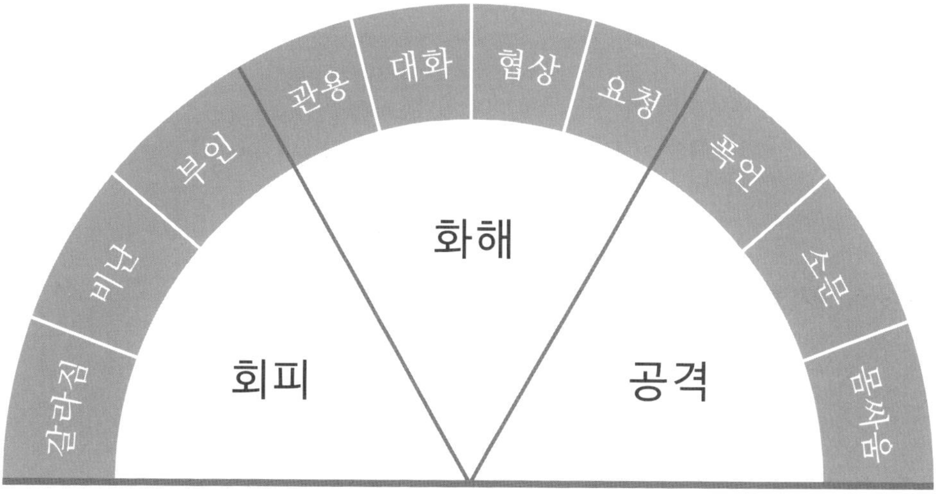

1. 위의 문제를 회피하는 방식으로 해결한다면?

(1) 부인 :

(2) 비난 :

(3) 갈라짐 :

2. 위의 문제를 공격하는 방식으로 해결한다면?

(1) 폭언 :

(2) 소문 :

(3) 몸싸움 :

3. 위의 문제를 화해하는 방식으로 해결한다면?

(1) 관용 :

(2) 대화 :

(3) 협상 :

(4) 요청 :

4. 나는 이 문제를 어떻게 해결하는 것이 바람직하다고 생각하는가?

“

[참고자료] 갈등 각도기 학습지 해답

1. 회피유형

① **부인** (갈등이 없는 척 가장하거나 화해할 수 있는 일을 거부하는 것)

민수: “내가 참지 뭐”(난 절대로 널 다시 믿지 않을 거야)

정호: “모른 척 해야지”(자전거가 망가진 게 아직도 내 잘못이라고 생각하겠지)

② **비난** (자신의 행동에 책임을 지는 대신 그 문제에 대하여 다른 사람을 원망하거나 자신은 아무 잘못이 없다고 생각하는 것)

민수: “네가 조심성이 있었으면 내 자전거는 망가지지 않았을 거야”

정호: “누가 주차장에 자전거를 두라고 그랬니? 주차장에 두니까 그렇게 됐지”

③ **갈라짐** (말다툼을 하고 있는 사람으로부터 도망가는 것)

민수 & 정호: “다시는 만나지 말아야지”

2. 공격유형

① **폭언** (거친 말이나 잔인한 말로 상대를 공격하는 것)

민수: “넌 어떻게 친구면서 미안하다는 말도 안 하냐?”

정호: “산지 얼마 되지도 않은 자전거를 잃어버리는 얼간이는 누군데?”

② **소문** (상대방의 명예를 손상시키기 위해 등 뒤에서 험담하는 것)

민수: “너, 민수 알지? 그 놈 절대로 믿지 마!”

정호: “너, 정호 알아? 그 놈은 거짓말쟁이야!”

③ **몸싸움** (물리적인 힘을 사용해서 자신의 방식을 강요하는 것)

민수 & 정호: “야! 너, 덤벼!”

3. 화해유형

① **관용** (상대방의 잘못을 용서하는 것)

민수: “그냥 잊어버릴 수 있을 것 같아. 그렇지만 자전거가 어떻게 망가졌는지 알고 싶어!”

② **대화** (자신의 잘못을 고백하는 것과 친절하고 정중하게 상대의 잘못에 대해 말하는 것)

민수: “내가 잘 생각해봤는데 이번 일은 네 잘못이 아닌 것 같아. 미안해.”

정호: “어제는 내가 너무 심했어. 미안해.”

③ **협상 또는 요청** (둘이서 협상이 안 될 경우 도움을 얻어 결정하는 것)

민수 & 정호: “선생님(또는 부모님, 친구, 선배 등), 드릴 말씀이 있어요.”

[2] 빈 의자

"갈등 당사자에게 직접 하지 못한 이야기를 갈등하고 있는 상대방이 있다고 가정하여 직접적인 대화 방식으로 이야기하는 활동입니다."

1. 진행단계

① 학생들이 지금까지 경험한 갈등 상황을 생각하도록 한다.

② 모둠 안에서 빈 의자를 가져 놓고 거기에 갈등 당사자가 있다고 생각하고 이야기할 수 있도록 한다.

③ 한 학생이 빈 의자를 향해 하고 싶은 말을 마치면 나머지 모둠원들이 그것에 대하여 피드백 한다.

④ 모둠 안에서 돌아가며 위와 같은 방식으로 이야기한다.

⑤ 교사가 마무리 이야기를 한다.

2. 준비물 활동지

3. 유의사항 및 기타

- 갈등 당사자에게 직접 이야기하기 힘들거나 상대방이 없을 때 효과적으로 활용할 수 있다.
- 갈등 당사자에게 간접 화법이 아니라 직접 화법으로 이야기할 수 있도록 함으로써 자신의 내적 힘을 기르고 일종의 카타르시스를 경험할 수 있다.

4. 개발자 찡거(1977)

5. 참고 자료 김정규(1995), 게슈탈트 심리치료, 학지사

지금까지 살아오면서
기억에 남는 갈등이나 최근에 겪고 있는 갈등상황이 있나요?

갈등 상대방에게 하고 싶은 말을 편안하게 기록해 보세요.

다른 사람의 이야기에 대하여 나는 어떠한 생각을 했는지 소감을 간단히 기록해 보세요.

지금까지 살아오면서
기억에 남는 갈등이나 최근에 겪고 있는 갈등상황이 있나요?

갈등 상대방에게 하고 싶은 말을 편안하게 기록해 보세요.

다른 사람의 이야기에 대하여 나는 어떠한 생각을 했는지 소감을 간단히 기록해 보세요.

[3] 갈등 분석

“갈등 속에 숨겨진 욕구나 이해관계를 분석하여 이를 조정함으로써 합리적인 해결 방안을 모색해보는 활동입니다.”

1. 진행단계

① 교사가 갈등 사례를 제시한다.

② 학생들이 학습지를 통해 갈등 당사자들의 논리적인 주장과 그 속에 숨겨진 욕구나 이해관계를 분석한다.

③ 모둠 안에서 욕구와 이해관계에 대하여 이야기한다.

④ 학급 전체에서 자기 모둠의 의견을 발표한다.

⑤ 교사가 마무리 이야기를 한다.

2. 준비물

활동지

3. 유의사항 및 기타

- 개인 간의 갈등 경우에는 개인의 욕구가 충돌하는 경우가 많다. 집단 간의 갈등의 경우에는 집단 간의 이해관계가 충돌하는 경우가 많다. 갈등 사례에 맞는 다양한 욕구나 이해관계를 분석하는 것은 갈등을 해결하는데 있어서 큰 도움이 된다.
- 갈등이 해결되려면 갈등 당사자들의 논거도 중요하지만 그 속에 숨겨진 욕구와 이해관계를 찾고 이를 잘 조정해야만 원만하게 해결할 수 있다.

4. 참고 자료

김현섭 외(2004), 신나는 도덕수업, 한국교육과정평가원

갈등 분석

<table>
<tr><th>갈등 사례</th><th colspan="2">갈등 분석 및 해결 방안</th></tr>
<tr><td rowspan="4">수연이는 동물 기르기를 매우 좋아한다. 하지만 아파트에 살고 있어서 동물을 기르고 싶어도 잘 기르기 힘든 상황이다. 친한 친구인 미숙이가 집에서 기르는 개가 강아지를 여러 마리 낳았다고 필요하면 공짜로 분양해 주겠다고 말했다. 수연이는 고민 끝에 일단 강아지를 분양받아서 집안에서 길러 보자는 생각을 하였다. 집에 강아지를 가져가자 엄마가 도로 친구에게 가져다주라고 했다. 엄마는 집 안에서 강아지를 기르기 힘들 뿐 아니라 오물 등으로 인하여 위생상 좋지 않기 때문이라고 말했다. 사실 엄마 입장에서는 동물을 기르는 것도 별로 좋아하지 않기도 하고 수연이가 학교가면 결국 엄마가 강아지를 길러야 하는 상황이다. 엄마는 집안일도 많은데, 집안에서 강아지까지 기른다는 것은 참 부담스럽다. 수연이와 엄마는 강아지 기르는 문제로 크게 싸웠다.</td><th>갈등 당사자의 입장</th><th>숨겨진 욕구</th></tr>
<tr><td>-수연이의 입장 :

-엄마의 입장 :</td><td>-수연이의 욕구 :

-엄마의 욕구 :</td></tr>
<tr><th colspan="2">승(WIN)-승(WIN) 해결 방안</th></tr>
<tr><td colspan="2"></td></tr>
<tr><td rowspan="4">최근 KTX 고속철도 민영화 정책에 대하여 철도 노조원들은 파업을 하였다. 이에 대하여 정부는 노조 파업을 불법 파업이라고 규정하면서 파업에 참여한 철도 노동자들을 전원 직위 해제를 하였다. 그러자 철도노조는 더욱 강력하게 거리 시위를 진행하였다. 정부는 철도 경쟁 체제 도입을 통해 국민들에게 값싸고 질 좋은 서비스를 제공하고 독점으로 인한 비효율성을 극복할 수 있는 대안이라고 주장하였다. 이에 대하여 철도 노조는 철도 민영화 정책은 오히려 서비스의 질을 낮추고 철도 노동자들의 근무 여건을 열악하게 만들어 안전을 보장하기 힘들고 철도 이용 요금 인상으로 인하여 국민에게 부담을 늘릴 것이라고 반박하였다.</td><th>갈등 당사자의 입장</th><th>숨겨진 이해관계</th></tr>
<tr><td>-정부 입장 :

-철도노조 입장 :</td><td>-정부 입장 :

-철도 노조 입장 :</td></tr>
<tr><th colspan="2">승(WIN)-승(WIN) 해결 방안</th></tr>
<tr><td colspan="2"></td></tr>
</table>

[4] 찬반논쟁 수업 모형

"논쟁거리를 중심으로 개인의 입장을 이야기하고 서로의 입장을 바꾸어 이야기해보고 나서 모둠별, 학급별 토의 토론 과정을 통해 공동체 안에서 갈등을 성숙하게 해결할 수 있도록 하는 활동입니다."

1. 진행단계

① 교사가 학생들에게 토론 주제를 제시하고 배경을 간단히 설명한다.
② 토론 주제에 대한 자기 입장에 따라 이질적으로 모둠을 구성한다.
③ 모둠 안에서 모둠 토론 활동을 한다.
④ 입장을 바꾸어 역할교환 토론 활동을 한다.
⑤ 모둠 내 토의를 통해 최종 입장을 정한다.
⑥ 학급 전체에서 자기 모둠의 의견을 발표한다.
⑦ 교사가 마무리 이야기를 한다.

2. 준비물 토론 활동지

3. 유의사항 및 기타

- 가급적 찬성과 반대 의견이 반반 정도 구분될 수 있는 사례가 좋다. 그렇지 못한 경우는 두마음 토론 활동을 도입하여 개인 의견과 상관없이 교사가 1번 찬성자, 2번 중립자, 3번 반대자, 4번 관찰자로 역할을 구조화시켜 부여하여 토론 활동을 하는 것이 좋다.
- 역할 교환 토론 활동이 찬반 논쟁 수업 모형의 핵심적인 활동이다. 갈등을 해결하는 열쇠는 역지사지이기 때문이다. 그런데 실제 수업에서는 역할 교환 토론 활동이 쉽지 않다. 그러므로 교사가 토론 활동 이전에 개별 학습을 통해 활동지 내용을 충분히 숙지하도록 한 후 역할 교환 토론 활동을 진행하는 것이 좋다. 역할 교환 토론 활동은 교사의 세심한 지도와 배려가 필요하다.
- 토론 마무리 활동이 중요하다. 토론 주제에 따라 마무리 방식이 다르다. 그런데 교사가 특정 입장으로 몰고 가는 것보다 그 의견 속에 숨겨져 있는 가치나 이해관계를 밝혀주거나 쟁점을 짚어주는 것이 좋다.

4. 참고 자료

김현섭 외(2012), 협동학습2, 한국협동학습센터

게임 중독법 논란, 어떻게 바라볼 것인가?

[찬성의견] 게임 중독법은 필요하다.

'중독 예방·관리 및 치료를 위한 법률안'은 중독 전반의 관리에 관한 기본법 성격을 지닌 법률이다. 일각에서 우려하는 것처럼 게임산업규제법이 아니다. 물론 중독 예방 차원에서 접근을 제한할 수 있는 선언적 근거가 이 법안에 없는 건 아니지만 게임의 생산·유통 등은 이미 시행 중인 게임산업 진흥에 관한 법률 등으로도 제한할 수 있다.

행정적 제한이나 처벌만으로는 중독 문제를 해결할 수 없다. 규제와 제한을 넘어 보건복지학적 모형에 근거한 포괄적인 치료·재활 체계를 갖춰야 한다. 중독 예방·관리 및 치료를 위한 법률안은 이러한 보건복지 시스템 구축에 초점을 두고 있다.

선진국은 중독 문제를 해결하기 위해 이미 많은 예산과 인력·자원을 투입하고 있다. 그러나 우리나라는 전문 인력이나 시설이 매우 빈약하다. 그나마 있는 관련 자원이나 규정도 여러 부처에 산발적으로 존재하고 대책도 행정적 제한에 그친다. 중독을 포괄적으로 다루는 행정관리체계가 절실하게 필요한 실정이다. 중앙정부의 중독에 대한 책임과 관심, 범 부처별 의견 조율을 이끌어내기 위해선 관련 법률의 존재가 필수적이다.

게임중독이 이번 법률안에 포함된 것은 도박처럼 물질이 아니라 특정한 인간의 행위도 중독을 유발하기 때문이다. 게임중독은 무엇을 많이 좋아하고 몰입하는 현상을 은유하고 비유하는 용어가 아니라 엄연하게 현상학적으로 존재하는 신경과학적 변화를 표현하는 단어다. 특히 확률적으로 가능성이 작은 예기치 않은 보상(rewards)을 기대하도록 만들면 중독이 심화된다.

실제로 물질중독처럼 스스로의 의지로 중단하지 못하고 심한 갈망과 금단 증상을 보이며 중독에 따른 심각한 사회적 기능의 황폐화를 동반하는 게임중독 환자가 존재한다. 술을 가까이 하는 두 부류의 사람을 예로 들자. 술을 빚는 인간문화재는 기분 좋게 술을 즐기는 것이지만 단순 알코올중독자는 전문적인 치료가 필요하다는 데 대부분 공감할 것이다.

환자의 중독에 대한 생물학적 소양이나 사회문화적 유발인자가 어찌됐든 결국 중독 환자는 뇌기능의 변화가 일어난 상태다. 자발적으로 중독에서 헤어나기 어렵다. 이번 법률안은 게임을 하는 대다수 사람의 게임을 할 권리를 규제하는 법이 아니다. 개인의 선택과 자유를 제한하는 법이 아니라 스스로 조절 안 되는 중독 환자들을 돕고 그 가족들의 고통과 부담을 경감하는 제도적 장치를 만들기 위한 법이다. 일부 주장처럼 게임과 마약을 동일시하는 것이 아니다. 중독의 신경과학적 병태생리가 동일하고 심리사회적 치료의 기법도 거의 비슷하기 때문에 같은 법에서 다루는 것이다.

우리나라는 정보통신산업과 게임산업 선진국이다. 신기술 발전에 동반되는 역기능에 선제적으로 대응할 필요가 있다. 의학적으로 분명하게 중독병리를 일으키지 않는 게임이라면 이 법과는 관계가 없다. 현재 알코올중독, 도박중독 등 중독 문제에 따른 사회경제적 비용은 천문학적이고 더 늘어날 전망이다. 미래 인적 자원의 정신건강을 위해서도 중독의 예방과 치료는 필요하다.

선진국 사례처럼 중독은 미래 우리 사회의 중요한 보건사회적 문제가 될 것이다. 이제 규제와 제한보다 한 차원 높은 수준의 예방과 치료, 재활 그리고 포괄적 관리를 위한 '기본법'이 필요한 시점이다.

기선완 가톨릭대 인천성모병원 정신건강의학과 교수(기획홍보실장)

중앙일보 20○○.11.16

[반대 의견] 게임 중독법, 필요하지 않다

스웨덴에 쿤겐(Kungen)이라는 게이머가 있다. 전 세계에 흩어진 1340만 명의 '월드 오브 워크래프트' 게이머들에게 절대적인 존경을 받는 사람이다. '전사의 신( )' 혹은 '쿤겐신'이라는 별명으로 불리는 그는 길드원들을 이끌고 어려운 던전을 차례로 공략하여 세계 최초의 미션 클리어 기록 22개를 달성했다. 새로운 패치가 있을 때면 그의 게임 플레이를 인터넷 중개 방송을 통해 400만 명이 시청한다. 이렇게 게임을 하는 동안 쿤겐은 현실에서 버거킹 직원으로 일했고 17개월 연속 최우수 직원으로 뽑혀 승진을 거듭한 끝에 현재는 점장으로 일하고 있다.

게임에 대한 매체 문해력(미디어 리터러시·media literacy)이 없는 사람들은 흔히 쿤겐 수준의 게이머를 "게임중독자"라고 말한다. 저렇게 게임을 하면 어떻게 사회생활을 하겠느냐, 법으로 관리해야 한다고 말한다. 그러나 한국에서 치료가 필요한 '게임중독자'는 국회 입법조사처 보고서 기준으로 5만 명에 불과하다. 한국의 전체 게이머 2000만 명의 0.25%인 것이다. 나머지 99.75%의 게이머는 쿤겐과 같이 건실하고 평범한 생활인들이다.

정보화 혁명과 함께 게임은 매우 중요하고 영향력 있는 문화적 표현양식이 되었다. 70억 인류는 이제 거미줄처럼 연결된 디지털 매체 환경에서 의사소통하고 놀이한다. 게임은 과거의 소설, 연극, 영화, 르포르타주와 다큐멘터리, 뮤지컬의 표현양식들을 수용했고 어느 정도는 서정시의 미감( ) 까지를 표현하기에 이르렀다. 게임의 문제는 뇌의 문제가 아니라 감정과 의지와 미감, 즉 마음의 문제인 것이다.

최근 국회에서 게임을 마약, 도박, 알코올과 함께 4대 중독유발물질로 규정하고 이를 관리하는 국가중독관리위원회를 신설하겠다는 법안(이하 중독법)이 발의되었다. 이 법안은 네 가지 문제를 안고 있다.

첫째, 중독법은 동일한 것을 동일하게 취급해야 한다는 평등성 원칙에 위배된다. 게임은 구체적인 중독물질이 있는 알코올이나 마약과 다르며, 반사회적일 뿐만 아니라 범죄인 도박과도 다르다.

둘째, 중독법은 법 적용의 대상이 분명해야 한다는 명확성 원칙에 위배된다. '인터넷게임 등 미디어 콘텐트'라는 중독법의 대상은 현 시대의 문화 전체를 잠재적 중독유발물질로 규정한다.

셋째, 중독법은 해악의 객관적 인과관계가 입증되어야 한다는 과잉 금지의 원칙에 위배된다. 게임이 중독 및 중독폐해를 유발한다는 사실은 한 번도 객관적으로 입증된 바 없다. 폭력 비디오 게임 판매 규제는 위헌이라는 2011년 6월 미국 연방법원 판결을 비롯하여 해외 판례들은 게임이 공격적 행동 등 중독폐해의 원인이라는 추측을 부정하고 있다.

넷째, 중독법은 중복규제를 금지해야 한다는 원칙에 위배된다. 시급한 정신치료를 필요로 하는 0.25%를 위해 우리는 이미 청소년보호법과 게임법의 과몰입 예방을 위한 법률들을 가지고 있다.

매체에 의해 발생한 문제는 법으로 해결되지 않는다. 이것은 20세기 후반 텔레비전의 폭력성과 선정성을 막으려고 발의되었던 수많은 법의 전례들이 말해준다. 궁극적으로 이런 문제들은 사회 전체 구성원의 매체 문해력이 증진되면서, 부모와 자녀들이 매체를 깊이 이해하면서 극복되었다. 중독법을 지지하는 분들에게 법에 대한 이성적인 판단과 새로운 문화에 대한 관용을 호소하고 싶다.

류철균 이화여대 디지털미디어학부 교수

중앙일보 20○○.11.16

❖ 그렇다면, 게임 중독법에 대한 나의 입장을 정리해보자.

자기 역할 책임 있게 수행하기

"자기 역할 책임 있게 수행하기란

학급 주번일 때 아침에 정한 시간에 맞게 일찍 와서

주번 활동을 하는 것입니다."

"자기 역할 책임 있게 수행하기란

________________________________ 입니다."

관련 덕목 : 책임감, 겸손, 근면, 믿음직함

1. 자기 역할 책임 있게 수행하기

[1] 자기 역할 책임 있게 수행하기의 필요성

> 담임선생님께서 오늘 조회시간에 봉사활동에 대한 안내를 해주셨다. 금주 놀토에 학교 근처에 있는 장애우 학교에서 하는 행사 때 일일도우미로 추천할 사람을 구한다는 것이었다. 물론 봉사시간도 6시간이나 주어진다고 한다. 안 그래도 봉사시간이 부족하여 신경이 쓰였던 민국이는 잠깐 고민하다가 손을 번쩍 들었다. 그런데 선생님 표정이 그다지 달가워하지 않는 것 같다. 민국이는 평소 자기가 해야 할 청소도 제대로 하지 않고 준비물도 종종 챙겨오지 않아 책임감 없는 아이로 찍힌 아이였던 것이다. 놀 토 때 제대로 약속시간에 오기나 할지 못미더워하는 표정이 역력하다. 민국이는 그런 선생님의 염려에 아랑곳하지 않고 계속 자기가 하겠다고 말한다. 정말 민국이는 일일도우미 역할을 잘 해낼 수 있을까?

책임감은 자신에게 주어진 역할이나 임무를 중요하게 여기는 마음입니다. 그렇기 때문에 남에게 미루거나 떠넘기는 것이 아니라 스스로 행동하는 것이 중요합니다. 자신이 할 일을 미루는 습관이 계속해서 쌓인다면 책임감 없는 사람이 되고 맙니다. 책임감은 자신과의 약속을 지키는 것입니다. 아주 작은 것이라도 내가 하기로 한 약속을 지키려는 마음에서 책임감이 길러집니다. 반대로 약속을 지키지 못했을 때 생기는 상황에 대해 생각해보면 내가 어떻게 행동해야 할지에 대한 판단이 설 것입니다. 자신의 행동에는 항상 책임이 따르기 마련입니다. 자신이 책임을 다하지 못해 일어난 일에 대해 어떻게 대처해야할까요? 바로 잘못을 인정하고 사과할 수 있어야 합니다. 나의 잘못을 인정하고 받아들이는 태도에서 책임감이 길러집니다. 우리는 하고 싶은 일만 하고 살 수는 없습니다. 내가 하지 않으면 다른 누군가가 그 일을 해야 합니다. 책임감은 자신만이 아닌 다른 사람을 배려하고 생각하는 마음에서 시작하는 것입니다. 그렇기 때문에 책임감은 우리가 함께 살아가는 세상에서 반드시 필요한 것입니다.

[2] 자기 역할 책임 있게 수행하기의 활용 방안 및 유의사항

- 작은 일이라도 스스로 선택한 것일 때, 그 일에 대한 책임감이 커지므로, 활동과정에 학생들이 선택할 때까지 기다려주어야 합니다.

- 자신의 역할에 대한 책임을 다하지 못했을 때의 경험을 나누어봄으로 책임감의 중요성을 깨닫게 됩니다.

[3] 사회적 기술 센터

- 이렇게 말해요
  "네가 이 일을 멋지게 해낼 줄 알았어.", "이 일은 네가 딱 이야."

- 이렇게 행동해요
  어깨 두드려주기, 엄지 세워 올리기

2. 자기 역할 책임 있게 수행하기 활동

[1] 콩나물 키우기

“콩나물을 키우면서 자신의 작은 역할에 대한 소중함을 경험하는 활동입니다.”

1. 진행단계

① 검은 콩을 물에 1~2일간 불린다.

② 플라스틱 병에 구멍을 뽕뽕 뚫어 준 뒤, 솜이나 얇은 천을 깔고 그 위에 불린 콩을 올린다.

③ 물을 뿌려주고, 3시간 간격마다 물을 준다.

④ 검은 봉지로 덮어 주고 어두운 곳에다가 콩나물을 둔다.

⑤ 5~6일 정도 되면 다 자란 콩나물을 볼 수 있다.

2. 준비물 검은 콩, 플라스틱 병, 송곳, 솜이나 얇은 천, 검은 천이나 봉지

3. 유의사항 및 기타

- 검은 봉지나 검은 천을 씌워야 콩이 녹색이 되는 걸 막을 수 있다.
- 둘씩 짝을 지워 기르게 하는 것이 더 효과적이다.
- 다 자란 콩나물을 어떻게 할 것인지에 대한 것도 학생들과 함께 미리 결정해두면 좋다. (예를 들어, 선생님들이나 부모님께 판매를 하여 그 수익으로 불우이웃돕기 성금으로 내기.)
- 물을 자주 줘야 하는 번거로움이 크다면 양파나 화분 키우기도 좋다. 식물을 기르기 위해 규칙적으로 물을 주고 돌보는 것을 경험하는 것이 목표라면 어떤 식물이라도 상관이 없다.
- 하루라도 물을 주지 않으면 콩나물의 색깔이 변하고 잘 자라지 못하므로 매일 매일 일정한 시간에 물을 주어야 한다.

4. 참고 자료 양혜원(2010), 어린이를 위한 책임감, 위즈덤하우스

[2] 1인 1역 정하기

"학급을 유지하기 위해 꼭 필요한 일을 생각해보고 그 중에서 자기가 잘 할 수 있는 일을 하나씩 정하는 활동입니다."

1. 진행단계

① 교사가 제시한 1인 1역 리스트를 살펴보고 추가할 역할이 있는지 모둠별로 생각해보게 하고 추가할 것이 있다면 모둠별로 칠판에 나와 적게 한다.

② 이번에는 내가 할 수 있는 일이 무엇일지 몇 가지 생각해둔다.

③ 1인 1역 리스트를 하나하나 짚어가면서 역할을 정한다. 먼저 누구도 선뜻 하고 싶어 하지 않지만 중요한 일들부터 역할을 정하는 것이 좋다. 왜냐하면 결국 하고 싶지 않은 일들을 마지막에 남겨두면 왠지 별로 중요하지 않은 일을 어쩌다가 가져간 느낌을 가질 수 있게 되기 때문이다. 그리고 하나하나 어떤 일을 하는 것인지 정확하게 안내해주는 것이 필요하다. 아무리 사소한 역할이라도 그것이 학급에서 꼭 필요한 일임을 강조해주어 자부심을 갖도록 한다.

④ 이렇게 합의를 거쳐 1인 1역을 모두 정했다면 1인1역표를 만들어 교실 게시판에 게시한다.

2. 준비물 1인 1역 리스트, 포스트잇

3. 유의사항 및 기타

- 학급 인원이 30명이라면 30개의 역할을 만들어 반드시 책임지고 자신의 일을 수행할 수 있는 기회를 주어야한다. 단, 같은 역할을 2명이상에게 맡길 때에도 어디까지가 자기가 할 일인지에 대한 안내가 있어야 한다.
- 역할을 정할 때, 아이들이 쉽고 편한 것을 선호하려는 경향이 있다. 분기 또는 학기별로 역할을 바꾸어 주는 것도 좋다.
- 힘들지만 중요한 역할일 경우, 약간의 인센티브를 주어 역할을 잘 수행할 수 있도록 격려하는 장치를 마련해두는 것도 좋다.
- 1인 1역을 정했다면 이를 잘 수행하지 못했을 때 벌칙도 함께 정하면 좋다. 단, 벌칙의 내용이 비인간적이거나 아이들의 자존심을 상하게 하는 것이면 안 되겠다.
- 1인1역 리스트에 날짜를 넣은 차트를 준비해서 일을 수행할 때마다 스티커를 붙이거나 별을 그려주는 식으로 성과를 가시적으로 보여주는 것도 효과적일 수 있다.

[3] 또래 선생님

"중간, 기말고사 준비기간에 아이들로 하여금 각 과목의 또래 선생님을 세워 학생들끼리 배우고 가르치는 경험을 통해 자신의 재능에 대한 책임감을 키우는 기회를 주는 활동입니다."

1. 진행단계

① 중간 또는 기말고사 계획을 세우는 시기에 공고문을 붙인다.
(문구 : 이번 중간고사 기간의 특별 강사를 모집합니다. 특별히 난 어떤 과목을 좋아하고 잘 가르쳐줄 수 있는지 생각해보고 재능을 나누어 주는 멋진 교사가 되어주세요.)

② 과목마다 또래 선생님을 정했다면 해야 할 역할이 무엇인지 교사가 안내해준다. 가령, 시험범위의 내용을 정리한다거나 출제예상문제를 만들어보도록 구체적인 역할을 준다.

③ 아침 자습시간을 통해 또래 선생님이 정리해 온 내용을 중심으로 함께 공부하는 시간을 가진다.

2. 준비물 자신의 재능을 나누려는 마음

3. 유의사항 및 기타

- 자신이 잘 하는 것을 나누는 것이 얼마나 소중한 것인지, 재능을 나누는 것이야말로 사회에 대한 책임을 훈련하는 기회가 된다는 것을 강조한다.
- 공부를 가르쳐주는 것 외에도, 교실 게시판을 활용하여 시험공부를 하면서 잘 모르는 내용에 대해 질문하고 싶은 것이나 공부하는 방법에 대한 질문 등을 적어 공유하는 장을 마련하여 주는 것도 좋다. 게시판에 적힌 질문을 보며 답해 줄 수 있는 부분이 있을 때 직접 알려주거나 역시 게시판을 통해 알려줄 수 있다. 이런 자유로운 장을 통해 서로가 가진 재능의 일부를 기꺼이 나누는 기회를 가짐으로써 자신의 재능에 대한 차원 높은 책임의식을 심어주는 훈련이 가능하다.

나를 돌아보기

"나를 돌아보기란

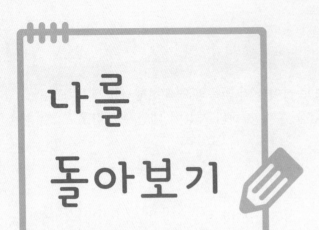

과거의 나와 현재의 나가 지금 여기에서 만나는 것입니다."

"나를 돌아보기란

______________________________ 입니다."

관련 덕목 : 감사, 정직, 용서, 행복, 신뢰

1. 나를 돌아보기

[1] 나를 돌아보기의 필요성

> 곧 지영이의 중학교 2학년 시절도 마지막을 알리는 날이 다가온다. 종업식을 며칠 앞두고 이런 저런 생각이 많다. 정말 질풍노도의 1년을 보낸 것 같다. 돌아보니 1년 동안 부모님께, 친구들에게, 동생에게 했던 많은 후회되는 일들이 생각나 지영이의 마음은 불편하다.

누구나 지나온 시간에 대해 돌아보라고 하면 긍정적이고 좋았던 기억보다 후회되는 일들을 먼저 떠올리게 됩니다. 자기를 돌아본다는 것은 단지 후회되는 일을 생각해서 다음에 이렇게 하지 말아야지 하는 것만을 말하지 않습니다. 자신이 가진 장점과 지난 시간에 이룬 귀한 인생의 성과에 대해 감사하고 칭찬하는 것도 포함되는 것입니다. 지나온 자리에 있었던 자신과 정면으로 마주 대해 보는 것은 다음에 가야할 또는 있어야할 자리를 준비함에 있어서도 소중한 시간이 됩니다.

[2] 나를 돌아보기의 활용 방안 및 유의사항

- 지난 한 학기 또는 1년을 반추해보는 시간을 가짐으로써 자신의 주변에 있었던 사람들에 대해 감사하는 마음을 가질 수 있게 되고, 고마운 마음을 표현할 기회를 줄 수 있습니다.
- 자신의 강점과 단점을 생각해봄으로써 자신에 대한 긍정적인 자존감을 가질 수 있습니다.
- 후회되는 일들, 또는 미안한 마음이 드는 사람이 있다면 사과의 표현을 해봄으로써 묵은 마음의 짐을 내려놓는 시간을 가질 수 있습니다.
- 전반적으로 진지한 분위기에서 활동할 수 있도록 분위기를 조성하는 것이 필요합니다.

[3] 사회적 기술 센터

- 이렇게 말해요

  "(자신을 향해)1년 동안 수고했어.", "네가 있어 지난 시간이 행복했어."

- 이렇게 행동해요

  안아주기, 토닥여 주기

2. 돌아보기 활동

[1] 본뜨기

"손, 발, 입, 머리 등의 본을 떠서 신체 그림을 활용하여 그와 관련한 자신의 삶의 부분을 반성할 수 있도록 하는 활동입니다."

1. 진행단계

① 교사가 백지를 학생들에게 나누어준다.

② 학생들이 각자 백지에 손, 발 등의 본을 떠서 그림을 그린다.

③ 본뜬 모양 안에 그와 관련한 것을 기록한다. 손의 경우, 좋은 손, 나쁜 손, 발의 경우, 좋은 발, 나쁜 발 등을 나누어 관련한 것을 기록한다.

④ 모둠 안에서 각자가 기록한 내용을 돌아가며 이야기한다.

2. 준비물

백지 또는 활동지

3. 유의사항 및 기타

- 손 모양 : 손으로 한 활동 중에 좋은 것과 나쁜 것을 기록하는 것이다. 예컨대, 좋은 손에는 길가다 우연히 할머니의 무거운 짐을 들어줌 등을 기록할 수 있고, 나쁜 손은 친구에게 장난으로 뒤통수를 쳤는데, 친구가 기분이 상해 싸울 뻔 했던 것 등을 쓸 수 있다.
- 발 모양 : 발로 한 활동 중에 좋은 것과 나쁜 것을 기록하는 것이다. 좋은 발은 체육대회 때 축구 시합에서 결승골을 넣었던 것, 외할머니 병문안을 위해 먼 거리까지 이동했던 것 등이 있을 수 있고, 나쁜 발은 친구와 장난치다가 발로 걷어찼는데 잘못 때린 것, 자주 PC방에 간 것 등이 있을 수 있다.
- 입 모양 : 입은 말과 관련한 것이다. 좋은 말과 나쁜 말을 기록하는 것이다.
- 머리 모양 : 머리는 머릿속에 생각한 좋은 생각과 나쁜 생각을 기록하는 것이다.

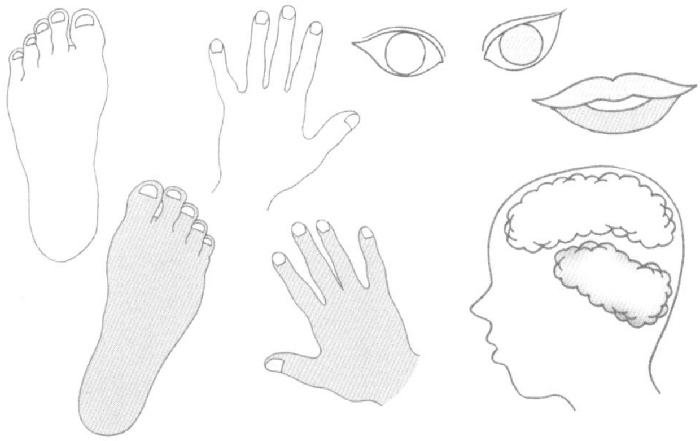

- 자신을 돌아보는 활동이니만큼 진지한 분위기를 조성하는 것이 가장 중요하다.
- 배경음악을 들려주면 좀 더 집중하여 활동에 임할 수 있다.
- 구체적인 삶의 내용이 나올 수 있도록 분위기를 만들어주는 것이 필요하다.
- 직접 그려도 좋지만, 번거롭다면 활동지를 활용해도 좋다.

4. 참고 자료 김현섭(2000), 함께 하는 도덕수업, 전국도덕교사모임

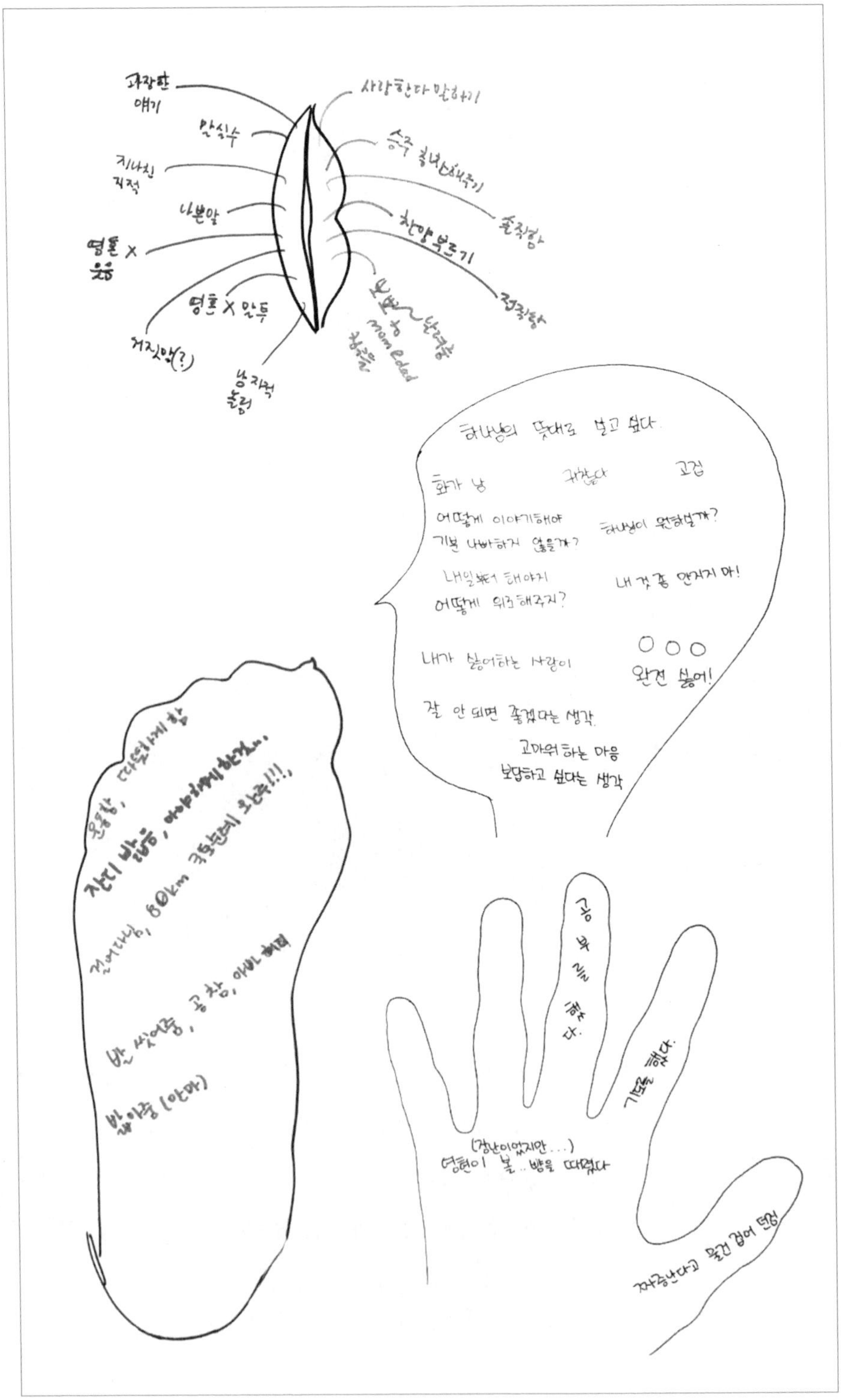

과장한 얘기
말실수
지나친 지적
나쁜말
영혼 X 웃음
영혼 X 말투
거짓말(?)
사랑한다 말하기
솔직함
하나님의 뜻대로 살고 싶다
화가 남
귀찮다
고집
어떻게 이야기해야 기분 나빠하지 않을까?
하나님이 원하실까?
내일부터 해야지
내 것 좀 만지지 마!
어떻게 위로해주지?
내가 싫어하는 사람이
○○○ 완전 싫어!
잘 안 되면 좋겠다는 생각
고마워하는 마음
보답하고 싶다는 생각
공부를 했다.
기도를 했다.
(장난이었지만...)
영현이 볼..빵을 때렸다
짜증난다고 물건 집어 던짐

자르는 선 접는 선

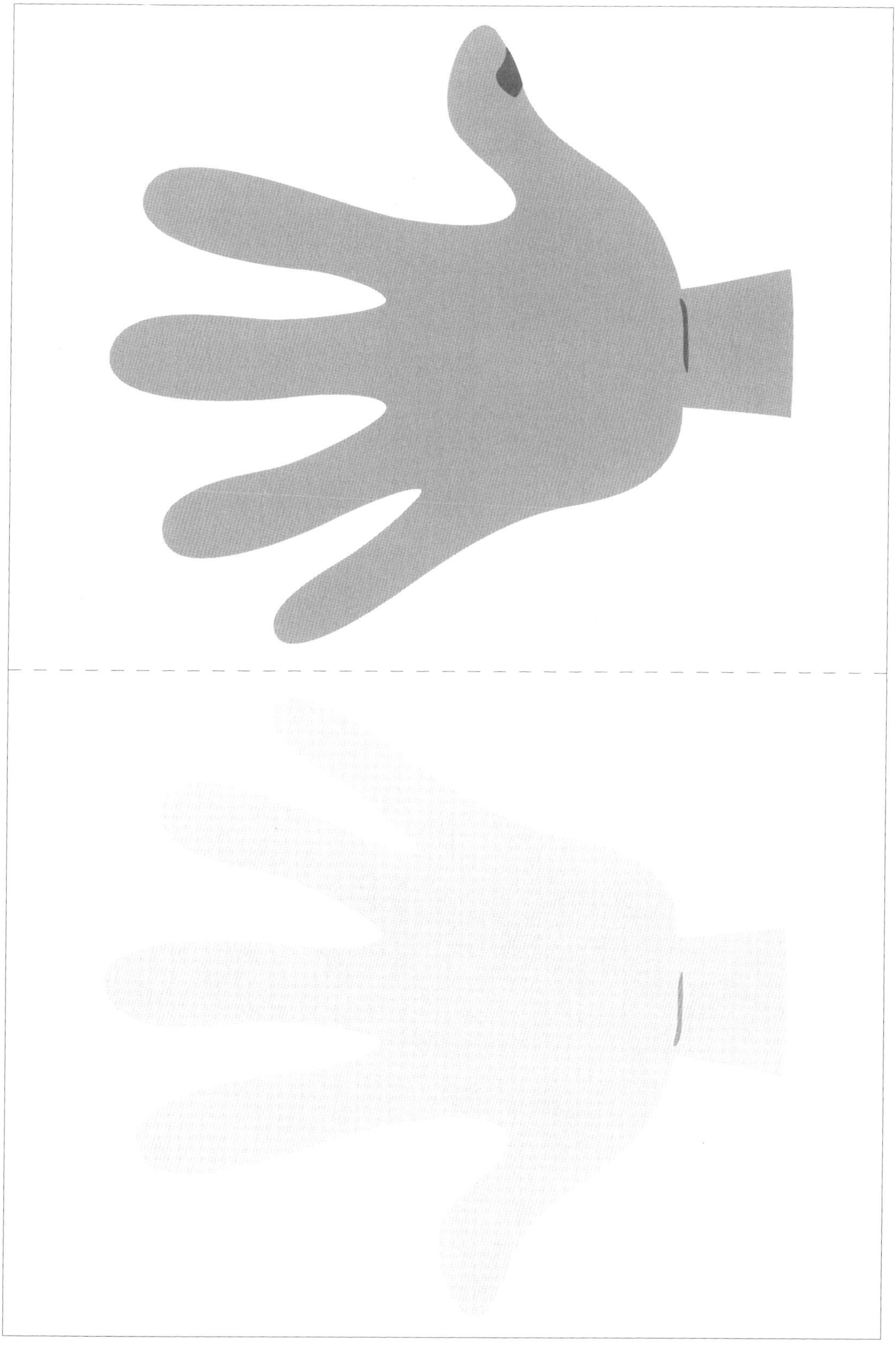

자르는 선 접는 선

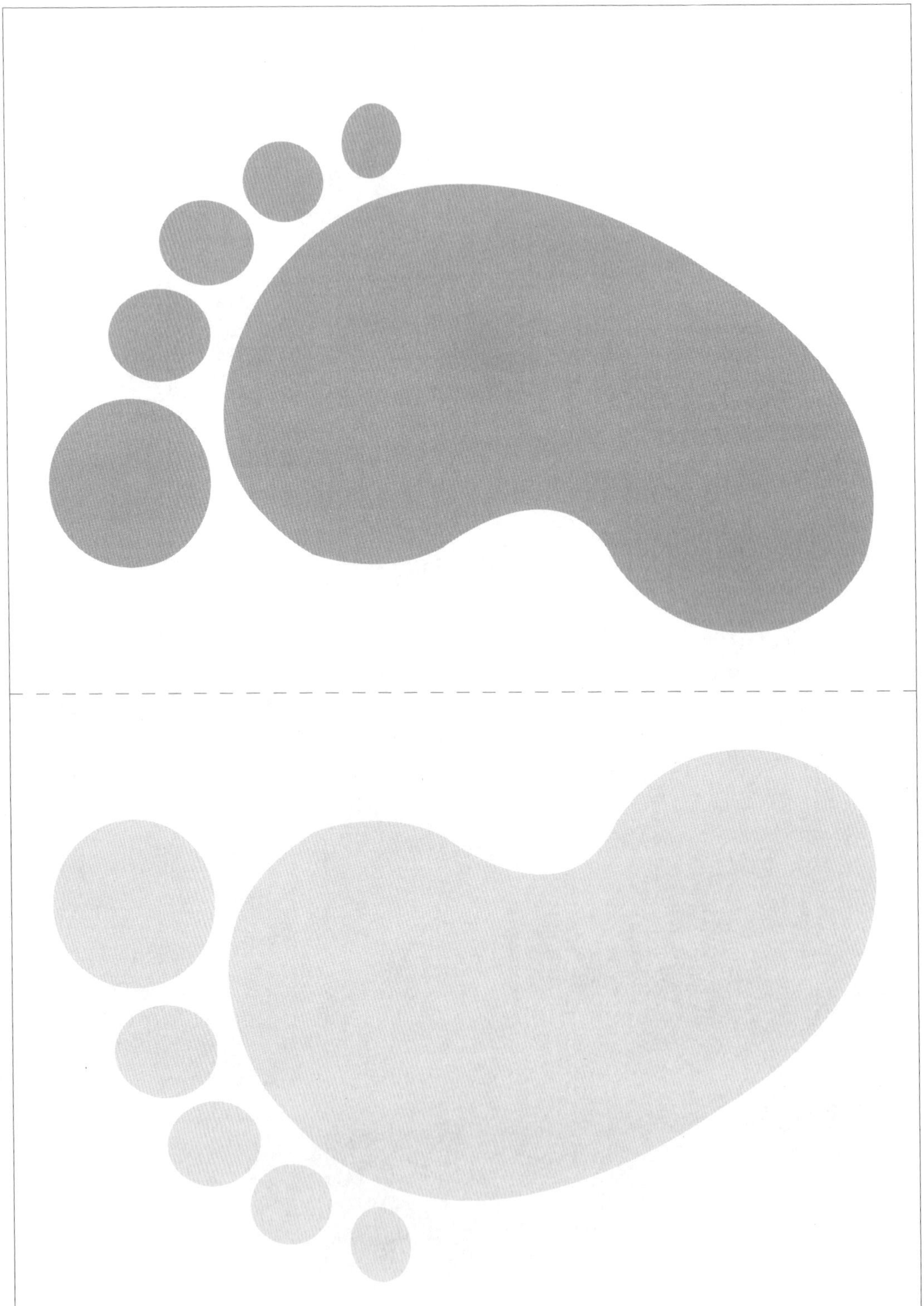

자르는 선 접는 선

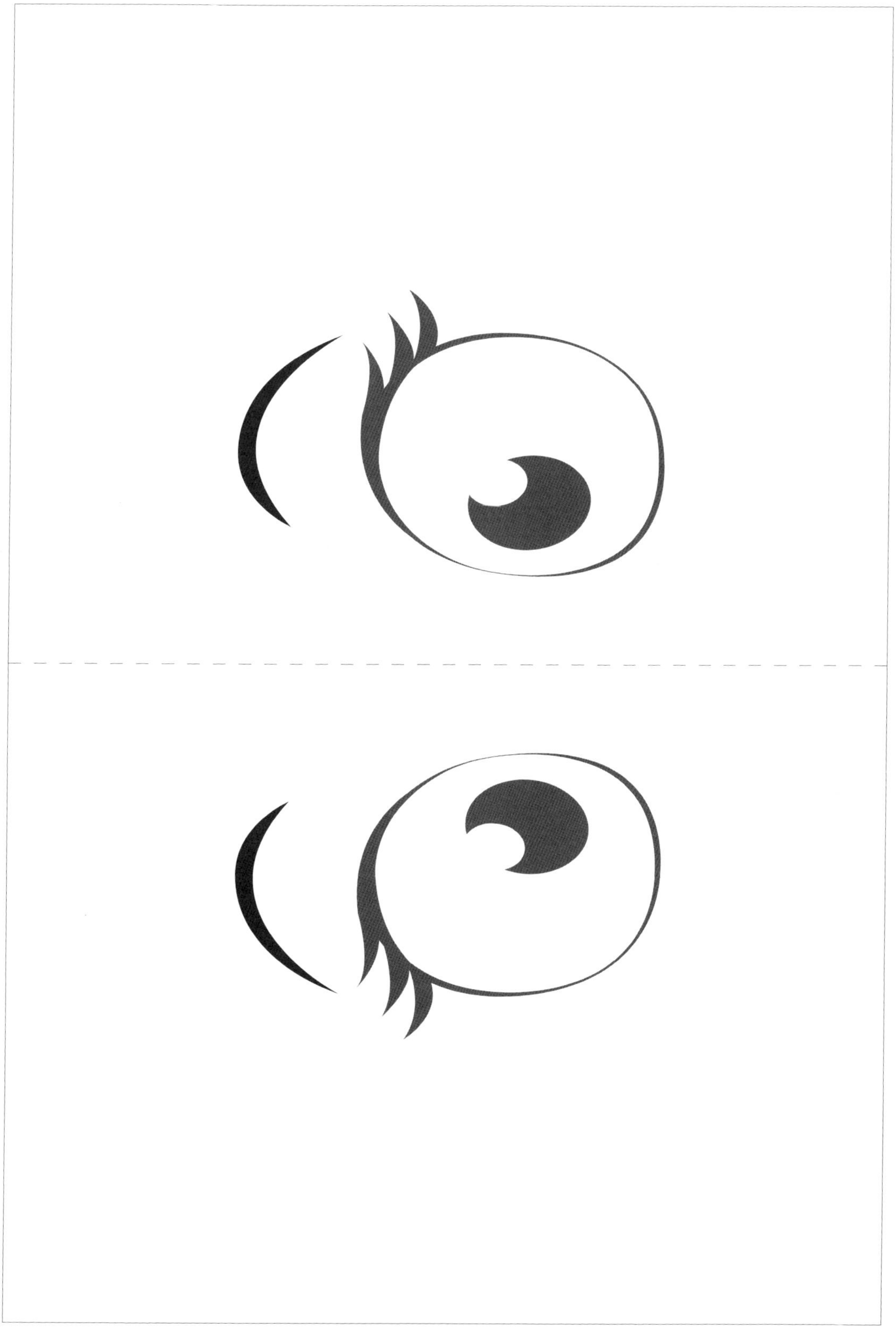

자르는 선 접는 선

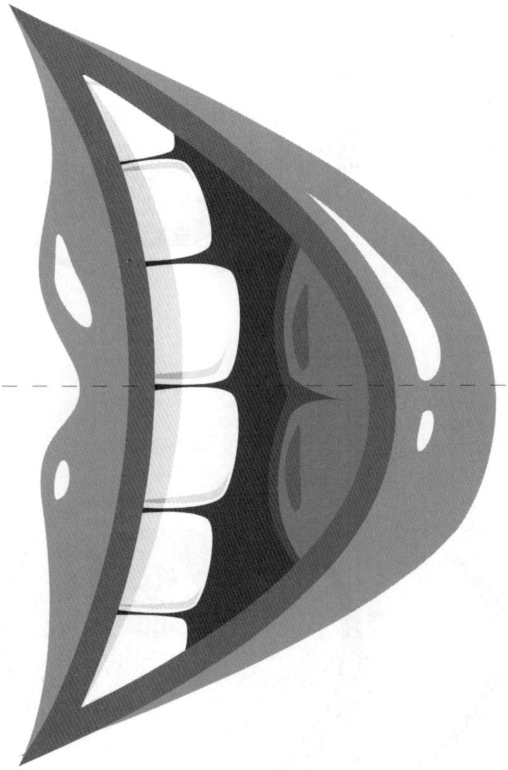

자르는 선 접는 선

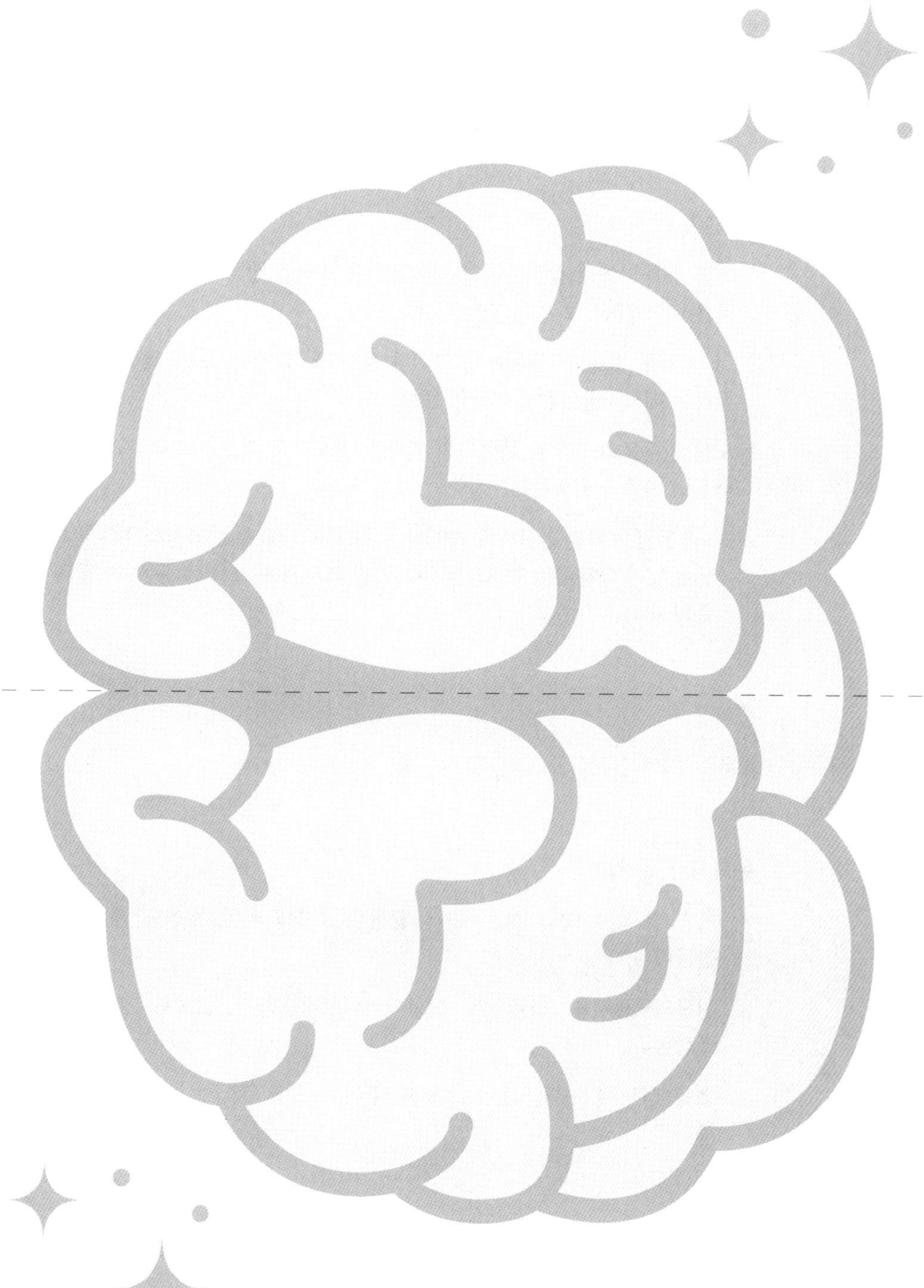

[2] 친구야, 화이팅!

"학년 초 나에게 썼던 편지를 모둠 친구들과 함께 읽어보고, 자신에게 기대했던 모습과 지금 자신의 모습을 비교하여 자신을 돌아보는 활동입니다."

1. 진행단계

① 학년 초에 나에게 썼던 편지-1년 후의 나의 모습을 상상하며 썼던 편지-를 조용히 마음속으로 읽어 본다.

② 이 편지를 모둠 친구들과 돌아가며 읽는다. 교사는 모든 아이들에게 접착식 메모지를 3장씩 나누어 준다.

③ 모둠 친구들의 편지를 돌아가며 읽으면서 접착식 메모지에 다음과 같은 내용의 리플을 달아준다.

- 1년 동안 지켜본 친구의 모습에서 잘 한 것에 대해서는 칭찬하고 이루지 못한 것에 대해서는 격려하는 메시지를 메모지에 써서 [활동지]에 붙여 준다.

2. 준비물

활동지, 예쁜 접착식 메모지, 필기구 등

3. 유의사항 및 기타

- 학기 초에 나에게 쓰는 편지 활동이 선행되어야 진행할 수 있는 활동이다.
- 친구의 편지를 읽을 때 판단하거나 비난하지 않도록 분위기를 조성한다.
- 활동했던 결과물을 모아 코팅해 주어도 좋고 학급문집으로 엮어도 좋다.

활동지

친구 (　　　　　)야, 1년 동안 수고했어~

학년　　　반　이름:

[3] 사진으로 보는 나의 1년

"자신의 1년을 추억해 볼 수 있는 특별한 주제를 정하고 그 주제에 맞는 스토리를 엮어 2분짜리 동영상을 만들어 친구들과 공유하는 활동입니다."

1. 진행단계

① 자신의 1년을 추억해 볼 수 있는 주제를 정한다. 그 주제에 맞는 스토리도 생각해본다.
② 스마트폰이나 디지털카메라 등으로 찍은 (자신이 찍은 것이든, 다른 사람이 찍은 것이든 상관없음) 사진들 중에 ①에서 정한 주제와 스토리에 맞는 사진을 담아 2분 동영상을 만든다.
③ 각자 만든 동영상을 함께 공유하는 시간을 가진다.

2. 준비물 각자 가지고 있는 1년 동안의 사진 자료

3. 유의사항 및 기타

- 2분을 넘지 않도록 하고, 사진에 담긴 의미를 자막 등으로 표현해주면 더욱 좋다.
- 발표를 굳이 하고 싶어 하지 않는 친구의 경우, 발표를 강요하지 않는다.
- 종업식을 앞둔 여분의 시간에 활용하면 유익하다.

Tip

윈도우 무비메이커 활용 방법

1. "윈도우 무비 메이커2" 프로그램을 찾는다.
2. 비디오 캡처에서 비디오, 사진, 오디오 파일을 찾는다. 해당 자료를 클립 모음에 끌어 놓는다.
3. 아래 부분 스토리보드를 클릭하여 큰 네모에 사진이나 동영상을 넣고 중간에 있는 작은 네모에는 전환 효과를 넣는다. 해당 파일을 마우스로 클릭하여 해당 칸에 끌어넣으면 된다.
4. '제목 또는 제작진 만들기'를 통하여 제목이나 제작진을 삽입할 수 있다. 여기를 활용하면 장면 중간이나 그림 파일을 배경으로 글자를 넣을 수 있다.
5. 오른쪽 까만 화면에 미리 편집한 내용을 볼 수 있으면 작품을 미리 보면서 수정 보완한다.
6. 최종 편집이 마치면 '동영상 완료'의 '내 컴퓨터 저장'을 누르면 완성 작품이 파일로 저장된다. 저장하기를 누르지 않으면 저장되지 않는다.

활동지 1

UCC 제작 방법

1. 주제 선정

자신의 1년을 추억해 볼 수 있는 주제를 선정한다.

2. 주제와 관련된 마인드맵핑

주제와 관련하여 마인드맵을 활용하여 브레인스토밍 활동을 한다. 자유롭게 마인드맵을 활용하며 아이디어를 정리한다.

3. 스토리보드 만들기

스토리보드판을 활용하여 스토리와 장면을 구성하여 작성한다. 짧지만 참신하고 인상적인 작품이 나올 수 있도록 준비한다.

4. 사진 및 동영상 수집

디지털카메라, 핸드폰, 캠코더 등으로 찍어 두었던 영상, 또는 이 주제를 위해 다시 찍은 사진과 동영상 등을 선택하여 스토리보드에 따라 구성한다.

5. 편집

촬영한 사진이나 동영상 등을 활용하여 사진 뜨개질 기법으로 동영상을 제작한다. 윈도우 무비메이커를 활용하여 동영상을 제작한다. 무비 메이커는 윈도우에 기본적으로 깔려 있으나 없으면 검색 엔진을 활용하여 “윈도우 무비메이커2”를 찾아 자기 컴퓨터에 깔아놓으면 된다.

6. 개별 제작 동영상 발표

종업식 전 담임시간을 활용하여 제작한 동영상을 발표한다. 다른 친구들이 함께 감상하면서 평가하고, 우수작을 시상해도 좋다.

활동지 2

주제별 동영상 제작 스토리보드

■ 제목 :

■ 　　학년 　　반 　이름:

장면	설명	장면	설명
①		⑤	
②		⑥	
③		⑦	
④		⑧	

[4] 질문에 답해봐

"지난 1년 동안 있었던 일들에 대한 여러 질문에 대해 답해보고 짝과 나누어 봄으로써 반성하고 공감하는 시간을 가지는 활동입니다."

1. 진행단계

① 짝을 지어 활동지에 적힌 질문쪽지를 오려서 접은 후, 봉투 또는 상자에 담는다.

② 둘 중의 한 명이 먼저 질문 쪽지를 하나 뽑아서 짝에게 질문을 하고 나머지 한 명은 답을 한다.

③ 짝의 이야기를 들으며 질문했던 친구는 공감하고 격려해준다.

④ 돌아가며 ②,③번의 활동을 반복한다.

2. 준비물

활동지, 가위, 질문쪽지를 담을 봉투 또는 상자

3. 유의사항 및 기타

- 학년말 활동이니만큼 질문 내용이 자신을 생각해보고 반성해볼만한 질문이어야 한다. 단, 너무 예민하거나 심각한 질문보다는 아이들이 쉽게 대답을 생각해 낼 수 있는 질문이면 좋다.

활동지

질문 쪽지

질문1	가장 고마웠던 사람은 누구이며, 그 이유는 무엇인가요?	질문7	친구랑 있었던 일 중에 가장 기억에 남는 것이 있나요?
질문2	화났던 사건 기억나세요? 한 가지만 나눠주세요.	질문8	나의 어떤 면에서 성장을 가장 많이 했을까요?
질문3	좋아했던 이성친구가 있었나요? 어떤 부분이 좋았나요? 없었다면, 어떤 이성친구가 좋아요?	질문9	선생님을 통해 변화된 면이 있나요? 어떤 면에서 변화가 되었나요?
질문4	미안하다고 말하고 싶은 사람이 있나요? 이유도 말해주세요.	질문10	혼자만의 시간을 가져본 적이 있나요? 어떤 점이 좋았나요?
질문5	우리 학급은 이래서 좋았다! 어떤 게 좋았나요?	질문11	마음이 울컥해서 울어본 적 있나요?
질문6	나에게 변화의 계기가 된 책이 있나요? 소개해주세요.	질문12	부모님과 심하게 싸운 일이 있었나요? 무엇 때문이었어요?

[5] 나의 강점 보따리

"주어진 단어 리스트 중에서 1년 동안 함께 지내온 학급 친구를 생각하면서 떠오르는 강점 3가지를 쓰고 그 강점에 대해 칭찬하고 축복해주는 활동입니다."

1. 진행단계

① 강점 단어 리스트가 적힌 [활동지1]를 나눠준 후, 자기를 제외한 학급 친구들의 이름을 하나씩 쓴다.

② 학급 친구들 하나하나 떠올리면서 친구의 강점을 리스트에서 3가지를 찾아 기록한 다음, 기록한 사람(자신)의 이름도 쓴다.

③ 친구들의 강점을 모두 적었다면 하나씩 오린다. 모두 일어나서 오린 종이를 각각의 주인에게 전해준다.

④ 친구들에게서 받은 종이를 [활동지2] 강점 보따리에 풀로 붙인다.

⑤ 강점 보따리에 붙여진 종이에 담긴 내용을 찬찬히 읽어 본 다음, 이를 바탕으로 [활동지3]을 작성한다. 친구들이 가장 많이 얘기한 상위 3개의 강점을 찾아보고, 자신이 가장 맘에 드는 강점도 3가지 선택해본다.

⑤ 선택한 3가지 단어를 이름과 함께 활동지 빈칸에 작성한 후 소리 내어 읽어본다.

⑥ 선택한 3개의 단어를 넣은 3개의 문장을 작성한 후, 이번엔 옆 사람이 소리 내어 읽어준다.

2. 준비물 활동지, 풀, 가위

3. 유의사항 및 기타

- 강점 단어 리스트를 될 수 있는 한 많이 제공해준다.
- 강점 단어 리스트에 없는 친구의 강점을 찾을 수 있다면 적어도 좋다.
- 누구나 강점을 가지고 있음을 말해준 다음, 진지하게 친구에 대해 생각해보고 강점을 찾아보도록 한다.

- 학생개개인의 결과물을 참고하면 학년말 생활기록부 작성에 도움을 받을 수도 있다.
- 활동 결과물을 학급문집의 내용으로 넣어도 좋다.
- 시간이 많이 소요될 수 있다.
- 조용한 음악을 들려주면 집중해서 활동에 임할 수 있다.

4. 참고 자료　꿈의 학교 사례

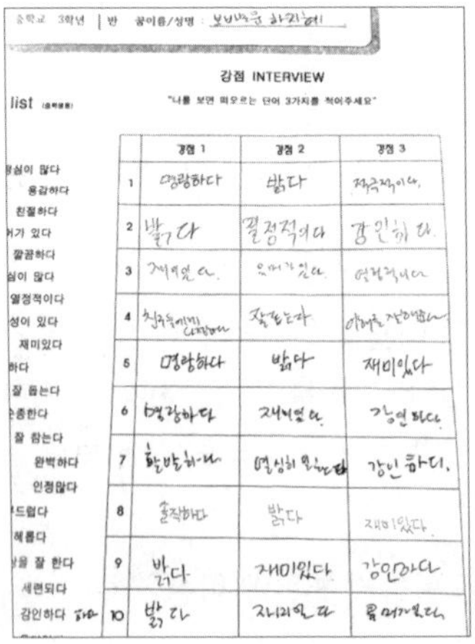
중학교 3학년 | 반 꿈이름/성명 : 보브바우 하지혜

강점 INTERVIEW

list

"나를 보면 떠오르는 단어 3가지를 적어주세요"

	강점 1	강점 2	강점 3
1	명랑하다	밝다	적극적이다.
2	밝다	열정적이다	강인하다.
3	재미있다.	유머가 있다.	열정적이다
4	친구들에게 다정하다	잘 웃는다	이해를 잘해준다
5	명랑하다	밝다	재미있다
6	명랑하다	재미있다.	강인하다.
7	활발하다	열심히 한다	강인하다.
8	솔직하다	밝다	재미있다
9	밝다	재미있다	강인하다
10	밝다	자신있다	똑 부러진다

(왼쪽 목록) …심이 많다 / 용감하다 / 친절하다 / …가 있다 / 깔끔하다 / …심이 많다 / 열정적이다 / …성이 있다 / 재미있다 / …하다 / …잘 듣는다 / …존중한다 / …잘 참는다 / 완벽하다 / 인정많다 / …드럽다 / …혜롭다 / …을 잘 한다 / 세련되다 / 강인하다

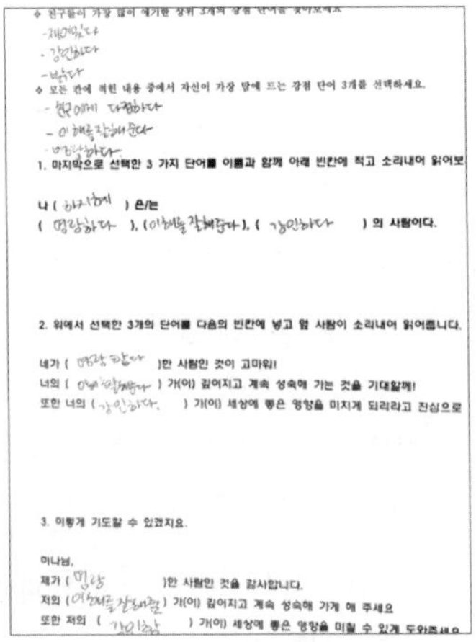
◆ 친구들이 가장 많이 얘기한 상위 3개의 강점 단어를 찾아보세요
- 재미있다
- 강인하다
- 밝다

◆ 모든 칸에 적힌 내용 중에서 자신이 가장 맘에 드는 강점 단어 3개를 선택하세요.
- 친구에게 다정하다
- 이해를 잘해준다
- 명랑하다

1. 마지막으로 선택한 3 가지 단어를 이름과 함께 아래 빈칸에 적고 소리내어 읽어보

나 (하지혜) 은/는
(명랑하다), (이해를 잘해준다), (강인하다) 의 사람이다.

2. 위에서 선택한 3개의 단어를 다음의 빈칸에 넣고 옆 사람이 소리내어 읽어줍니다.

네가 (명랑 [illegible])한 사람인 것이 고마워!
너의 (이해 잘해주는) 가(이) 깊어지고 계속 성숙해 가는 것을 기대할께!
또한 너의 (강인하다.) 가(이) 세상에 좋은 영향을 미치게 되리라고 진심으로

3. 이렇게 기도할 수 있겠지요.

하나님,
제가 (명랑)한 사람인 것을 감사합니다.
저의 (이해를 잘해줌) 가(이) 깊어지고 계속 성숙해 가게 해 주세요
또한 저의 (강인함) 가(이) 세상에 좋은 영향을 미칠 수 있게 도와주세요

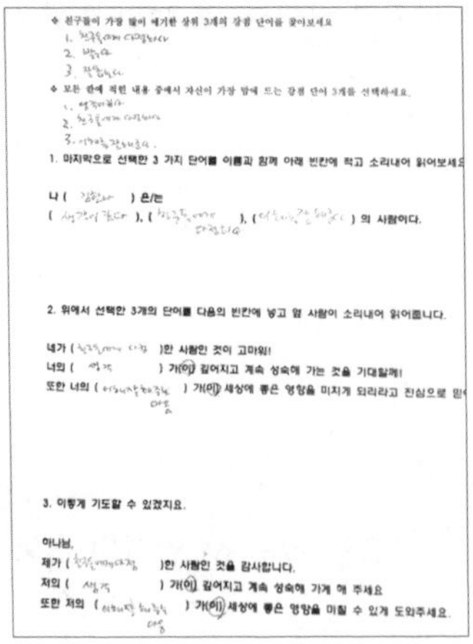
◆ 친구들이 가장 많이 얘기한 상위 3개의 강점 단어를 찾아보세요
1. 친구들에게 다정하다
2. 밝다
3. 착하다

◆ 모든 칸에 적힌 내용 중에서 자신이 가장 맘에 드는 강점 단어 3개를 선택하세요.
1. 생각이 깊다
2. 친구들에게 다정하다
3. 이해를 잘해준다.

1. 마지막으로 선택한 3 가지 단어를 이름과 함께 아래 빈칸에 적고 소리내어 읽어보세요

나 ([illegible]) 은/는
(생각이 깊다), (친구들에게 다정하다), (이해를 잘해준다) 의 사람이다.

2. 위에서 선택한 3개의 단어를 다음의 빈칸에 넣고 옆 사람이 소리내어 읽어줍니다.

네가 (친구들에게 다정)한 사람인 것이 고마워!
너의 (생각) 가(이) 깊어지고 계속 성숙해 가는 것을 기대할께!
또한 너의 (이해를 잘해주는 마음) 가(이) 세상에 좋은 영향을 미치게 되리라고 진심으로 믿

3. 이렇게 기도할 수 있겠지요.

하나님,
제가 (친구들에게 다정)한 사람인 것을 감사합니다.
저의 (생각) 가(이) 깊어지고 계속 성숙해 가게 해 주세요
또한 저의 (이해를 잘해주는 마음) 가(이) 세상에 좋은 영향을 미칠 수 있게 도와주세요.

친구 강점 발견하기

"친구를 생각하면서 떠오르는 강점을 3가지 써주세요."

강점 LIST	합리적이다 / 호기심이 많다 / 용감하다 / 자상하다 / 친절하다 / 인내심이 강하다 / 잘 돕는다 심신이 건강하다 / 열정적이다 / 재미있다 / 세련되다 / 깔끔하다 / 잘 들어 준다 / 활발하다 조리 있게 말한다 / 이해를 잘해준다 / 명랑하다 / 밝다 / 강인하다 / 다정하다 / 솔직하다 위트 있다 / 진지하다 / 쾌활하다 / 약속을 잘 지킨다 / 설명을 잘 한다 / 꼼꼼하다 / 생각이 깊다 목소리가 좋다 / 잘 웃는다 / 양보를 잘 한다 / 정리정돈을 잘 한다 / 학교에 일찍 온다 / 기발하다 공감능력이 뛰어나다 / 암기를 잘 한다 / 달리기를 잘 한다 / 운동을 잘 한다 / 질문을 잘 한다 그림을 잘 그린다 / 상상력이 풍부하다 / 깨끗하다 / 필기를 잘 한다 / 집중력이 뛰어나다 믿음직하다 / 잘 이끈다 / 잘 따른다 / 발표를 잘 한다 / 상냥하다 / 소신 있다 / 긍정적이다 청결하다 / 협동적이다 / 끈기 있다 / 책임감이 강하다 / 부지런하다 / 예의바르다/ 정이 많다 배려심이 깊다 / 상황에 유연하다 / 규칙을 잘 지킨다 / 리액션이 강하다 / 솔선수범 한다

친구_______는 1. 2. 3. from.	친구_______는 1. 2. 3. from.	친구_______는 1. 2. 3. from.	친구_______는 1. 2. 3. from.	친구_______는 1. 2. 3. from.
친구_______는 1. 2. 3. from.	친구_______는 1. 2. 3. from.	친구_______는 1. 2. 3. from.	친구_______는 1. 2. 3. from.	친구_______는 1. 2. 3. from.
친구_______는 1. 2. 3. from.	친구_______는 1. 2. 3. from.	친구_______는 1. 2. 3. from.	친구_______는 1. 2. 3. from.	친구_______는 1. 2. 3. from.
친구_______는 1. 2. 3. from.	친구_______는 1. 2. 3. from.	친구_______는 1. 2. 3. from.	친구_______는 1. 2. 3. from.	친구_______는 1. 2. 3. from.
친구_______는 1. 2. 3. from.	친구_______는 1. 2. 3. from.	친구_______는 1. 2. 3. from.	친구_______는 1. 2. 3. from.	친구_______는 1. 2. 3. from.

활동지 2

나의 강점 보따리

"친구들이 써 준 나의 강점을 보따리에 담아주세요."

학년 반 이름:

★ 친구들이 가장 많이 얘기한 상위 3개의 강점 단어를 찾아보세요.

, ,

★ 모든 칸에 적힌 내용 중에서 자신이 가장 맘에 드는 강점 단어 3개를 선택하세요.

, ,

1. 마지막으로 선택한 3가지 단어를 이름과 함께 아래 빈칸에 적고 소리 내어 읽어보세요.

나 ( )은/는

( ), ( ), ( )한 사람이다.

2. 위에서 선택한 3개의 단어를 다음의 빈 칸에 넣고 옆 사람이 소리 내어 읽어줍니다.

네가 ( )한 친구인 것이 고마워!

너의 ( )가/이 깊어지고 계속 성숙해 가는 것을 기대할게!

또한 너의 ( )가/이 세상에 좋은 영향을 미치게 될 것이라 진심으로 믿어!

3. 이번 활동을 통해 느낀 점을 써 봅시다.

Social
Skill

참고 문헌

강태심 외(2004), 우리 반 집단상담, 우리교육

고마츠 야스시(2012), 정리정돈의 습관, RHK

두산동아사서편집국(2013), 동아 새국어사전, 두산동아

박정훈, 권진하 외(2001), 교회 협동학습2, 예찬사

김대권 외(2013), 바로 지금 협동학습!, 즐거운학교

김정규(1995), 게슈탈트 심리치료, 학지사

김창오(2005), 칭찬과 의사소통을 활용한 학급운영, 즐거운학교

김현섭 외(2004), 신나는 도덕수업, 한국교육과정평가원

김현섭 외(2012), 협동학습1, 한국협동학습센터

김현섭 외(2012), 협동학습3, 한국협동학습센터

김현섭(2000), 함께 하는 도덕수업, 전국도덕교사모임

도덕과 협동학습연구회(2011), 신나는 도덕수업2, 한국협동학습연구회

모니까 리이헬래(2010), 핀란드가 말하는 핀란드 경쟁력 100, 비아북

배경숙(2006), 집단상담, 우리교육

양혜원(2010), 어린이를 위한 책임감, 위즈덤 하우스

우리교육(2004), 빛깔이 있는 학급운영, 우리교육

윤선현 (2012), 하루 15분 정리의 힘, 위즈덤 하우스

전국재(2001), 놀이와 공동체, 예영 커뮤니케이션

전국재(2005), 놀이로 여는 집단 상담 기법, 시그마프레스

정대영, 한경임(2006), 발달 장애 아동의 사회적 기술 훈련, 양서원

정문성(2006), 협동학습의 이해와 실천, 교육과학사

제이콥스(2011), 아하! 협동학습, 시그마프레스

최두진, 시스템학급경영, 협동학습 저널

케이건(1998), 협동학습, 디모데출판사

콜렛 산데(2001), 영 피스메이커 교사용, 국제개발원(IDI)

토마스 암스트롱(1997), 복합지능과 교육, 중앙적성출판사

교육방송, "욕, 해도 될까요?" '욕, 뇌를 공격하다(1부)'

교육방송, "욕, 해도 될까요?" '언어개선 프로젝트(2부)'

교육방송, 지식 채널e, http://home.ebs.co.kr/jisike/index 사소함의 힘

교육방송, 선생님이 달라졌어요, 2010-2012

KBS, 생로병사의 비밀, '브레인가든', 393회(2011.11.26. 방영)

Social
Skill

사회적 기술 관련 도서 목록

정주진(2010), 갈등해결과 한국사회 : 대화와 협력을 통한 갈등해결은 가능한가?, 아르케

게리 채프먼(2010), (게리 채프먼의) 사랑의 언어 365, 두란노서원

Field, Evelyn M(2009), 괴롭힘으로부터 내 아이 지키기 : 관계 맺기의 여섯가지 비결, 시그마프레스

Shure, Myrna B(2002),
나는 문제를 해결할 수 있어요 : 교사와 부모를 위한 유아와 장애유아의 사회적 기술 훈련 프로그램, 양지

Trawick-Smith, Jeffrey W(2011), 놀이지도 : 아이들을 사로잡는 상호작용, 다음세대

조경덕(2012), 대인관계의 커뮤니케이션 = Personal relations and communications, 동문사

송영혜(2012), 또래관계, 시그마프레스

Begun, Ruth Weltmann(2002), (바로 사용할 수 있는) 사회적 기술 향상프로그램, 시그마프레스

Begun, Ruth Weltmann(2009), (바로 사용할 수 있는) 폭력예방기술 : 중·고등학생용, 시그마프레스

셰퍼, 데이비드 R(2005), 발달심리학, 시그마프레스

김태련(1994), 발달심리학 : 태내기부터 성인후기까지. 박영사

정대영(2007), 발달장애 아동의 사회적 기술 훈련, 양서원

정대영(1994), 사회적 기술 훈련 프로그램, 국립특수교육원

Carver, Charles S(2005), 성격심리학 : 성격에 대한 관점들, 학지사

Cialdini, Robert E(2009), 설득의 기술 : 공감을 이끌어내는 소통의 원칙과 단계, 21세기북스

Fensterheim, Herbert(2007),
아니오라고 하고 싶을 때 예하지 마라 : 자기 주장에 관한 인간관계 심리학, 말글빛냄

Matson, Johnny L(2012),
아동기 심리장애와 발달장애의 치료 아동기 심리장애와 발달장애의 치료, 시그마프레스

강문희(2011), 아동발달론, 공동체

정옥분(2002), 아동 발달의 이해, 학지사

Bergmann, Wolfgang(2007), 아이 사랑도 기술이다, 지향

김말숙(2008), (아동·부모·교사를 위한) 아동발달개론, 학문사

김춘경(2007), 아동상담 : 이론과 실제 = Child counseling, 학지사

이창호(2011), 아동의 의사소통교육 = Children communication education, 양서원

김붕년(2012), 아이의 친구관계, 공감력이 답이다, 조선앤북 조선매거진

강경미(2005), 아동행동수정 = Child behavior modification, 학지사

김명희(2011), (아동·청소년) 사회성 개발과 상담
= Child·adolescent social skill development and counseling, 교문사

전정례(2005), 얘기 좀 할래요? : 대화의 기술, 건국대학교출판부

Katz, Lilian G(2011), 어린이들의 사회적 능력 배양 : 교사의 역할, 양서원

통구유일(2007),
(엄마의 회초리보다) 아빠의 한마디 : 한마디하려는 아빠를 위한 36가지 대화의 기술, 웅진씽크빅

오영림(2004), "왕따" 청소년을 위한 사회기술훈련
: 주의력결핍과잉 행동장애와 경도 정신지체 청소년을 중심으로, 하나

성철재(2011), 의사소통장애, 학지사

Waldman, Mark Robert(2012), 왜 생각처럼 대화가 되지 않을까?, 알키 시공사

유수현(2009), 인간관계론, 양서원

양참삼(2005), 인간관계의 이해 : 상한 관계의 치유, 창지사

한국청소년연맹, 인간관계훈련의 이론과 실제 : 지도자 심성계발훈련 교재, 양서원

홍경자(2006), 자기 주장과 멋진 대화, 학지사

전용호(1997), (정신지체인을 위한)사회성 기술훈련, 학문사

최외선(2010), (창의성과 사회적 기술 향상을 위한)미술치료 열두 달 프로그램, 학지사

박찬식(2012), 피스메이킹 관계 리더십 = Peacemaking relation leadership, 라이프

맥케이, 마태(2004), 효과적인 의사소통을 위한 기술, 커뮤니케이션북스

김미경(2006), 행동수정의 이론과 실제, 청목출판사

Social Skill

활동 찾아보기

ㄱ

ㄴ

Social Skill

활동 찾아보기

ㄷ

ㅁ

ㅂ

ㅅ

Social Skill

활동 찾아보기

ㅇ

ㅈ

ㅊ

ㅋ-ㅎ

한국협동학습연구회 를 소개합니다.
Korea Cooperative Learning Association

한국협동학습연구회의 비전

협동학습연구회는 협동학습을 통하여 기독교적 교수학습방법을 연구하는 공동체로서 현장 교사들의 실질적인 교실 수업 개선을 위하여 노력하는 기독교사 운동단체입니다.

1. 협동학습을 우리 교실 현장을 변화시킬 수 있는 좋은 대안으로 생각합니다.
2. 기독교적 교수학습방법으로서 협동학습을 연구하고 실천하며, 협동학습에만 머무르지 않고 협동학습을 기반으로 우리 교실을 개혁할 수 있는 대안들을 지속적으로 연구하고 실천합니다.
3. 이론적 연구보다 실천적 연구에 우선적인 관심을 둡니다.
4. 좋은교사운동의 대표적인 전문 모임으로서 기독교사들이 주축이 되어 연구하고 실천하는 모임입니다.

※ 좋은교사운동은 교육을 진리 위에 세워 다음 세대를 책임지고 국민에게 신뢰를 얻는 교직 사회를 만들기 위해 3천 5백여 기독교사들과 15개 기독교사모임이 함께 전개하는 대표적 교육실천운동입니다.

한국협동학습연구회의 활동 내용

1. 정기 연구 모임 운영

· 지역별 정기 모임 격주 운영 (서울, 서울 북부, 경기 남부, 성남, 부천/인천, 전남, 목포, 순천, 대전, 광주, 공주/부여, 부산, 울산, 동두천/양주, 대구 모임 등 2015년 12월 현재 15개 지역 모임)
· 교과모임 (국어, 영어, 수학, 사회, 과학, 도덕) 및 초등 모임 운영
· 정기 모임내 수준별 스터디 소모임 운영
· 정기적인 MT 개최 및 회원 간의 친목 도모 활동

2. 정기적인 연수 프로그램 운영

· 협동학습 세미나 개최(기본과정, 심화과정, 전문과정, 교과별 협동학습 세미나 운영)
· 협동학습 및 수업혁신 관련 워크숍 개최
· 협동학습 원격 연수 진행 (에듀니티 행복한연수원)
· 다중지능이론, 학습코칭 등 다양한 수업혁신 관련 연수 프로그램 운영

3. 협동학습 관련 자료 개발 및 보급

· 아이들과 함께 하는 협동학습1, 2 (세미나 자료집, 2002)
· 신나는 도덕 수업 1,2 (중학교 도덕과 수업지도안, 2010-2011)
· 수학×협동 (수학과 협동학습, 2009)
· 솰라 솰라 영어 협동학습 (영어과 협동학습, 2008)
· 협동학습 관련 교구 개발 및 보급
(모둠 칠판, 격려스티커, 그림카드, 이끔말 카드, 말하기OX, 명예의전당, 사회적 기술센터 등)
· 협동학습 동영상물 제작 (한국교육과정평가원 및 방송대학 TV 방영)
· 협동학습1,2,3 (세미나 자료집, 2012)
· 수업을 바꾸다 (수업혁신 단행본, 2013)
· 사회적 기술 (사회적 기술, 2014)
· 나의 소중한 다이어리 (수업 다이어리, 2014)
· 진로를 디스하다 (진로교육, 2015)
· 질문이 살아있는 수업 (수업혁신 단행본, 2015)
· 각종 교과연구 프로젝트 수행 중

4. 전국적인 네트워크 활동 및 대외 활동

· 연 1~2회 전국 단위 모임 개최 및 지역 모임 간의 교류
· 홈페이지 운영(www.cooper.or.kr)
· 페이스북 그룹 운영(https://www.facebook.com/koreacoopers)
· 협동학습연구회 저널 「협동학습」 발간
· 좋은교사운동 전문모임, 좋은교사운동 좋은학교만들기 네트워크 참여
· 다른 수업 관련 단체 및 교과연구 단체와의 긴밀한 협력 관계
· 해외 학교 탐방 및 교류(일본, 싱가포르, 핀란드, 덴마크 등), 국제협동학습학회 가입 활동 중

협동학습연구회의 회원제도

1. 온라인 회원
· 협동학습 및 수업혁신에 관심있는 모든 사람
· 연구회 사이트 회원 가입
· 별도 회비 없음

2. 저널 회원
· 협동학습 저널 및 관련 자료를 정기적으로 받는 사람
· 연구회 주관 행사 안내 혜택
· 월 5,000원 후원금

3. 연구 회원
· 연구회 철학 및 비전에 동의한 사람
· 정기 모임에 직접 나와 활동하는 사람 (기본과정 세미나 이수한 사람)
· 월 10,000원 이상의 후원금

4. 전문위원
· 전문과정 세미나 이수하고 3년 이상 활동한 연구회원 (섬김이 역할)
· 월 20,000원 이상의 후원금

■ 회원 가입 안내
· 연구회 홈페이지(cooper.or.kr)를 통해 CMS 신청하실 수 있습니다.
· 회원 가입 관련 문의 및 신청 : 행정간사 (031-437-1060/eduhope2000@hanmail.net)
· 자세한 지역 모임 및 교과모임 활동은 협동학습연구회 홈페이지를 참고하세요.

한국협동학습연구회 지역 모임

- **서울** 좋은교사운동 사무실 | 김소정 (인천영선고, astro-0404@hanmail.net)
- **서울북부** 신성 교회 | 김동현 (고양제일중, ethos8@hanmail.net)
- **부천·인천** 부천 부인중학교 | 남이형 (부인중, duckbutt@hanmail.net)
- **성남** 분당중앙고인문학교실 | 김지태 (분당중앙고, kjt109@hanmail.net)
- **경기남부** 협동학습센터 (4호선 대야미역) | 최원 (경안고, besttop@hotmail.com)
- **동두천·양주** 이담초등학교 | 김성은 (지행초, demian_21@naver.com)
  | 성세찬 (이담초, seongsechan@hanmail.net)
- **공주·부여** 부여여중 | 김복수(부여여중, bog3@naver.com)
- **대전** 새로남 기독학교 | 김윤희 (어은초, rachelkim1229@hotmail.com)
- **대구** 율하소망교회 | 이성우 (복현초, tcflsw@hanmail.net)
- **울산** 명촌초등학교 | 하진화 (용연초, hjh2329@use.go.kr)
- **부산** 이사벨중학교 | 임지호 (삼덕초, jiho0191@daum.net)
- **전남** 교직자선교회 사무실 | 성숙향 (장성남중, sunghayng@daum.net)
- **광주** 교직자선교회 사무실 | 최두진 (광주동초교, onurigo@hanmail.net)
- **목포** 이목란 선생님댁 | 이목란 (목포항도여중, leemokran0@daum.net)
- **순천** 조례동 예찬교회 사교실 | 박정례 (순천 팔마중, pjl2012@daum.net)

한국협동학습연구회 중등 교과모임

- **도덕** 좋은교사운동 사무실 | 백선아 (소하중, tjsdk100@hanmail.net)
- **국어** 협동학습센터 | 김지연 (경기모바일과학고, angelsmile@hanmail.net)
- **수학** 좋은교사운동 사무실 | 백수연 (상암중, foxjoa@hanmail.net)
- **과학** 좋은교사운동 사무실 | 김양현 (효성고, dyhyuni@empal.com)
- **사회** 협동학습센터 | 오유선 (상일고, yoo-seon@hanmail.net)
- **영어** 좋은교사운동 사무실 | 최재화 (신천고, hufslove99@naver.com)

협동학습 원격 연수안내

"그동안 10여 년간의 한국협동학습연구회의 연구 및 실천성과를 바탕으로 에듀니티 행복한 연수원을 통해 다음과 같이 원격 연수 과정을 개설하였습니다. 협동학습에 대하여 관심 있는 분들의 많은 참여를 바랍니다."

에듀니티
행복한연수원
http://happy.eduniety.net

1. **과정** : 협동학습 초등과정 및 중등과정
2. **종류** : 직무 연수
3. **참여 방법** : 에듀니티 행복한연수원(http://happy.eduniety.net) 등록 및 신청
4. **개요**
   - 협동학습의 철학과 원리, 필요성을 이해할 수 있습니다.
   - 다양한 협동학습 방법들을 이해하고 교실에서 실천할 수 있습니다.
   - 협동학습을 실천할 때 발생하는 여러 가지 문제점을 살펴보고 이를 극복할 수 있는 대안을 이해하고 실천할 수 있습니다.
5. **등록비** : 99,000원
6. **협동학습 원격 연수의 장점**
   - 오프라인 연수에 비해 누구나 손쉽게 연수에 참여할 수 있습니다.
   - 오프라인 연수를 통해 배운 것을 온라인 연수를 통해 복습할 수 있습니다.
   - 초등학교와 중등학교를 구분하여 각 학교급별에 맞는 다양한 협동학습 실천 사례들을 살펴볼 수 있습니다.
   - 현장 연수의 감동을 동영상 강의로 담았고 협동학습을 체계적으로 배울 수 있도록 접근하였습니다.

너와 나, 그리고 우리가 함께하는

초등 협동학습

1. 왜 협동학습인가?
2. 협동학습의 철학
3. 협동학습의 6가지 열쇠
4. 협동학습의 첫 걸음, 모둠구성
5. 협동의 마음을 키우는 모둠세우기 활동
6. 창의적인 모둠 세우기 활동 실천하기
7. 조별 경쟁학습을 방지하는 학급세우기 활동
8. 수렴적 사고를 위한 협동학습 (1)
9. 수렴적 사고를 위한 협동학습 (2)
10. 확산적 사고를 위한 협동학습 (1)
11. 확산적 사고를 위한 협동학습 (2)
12. 함께 나누는 협동학습 활동 (1)
13. 함께 나누는 협동학습 활동 (2)
14. 의사소통기술 향상을 위한 협동학습 활동
15. 교사의 역할과 운영
16. 협동학습을 활용한 협동적 학급 운영
17. 협동학습의 외재적 동기유발 전략
18. 협동학습의 내재적 동기유발 전략
19. 배려를 위한 사회적 기술 훈련 (1)
20. 배려를 위한 사회적 기술 훈련 (2)
21. 과제 중심 협동학습 모형
22. 보상 중심 협동학습 모형
23. 토의 토론을 위한 협동학습 모형
24. 새로운 협동학습 모형 만들기
25. 수업 분석의 이해
26. 자율적 수업 디자인
27. 협동학습의 실천 사례
28. 협동학습 수업지도안 만들기
29. 협동학습의 지원체제 및 교사의 전문적 학습공동체
30. 질문과 답변으로 알아가는 협동학습

너와 나, 그리고 우리가 함께하는

중등 협동학습

1. 왜 협동학습인가?
2. 협동학습의 철학
3. 협동학습의 6가지 열쇠
4. 협동학습의 첫 걸음, 모둠구성
5. 협동의 마음을 키우는 모둠세우기 활동
6. 창의적인 모둠 세우기 활동 실천하기
7. 조별 경쟁학습을 방지하는 학급세우기 활동
8. 수렴적 사고를 위한 협동학습 (1)
9. 수렴적 사고를 위한 협동학습 (2)
10. 확산적 사고를 위한 협동학습 (1)
11. 확산적 사고를 위한 협동학습 (2)
12. 함께 나누는 협동학습 활동 (1)
13. 함께 나누는 협동학습 활동 (2)
14. 의사소통기술 향상을 위한 협동학습 활동
15. 교사의 역할과 운영
16. 협동학습의 평가 방안
17. 협동학습의 외재적 동기유발 전략
18. 협동학습의 내재적 동기유발 전략
19. 배려를 위한 사회적 기술 훈련 (1)
20. 배려를 위한 사회적 기술 훈련 (2)
21. 과제 중심 협동학습 모형
22. 보상 중심 협동학습 모형
23. 토의 토론을 위한 협동학습 모형
24. 새로운 협동학습 모형 만들기
25. 수업 분석의 이해
26. 자율적 수업 디자인
27. 협동학습 수업지도안 만들기
28. 협동학습의 실천 사례
29. 협동학습의 지원체제 및 교사의 전문적 학습공동체
30. 질문과 답변으로 알아가는 협동학습

선생님의 협동학습을 응원합니다.

일반도서

협동을 고민하시는 선생님들께 추천합니다.

협동학습 시리즈

한국협동학습연구회 지음, 한국협동학습센터 2012

우리나라에서 지난 10여년 동안 협동학습을 전국적으로 보급하는 데 크게 기여하였던 한국협동학습연구회에서 심혈을 기울여 정리한 협동학습 매뉴얼입니다. 저자들이 교실에서 오랫동안 협동학습을 실천하면서 경험을 바탕으로 정리한 책입니다. 특히 한국적 상황에 맞는 협동학습에 대하여 고민하고 실천하면서 정리한 책입니다.이 책은 협동학습의 철학, 기본원리, 필요성 등을 이야기하면서 초보 교사도 쉽게 협동학습을 실천할 수 있는 구조 중심 협동학습을 중심으로 정리하고 있습니다.

협동학습 1 : 협동학습 기초 다지기

'왜 협동학습인가'에 대하여 진지하게 고민하면서 협동학습의 필요성과 철학을 제시하고 있습니다. 초보 교사들도 손쉽게 적용할 수 있는 구조 중심 협동학습을 중심으로 소개하고 있습니다.

협동학습 2 : 협동학습으로 수업 디자인하기

협동학습을 실천하기 위해 필요한 수업 디자인의 개념을 살펴보고 구체적인 수업 디자인 실천 사례들을 소개하였습니다. 다양한 협동학습 모형들을 제시하면서 한국형 협동학습 모형 만들기, 학교급별 수업 실천 사례 등 다양한 협동학습 수업 실천 사례를 보여주고 있습니다. 협동학습으로 한 단계 내 수업을 업그레이드할 수 있는 비결을 제시합니다.

협동학습 3 : 교실에서 협동학습 실천하기

협동학습을 교실에서 실천해보면 좋은 성과를 거둘 수 있습니다. 하지만 실천 과정에서 예상하지 못한 여러 가지 문제점에 직면하게 됩니다. 협동학습 실천 과정에서 발생하는 여러 가지 문제점들을 살펴보고 이를 어떻게 극복해야 할지에 대하여 구체적으로 이야기하고 있습니다. 교사의 역할과 운영, 학습 동기 유발, 사회적 기술 훈련 등의 내용을 담고 있습니다.

아하! 협동학습 협동학습 지침서

GEORGE M. JACOBS 지음, 한국협동학습연구회 옮김, 시그마프레스 2011

이 책은 협동학습 핵심원리에 대한 자세한 설명과 함께 다양한 협동학습 활동이 소개된 1부와 협동학습 실천과정에서 있을 수 있는 다양한 문제 상황에 대한 실제적인 조언들을 소개하는 2부로 구성되어 있습니다. 이런 구성은 협동학습을 이제 막 시작하려는 초보 교사는 물론 힘겹게 교실에서 실천하고 있는 경력 교사 모두에게 도움이 될 것이라 확신합니다.

수업을 바꾸다

김현섭 지음, 한국협동학습센터 2013

수업 혁신이란 무엇일까? 현재 내 수업이 만족스럽다고 생각하는데도 구태여 수업 혁신을 해야 할까? 수업 혁신의 필요성을 인정한다 하더라도 수업 혁신이 쉽지 않은 현실적인 이유는 무엇인가? 수업을 어떠한 관점으로 관찰해야 하는가? 다른 사람의 수업을 돕기 위해서는 어떠한 노력이 필요 한가? 어떠한 수업 혁신 모델을 따라야 하는가? 수업 혁신을 위해서 어떠한 제도적 노력이 필요한가? 수업 혁신에 대하여 고민하는 분들에게 일독을 권합니다.

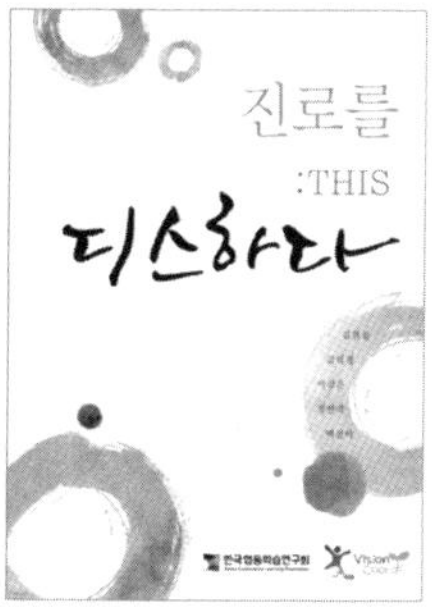

진로를 디스하다

김현섭·김덕경·이강은·정연석·백선아 지음, 한국협동학습센터 2015

비전코디와 한국협동학습연구회가 연대하여 아이들의 행복한 진로를 꿈꿀 수 있도록 도와주는 진로 교육 프로 그램을 기획하였습니다. 미래에 심화 될 수 있는 사회 격차를 해소하기 위한 사회적 통합 가치와, 개인의 능력과 노력에 따라 보상 받을 수 있다는 가치, 자신의 삶에 행복과 보람을 느낄 수 있는 가치를 설계할 수 있는 진로역량을 함양할 수 있도록 고안된 진로교육 매뉴얼입니다.

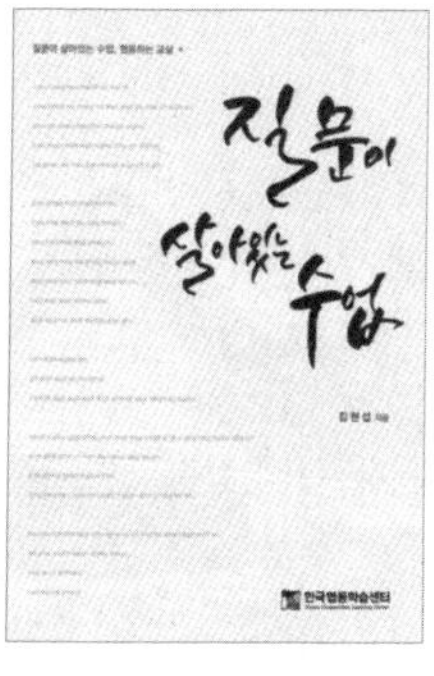

질문이 살아있는 수업

김현섭 지음, 한국협동학습센터 2015

“질문이 살아있는 수업이란 무엇인가?” 수업과 관련한 모든 영역에서 질문을 중심으로 접근을 시도하고자 하였고 질문이 살아있는 수업을 위해 질문의 필요성, 질문의 방법, 수업 디자인, 교육과정 재구성, 수업 모형, 관계와 질서 세우기, 수업 대화, 수업공동체 등 다양한 영역에서 질문이 어떻게 반영되어야 할지를 고민하고 그 실천한 결과를 정리하였습니다.

선생님의 협동학습을 응원합니다.

교과도서 & 저널

현장의 선생님들께 도움이 되고싶습니다.

나눌수록 커지는 수리와 사고 **수학×협동**

수학과 한국협동학습연구회 지음, 한국협동학습센터 2010

중학교 수학과 협동학습 수업지도안으로 협동학습과 수학의 만남과 영역별 협동학습 적용점 등을 담았습니다.

1장 협동학습과 수학시간의 만남
2장 영역별 협동학습적용
3장 STAD 모형과 TGT모형을 적용한 수학수업
4장 교과서너머 수학이야기

협동학습연구회 저널 **협동학습**

한국협동학습연구회 지음, 한국협동학습센터

매년 2회 발간되는 한국협동학습연구회의 저널입니다. 매 회마다 흥미로운 주제의 "기획기사"와 현장의 선생님들로부터 듣는 교실의 이야기 "현장연구", 현 시대의 교육을 협동의 시선으로 풀어보는 다양한 "특집기사"들, 협동학습연구회의 활동 이모저모와 전국의 지역모임 소식까지. 생생한 학교의 이야기들을 들어보세요.

나의 소중한 **수업다이어리**

한국협동학습연구회 지음, 한국협동학습센터 2014

나의 소중한 수업 다이어리는 선생님을 위한 수업 일기장으로 "수업 규칙 및 수업 속의 나의 다짐, 플래너, 수업지도안, 수업 자기 체크리스트,수업 성찰 일지, 월별 감사 일기, 수업 관찰 일지 및 수업 나눔 등"으로 구성되어 있습니다.
이 외에도 바로 찾아 활용할 수 있는 "협동학습 활동 30선"과 "사회적 기술"도 소개하고 있어 수업을 계획하고 성찰하시는 선생님들의 든든한 플래너가 될 것입니다.

수업도구

노하우를 담아 만든 협동학습 교구입니다.

모둠바구니 협동학습을 위한 학습도구함

협동학습을 통한 수업 및 모둠 수업에서 사용할 수 있는 도구들을 한 곳에 모았습니다. 사인펜 12색, 가위, 딱풀, 스카치테이프, 보드마카 지우개, 보드마카3색(4개), 포스트잇, 말하기OX (4set)까지!!
한 바구니에 담았습니다.

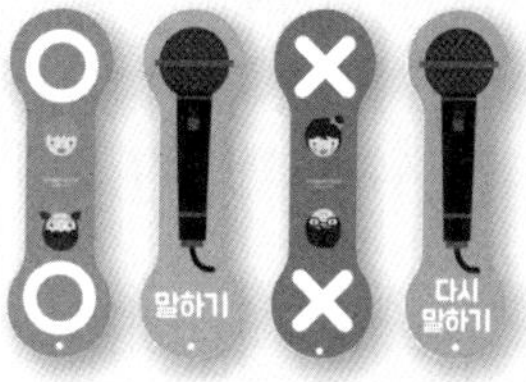

말하기 OX 말하기·다시말하기 카드 & OX카드

부피가 크고 망가지기 쉬운 마이크를 대신할 수 있는 말하기 카드를 소개합니다. 말하기와, 다시말하기를 재미있게 할 수 있으며 OX 활동까지도 가능한 아주아주 가볍고 튼튼하고 예쁜 말하기OX 카드입니다. PP재질의 원형으로 힘이 있으며 잘 휘어져서 부러질 염려가 없어요. 눈에 확 들어오는 상큼하고 알록 달록한 컬러를 사용했어요.

이끔말 동글 활동 이끔말 10종 set

저마다 열심히 활동하고 있는 모둠들을 둘러보면.. 척척 마음이 맞아 협동하는 모둠, 예쁜마음으로 칭찬하는 모둠들도 있고, 서로 옥신각신 자기주장만 세우는 모둠, 참여하지 않고 바라보기만 하는 모둠 등... 다양한 모습의 모둠활동에 넌지시 내밀어 보세요. 말로 하지 않아도 알 수 있는 이끔말 카드를...

이끔말 네모 활동 이끔말 4종 set

모둠 활동을 이끌어주는 이끔말 카드의 교실용 버전입니다. 뒷면에 자석이 있어서 칠판에 붙일 수 있습니다. 활동을 이끌어주는 이끔말 네모로 수업의 흐름을 잡아보세요.

선생님의 협동학습을 응원합니다.

모둠칠판 I 아크릴 모둠칠판

가볍게 들고 다니면서 모둠활동시에 발표를 하는 도구로 사용하기에 적절한 모둠칠판입니다. 모든 학교 칠판에 잘 붙는 재질이며 가끔 세제로 닦아주면 새 것처럼 사용하실 수 있어 교실현장에서 가장 사랑받는 교구 입니다. 40x30cm와 50x40cm 두가지 크기로 만나실 수 있습니다.

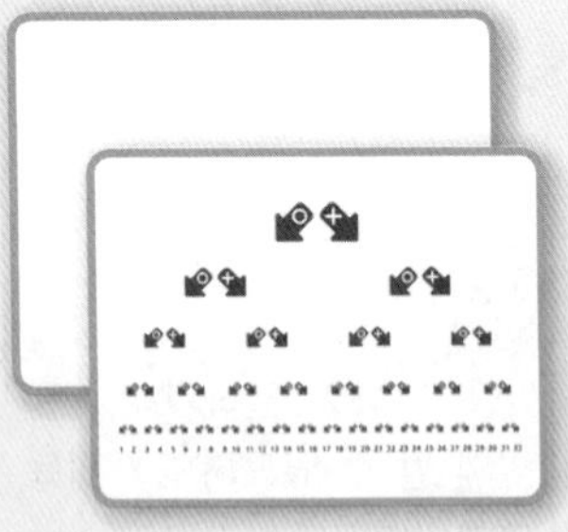

모둠칠판 II 고급화이트보드판 & OX판

고급화이트보드판 재질로 스크래치 걱정없이 부드럽게 잘 써지고 잘 지워지며, 내구성이 뛰어나 반영구적 사용 가능합니다. 튼튼한 자석부착으로 절대 흘러내리거나 떨어지지 않습니다. 디자인, 안전성, 무게까지 고려한 친환경 포맥스재질의 뒷판 라운딩 처리로 예쁘고~ 안전하게~ ○×판 활용까지~ 모둠 활동은 물론, 골든벨 칠판으로도 활용도 짱!! 40x30cm와 50x40cm 두가지 크기로 만나실 수 있습니다.

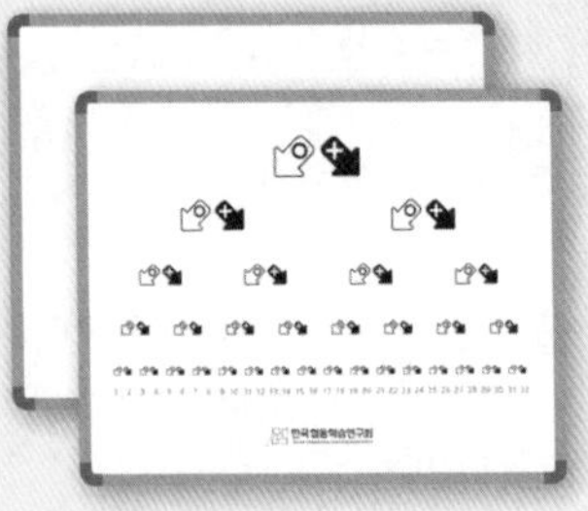

모둠칠판 III 아크릴 모둠칠판 & OX판

알루미늄테두리와 라운딩 코너로 내구성, 안전성 강화한 새로운 아크릴 칠판입니다. 기존 모둠칠판(대,소)의 중간 사이즈(45cm x 35cm)로 활용도도 높이고 초강력 자석을 테두리 안에 삽입해서 뒷면까지 깔끔한 디자인으로 선보입니다. 뒷면의 OX퀴즈판으로 모둠 활동을 더욱 재미있게~ 골든벨용으로 강력추천합니다,

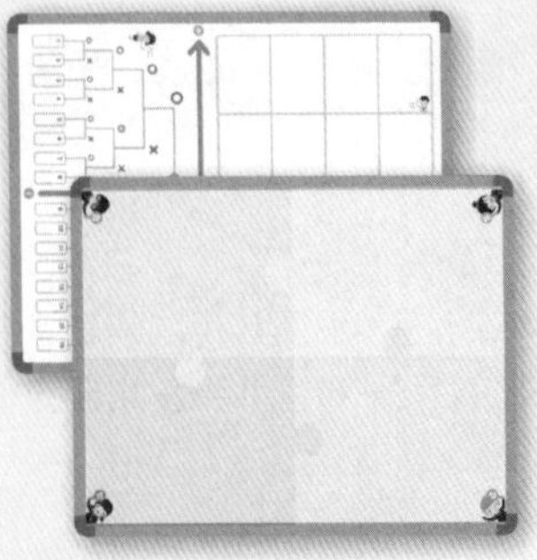

협동학습 직소칠판 아크릴 직소칠판 & OX판·빙고판·의사결정좌표

그 어디에도 없던 새로운 모둠칠판을 소개합니다. 협동학습 활동의 개인적인 책임을 높이고, 모둠 내에서 동등한 참여를 이끌어 내기 위한 교구!! 이제 보드마카를 한 개인당 한 개씩 주세요~ 모둠에서 한사람이 생각을 독점하지 않고 함께 집단지성을 모을 수 있습니다. 뒷면은 OX판은 물론 빙고판, 의사결정좌표로도 사용할 수 있습니다.

사회적기술

협동하는 교실? 어렵지 않아요! 협동학습 '사회적 기술'과 함께라면~

사회적 기술

김현섭·박준영·백수연·백선아·오정화 지음, 한국협동학습센터, 2014

요즘 공부잘하는 아이들이 대개 싸가지가 없다고 합니다. 이는 학습 능력이 뛰어나지만 사회적 기술이 상대적으로 떨어진다고 달리 표현할 수 있습니다. 더불어 사는 사회에서 꼭 필요한 생존 능력이 사회적 기술입니다. 사회적 기술이란 남을 배려하는 협동기술입니다. 즉, 규칙 세우기, 칭찬하기, 격려하기, 감정 다루기, 평화적으로 갈등해결하기 등이 대표적인 사회적 기술입니다. 이 책은 일반 교과 수업 시간 뿐 아니라 재량 수업, 학급 운영 및 생활 지도 등 다양한 방면에서 구체적으로 실천할 수 있는 사회적 기술을 정리하였습니다.

사회적 기술 바로 쓰는 활동지

한국협동학습센터 2015

아이들의 마음을 열고 잇고 나누는 "사회적 기술"의 활동지만을 따로 모아 더욱 더 사용하시기 편하게 예쁘게 또 재미있게 구성하였습니다. 도톰한 종이에 단면 컬러 인쇄한 활동지 90장을 튼튼한 바인더로 묶었습니다. 교과수업 혹은 학급운영에 바로~유용하게~사용하실 수 있는 바로 쓰는 활동지! 각각의 활동지마다 예쁜 그림들이 들어있어 지루하지 않고 잘라서 만들고 붙이고 나누는 활동들이 많아 더욱 재미있어요!

명예의 전당 간편하게 접어서 만드는 종이액자

멋지게 상장을 꾸미고 왕관을 씌워서 액자에 넣어 교실벽에 붙이는 명예의 전당! 쉽게 만들지만 그 어떤것보다 예쁘고 독특한!! 명예의 전당!! 살짝 뜯어 접기만 하면 완성되는 종이액자와 취향대로 골라 쓸 수 있는 2가지 상장종이 그리고 접어서 입체로 붙일 수 있는 왕관까지! 대형(A4)&소형(손바닥 크기) 두가지 크기의 명예의전당으로 알록달록 꾸며보세요!

선생님의 협동학습을 응원합니다.

www.cooper.or.kr 온라인 주문
회원가입(비회원으로도 주문가능) 후, 필요하신 물품을 장바구니에 담아 결제해주세요. (선불제 카드, 계좌이체)

031-437-1060 전화주문
전화로 주문내역 말씀해주시면 끝~

070-4201-1060 팩스주문
주문서(주문내역, 주문자, 연락처, 주소 기재), 사업자등록증사본(고유번호증 사본)을 팩스로 보내주시고, 확인 전화(031-437-1060) 주세요. (후불제)

eduhope2000@hanmail.net 이메일주문
시간 제약없이 24시간 언제든 주문 오케이~~

학교예산으로 구입하시려면..?

1 STEP

전화, 팩스, 이메일로 주문해주세요.
(주문내역, 주문자, 연락처, 주소 기재)

2 STEP

031-437-1060 으로
확인 전화 주세요.

3 STEP

물품과 함께 거래내역 확인 후, 입금해주세요.
세금계산서, 행정서류등을 발급해드립니다.

초판 1쇄 발행 · 2014년 2월 17일
초판 2쇄 발행 · 2015년 12월 21일

저 자 · 김현섭, 박준영, 백수연, 백선아, 오정화
발행인 · 이규대
출판인 · 백선아

기획 및 검토 · 김진우
교 정 · 김혜숙
삽 화 · 김준오
편 집 · Mus.
인 쇄 · 중앙문화사

발행처 · 한국협동학습센터
주 소 · 경기도 군포시 대야1로 13 대야빌딩 302호
전 화 · 031-437-1060
전자우편 · eduhope2000@hanmail.net
홈페이지 · www.cooper.or.kr

가 격 · 16,000원
ISBN · 979-11-85122-01-4

한국협동학습연구회 Korea Cooperative Learning Association
한국협동학습센터 Korea Cooperative Learning Center